임동석중국사상100

설원
說苑

劉向 撰 / 林東錫 譯註

유향(劉向)

"상아, 물소 뿔, 진주, 옥. 진괴한 이런 물건들은 사람의 이목은 즐겁게 하지만 쓰임에는 적절하지 않다. 그런가 하면 금석이나 초목, 실, 삼베, 오곡, 육재는 쓰임에는 적절하나 이를 사용하면 닳아지고 취하면 고갈된다. 그렇다면 사람의 이목을 즐겁게 하면서 이를 사용하기에도 적절하며, 써도 닳지 아니하고 취하여도 고갈되지 않고, 똑똑한 자나 불초한 자라도 그를 통해 얻는 바가 각기 그 자신의 재능에 따라주고, 어진 사람이나 지혜로운 사람이나 그를 통해 보는 바가 각기 그 자신의 분수에 따라주되 무엇이든지 구하여 얻지 못할 것이 없는 것은 오직 책뿐이로다!"

《소동파전집》(34) 〈이씨산방장서기〉에서 구당(丘堂) 여원구(呂元九) 선생의 글씨

책머리에

"어진 스승과 훌륭한 친구가 곁에 있고, 시서예악과 같은 좋은 책이 그 앞에 펼쳐져 있는데도 이를 버리고 옳지 못한 짓을 할 자는 적으리라!"(賢師良友在 其側, 詩書禮樂陳於前, 棄而爲不善者, 鮮矣.)

바로 이 책 담총편(談叢篇. 497)에 실려 있는 경구이다.

집안에 어떠한 책을 소장하고 있는가에 따라 그 집안의 가풍을 알 수 있으며, 자녀에게 어떤 책을 마련해주는가를 보면 그 집 가정교육을 알 수 있다. 이처럼 스승과 친구, 그리고 고전의 훌륭한 책은 세상을 살아가는 가장 좋은 안내자이며 가장 훌륭한 나침반이다.

《설원說苑》은 정말 훌륭한 고전이다. 고대古代부터 한漢나라 때까지의 온갖 지혜와 고사, 격언이 총망라되어 있다. 이에 우리나라 중등학교의 한문 교재는 물론 많은 동양학 서책에 빠짐없이 이 《설원》 속의 이야기가 등장한다.

특히 송宋나라 때 잔권殘卷 5권이 오늘날의 20권으로 복원되는 과정에서 〈고려본高麗本〉이 결정적인 역할을 하였다고 하였는데 이로 보면 우리나라에서도 일찍부터 읽혀온 아주 친근한 책이었음을 알 수 있다.

더 나아가 지금의 우리 심성에도 맞고 그 내용이 오늘날의 심한 경쟁, 가치관의 혼란, 도덕 부재의 상황 속에 이처럼 훌륭한 교재를 찾기 힘든 때에 교양을 위해서는 물론 덕과 지혜를 쌓기에도 아주 적합한 고전이라고 여긴다.

여기에 실린 이야기는 불과 몇 글자의 격언, 속담부터 수백 자에 이르는 긴 줄거리를 다룬 것으로 그 내용은 지도자가 갖추어야 할 덕과 용인술用人術, 남을 받들어 모실 때의 태도와 임무, 근본과 절도를 세워 살아가는 방법, 덕을 귀히 여기고 은혜에 보답할 줄 아는 삶, 능력 있고 어진 이를 찾아내어 천하를 이롭게 해야 할 이유, 사물을 바로 보고 그에 대처할 줄 아는 지혜, 만물의 본질과 귀착, 나아가 검약과 질박質樸의 본질적인 의미는 물론 심지어 죽음이란 무엇인가에 이르기까지 실로 그 내용은 다양하고 그 깨우침의 방법은 촌철살인寸鐵殺人의 단막극 장편掌篇체이다.

무려 846장에 이르는 이 많은 이야기는 단순히 한문으로 기록된 전적典籍으로의 의미, 혹은 한문 문장 해석과 학습 교재로서의 가치를 넘어서 오늘날 우리가 적용하고 이를 통해 지혜를 얻는데 조금의 손색도 없으리라고 본다.

게다가 본《설원》이 원 출전인 고사성어故事成語는 지금도 널리 회자膾炙되고 있다. 바로 초楚 장왕莊王의 '절영絶纓', 진晉 문공文公의 '한식寒食'의 고사를 낳은 개자추介子推의 이야기, 춘추오패春秋五霸의 수많은 일화, 안자晏子의 번뜩이는 재치와 풍자, 곡돌사신曲埃徙薪의 가치관, 선인善人이 손해보는 것 같으나 끝내 복을 받는다는 확신을 심어주는 이야기들…… 사실 이런 내용은 어느 시대, 어느 상황에서나 당연한 척도가 되어야 할 근본의 문제이다. 그러나 글을 읽는 즐거움까지 함께 맛볼 수 있는 것은 바로 이런 고전이 가장 적합하다고 자신한다.

나는 이 책을 우리나라 각계 지도자들이 한 번 읽었으면 한다.

사회 각 분야에서 우리를 이끌고 나가는 노고에 지식을 넘어 더욱 지혜와 덕을 쌓고 어려운 판단은 그 덕과 인본人本이라는 열쇠로 풀 수 있는 해답이 이 책 속에 있기 때문이다.

나는 이《설원》을 완역상주完譯詳注하여 우리에게 조금이라도 보탬이 되었으면 하고 준비해온 지가 꽤 오래되었다. 그러나 분량이 적지않고 판본마다 문자文字의 이동異同이 있어 세밀히 하지 않으면 자칫 망문생의望文生義의 오류를 범할 것으로 염려되어 이제껏 미루어 올 수밖에 없었다.

이에 우선《전국책戰國策》을 완역상주한 다음 내친 김에 자료를 보충하여 작업을 시작하였다.

판본을 대조하고 문자를 확정지은 다음, 장을 나누고 다시 관련 참고 자료를 보충하기 위해 문사철文史哲의 전적典籍을 일일이 섭급涉及하는 일은 매우 고통스러운 일이기도 하였다.

그러나 결국 직역 위주일 수밖에 없고 그 때문에 문장의 어색함은 물론 의미의 통순通順면에서도 누소漏疎함을 면할 길이 없었다. 아무쪼록 읽는 이들이 주의하여 질정하고 고쳐주기를 빌 뿐이다.

줄포茁浦 임동석林東錫이 취벽헌醉碧軒에서 새판을 내면서.

일러두기

1. 이 책의 번역은 〈문연각文淵閣 사고전서본四庫全書本〉《설원說苑》, 그리고 〈사부비요본四部備要本〉《설원說苑》을 근간으로 하여 조선이趙善詒의《설원소증說苑疏證》, 왕영王鍈·왕천해王天海의《설원전역說苑全譯》, 노원준盧元駿의《설원금주금역說苑今註今譯》을 참고하였다.

2. 주注는 인명人名, 지명地名, 사건명事件名, 연대 등을 위주로 하되 문자의 이동異同도 다루었다. 특히 반복되는 인명, 지명 등 고유 명사는 장章이 바뀌는 곳에는 번거롭더라도 다시 다루었다.

3. 분장分章은 판본마다 학자마다 다름으로 인해《설원소증說苑疏證》을 기준으로 하되 일부는 역자가 조정하여 분리하거나 합친 것도 있다.

4. 총 846장으로 이를 일련번호로 쓰고 다시 괄호 속에 그 편(권)의 숫자와 그편 내의 일련번호를 붙여 찾아보기 쉽도록 하였다.

5. 매장 뒤의 참고 부분의 관련 기록은《설원소증說苑疏證》에 실린 것을 빠짐없이 싣고 다시《설원전역說苑全譯》에서 출처만 밝힌 것은 최대한 그 원전을 찾아 관련 문장을 전재轉載하였으며, 일부 미진한 것은 역자가 다시 찾아 넣거나 보충한 것도 있다.

6. 매장의 제목은 문장 시작의 한 어절語節, 혹은 일부를 택한 것으로 이 역시 역자가 편의를 위해 임의로 제시한 것이다.

7. 활자로 된《설원소증說苑疏證》,《설원금주금역說苑今註今譯》,《설원전역說苑全譯》에서의 탈자, 오자, 이체자 등은 〈사고본四庫本〉과 〈사부본四部本〉을 대조하여 바로 잡았다.

❀ 참고문헌

《說苑》文淵閣 四庫全書, 臺灣 商務印書館 印本

《說苑》四部備要本, 臺灣 中華書局 印本. 1969

《說苑疏證》趙善詒, 華東師範大學出版社. 1985. 上海

《說苑全譯》王 鍈·王天海, 貴州人民出版社. 1992. 貴陽

《說苑今註今譯》盧元駿, 臺灣 商務印書館. 1977. 臺北

《說苑補正》金嘉錫, 臺灣大學 中國文學研究所. 1960. 臺北

《新序說苑選譯》曹亦氷, 巴蜀書社. 1990. 成都

《周易正義》(十三經注疏本, 藝文印書館)·《尙書正義》·《毛詩正傳》·《周禮注疏》·《儀禮注疏》·《禮記注疏》·《春秋左傳正義》·《春秋公羊傳正義》·《春秋穀梁傳注疏》·《論語注疏》·《孝經注疏》·《爾雅注疏》·《孟子注疏》·《四書集注》(朱熹)·《戰國策》(拙譯)·《呂氏春秋》(四部刊要本)·《孔子家語》(諸子集成本)·《荀子集解》·《新語》·《晏子春秋》·《老子道德經》·《莊子集解》·《列子注》·《抱朴子》·《管子校正》·《韓非子集解》·《鄧析子》·《尹文子》·《公孫龍子》·《墨子閒詁》·《淮南子》·《論衡》·《孫子校正》·《吳子》·《韓詩外傳》·《新序》·《列女傳》·《吳越春秋》·《竹書紀年》·《史記》·《漢書》·《後漢書》·《資治通鑑》·《國語》·《世說新語》·《帛書戰國策》·《荊楚歲時記》·《藝文類聚》·《太平廣記》·《太平御覽》·《漢魏六朝百三家集題辭注》·《昭明文選》·《樂府詩集》·《柳宗元集》·《崇文總目》·《郡齋讀書志》·《詩經詞典》·《四書索引》·《中國歷史地圖集》·《中國歷史紀年表》·《康熙字典》·《中文大辭典》·《中國大百科全書》·《簡明中國古籍辭典》·《中國古典文學辭典》·《辭海》·《四庫全書總目》·《說文解字》.

기타 공구서, 참고서 등은 생략함.

해 제

(1) 《설원說苑》

《설원說苑》은 서한西漢 때에 유향(劉向; 대략 B.C.77~B.C.6)이 찬집撰輯한 필기류筆記類의 역사고사집歷史故事集이다.

〈사고전서四庫全書〉에는 이를 자부子部 유가류儒家類로 분류하였으나 〈사부비요四部備要〉에는 사부史部로 분류하고 있다.

책이 완성된 연대는 대체로 한漢 성제成帝 홍가鴻嘉 4년(B.C.17년)으로 보고 있으며 유향 자신의 서록書錄에 "凡二十篇, 七百八十四章, 號曰新苑"이라 한 것으로 보아 이미 있던 기록을 새로이 찬집하여 20권 784장으로 정리한 것이 아닌가 한다.

이 《설원》이 다루고 있는 내용은 고대부터 서주西周, 동주(東周; 春秋戰國)를 거쳐 진秦, 그리고 자신이 살아 있던 한대漢代까지의 유문일사遺聞逸事로써 《신서新序》의 나머지 재료를 모은 것이라 여기고 있다.

내용은 아주 다양하여 제자諸子의 언행은 물론 국가 흥망의 도리, 철리哲理, 격언格言을 적절히 배합하여 생동감 있게 당시의 살아 있는 백화어白話語로 찬집한 것이다.

자못 소설小說에 가깝고 풍유諷喩의 수사법이 두드러지며 풍격이 박실樸實하여 후대의 소설 및 민간 고사, 일사佚事, 필기筆記 문학에 지대한 영향을 미친 것으로 평가되고 있다.

특히 문장이 대화체로 되어 있는 것이 많아 당대의 백화어로 여겨지기 때문에 어휘, 문법 연구의 좋은 참고 자료가 되고 있다.

한편 이 《설원》 20권은 북송北宋 초에 잔권殘卷 5권만 남아 있었으나 증공(曾鞏; 1019~1083)의 집보輯補로 20권 639장으로 모습이 복원되었다. 그러나 육유(陸游; 1125~1210)의 《위남집渭南集》에는 이덕추李德芻의 말을 인용하여 증공이 얻은 것은 〈반질편反質篇〉이 빠진 것이어서 〈수문편修文篇〉을 상하上下로 나누어 20권으로 하였던 것이며, 뒤에 〈고려본高麗本〉이 들어와서야 비로소 책 전체의 면모가 갖추어졌다고 하였다.

李德芻云: 館中說苑二十卷, 而闕反質一卷, 曾鞏乃分修文爲上下, 以足二十卷. 後高麗進一卷, 遂足.(《渭南集》卷27)

그리고 말미末尾에 "淳熙乙巳十月六日務觀"이라 하였는데, 순희淳熙 을사 乙巳는 남송南宋 효종孝宗의 순희淳熙 12년으로 1185년에 해당하며, 무관務觀은 육유의 자字이다.

한편 우리의 《고려사高麗史》에는 1091년(高麗 宣宗 8年, 宋 哲宗 元祐 6년)에 이자의李資義등이 송나라로부터 돌아와 송 철종의 요구에 의해 아주 많은 양의 도서를 보낸 기록이 있다.

"丙午李資義等還自宋奏云, 帝聞我國書籍多好本, 命館伴書所求書目錄授之, 乃曰雖有卷第不足者, 亦須傳寫附來. 百篇尙書, 荀爽周易十卷, 京房易十卷, 鄭康成周易九卷, ……新序三卷, 說苑二十卷, 劉向七錄二十卷 ……."

(《高麗史·世家》卷第十. 宣宗八年)

중국에서는 이들을 바탕으로 자신들의 책을 교정校正, 부사副寫하여 태청루 太淸樓 천장각天章閣에 보관하였다고 하였다.

따라서 《위남집》에 〈고려본〉이라 한 것은 이 때 들어간 것이 아닌가 한다. 다시 말해 증공이 복원할 때는 19권뿐인 상태에서 〈수문편〉을 상하로 나누어 20권으로 하였으나 증공 사후에 〈고려본〉이 들어옴으로써 〈수문편〉은 본래대로 한 권으로 되고 〈반질편〉이 제자리를 찾아 제 모습의 20권이 되었을 가능성이 크다.

그 뒤 청대淸代에 이르러 다시 보충과 분장分章을 거듭하여 663장으로 알려져 왔다. 그러나 현재의 《설원소증說苑疏證》(趙善詒, 華東師範大學出版社, 1985)은 고증을 거쳐 무려 845장으로 세분하였고, 《설원전역說苑全譯》(王鍈·王天海, 貴州人民出版社, 1992)에는 718장으로 나누어져 있는 등 그 분장은 책마다, 사람마다 그 견해가 다르다.

이는 〈담총편談叢篇〉의 문장이 대개 70~80장으로 분류되던 것을 격언 위주의 단문이 겹친 것으로 보아 더욱 세분화하였기 때문이다.

또 실제로 〈사고전서본〉과 〈사부비요본〉조차도 각기의 분장이 달라 확정적으로 어떻게 나누는 것이 표준인가 하는 것은 여러 가지 문제가 있다.(역자는 846장으로 나누었다.)

청대부터 현대에 이르기까지 이 《설원》에 대한 많은 연구서가 쏟아져 나왔다. 즉, 진전陳鱣·황요포黃堯圃의 《송본설원교정본宋本說苑校正本》, 주준성朱駿聲의 《송본설원교정본本說苑校正本》, 노문초(盧文弨; 1717~1796)의 《설원습보說苑拾補》, 유월(兪樾; 1821~1907)의 《독서여록讀書餘錄》, 손이양(孫詒讓; 1848~1908)의 《찰이札迻》, 소시학蘇時學의 《효산필화爻山筆話》, 문정식文廷式의 《순상자지어純常子枝語》, 유사백(劉師培; 1884~1919)의 《설원습보說苑拾補》, 조만리趙萬里의 《설원각보說苑斠補》, 그리고 일인日人 미장관가尾張關嘉의 《설원찬주說苑纂註》, 도원장桃源藏의 《설원고說苑考》 등이 있다.

이들의 연구를 모아 문자를 교정하고 분장을 나누고 표점을 찍어 활자로 출판한 것이 곧 조선이趙善詒의 《설원소증說苑疏證》(1985)이다.

그밖에 상종로向宗魯의 《설원교증說苑校證》(1987, 中華書局)이 이 방면 연구

정리의 집대성이며, 백화어로 번역된 것으로는《설원금주금역說苑今注今譯》
(盧元駿, 臺灣商務印書館, 1977, 〈사부비요본〉을 대본으로 함),《설원전역說苑全譯》
(王鍈·王天海, 貴州人民出版社, 1992) 및 일부 선역選譯, 초역抄譯한 것들도 있다.
　　그러나 이 역시 활자로 옮기는 도중 오기, 오식, 탈자가 있어 결국 〈사고본〉과
〈사부본〉을 일일이 대조해야 정확을 기할 수 있다.
　　그 중《설원소증》은 매장의 본문 끝에 관련 기록이 실려 있어 큰 참고가
되고 있다.(역자의 번역본에는 이를 모두 싣고 다시《설원전역》에 출처만 밝힌 것을 일일이
찾아 전재하였으며 일부 누락된 것은 더욱 보충하여 연구자의 편의와 대조 및 관련 자료의
활용에 도움이 되도록 하였다.)

　　한편 육유의《위남집》에 〈고려본〉에 대한 언급과《고려사》의 기록으로도
알 수 있듯이 우리나라에서도 일찍부터 이 책이 읽혀졌던 것으로 여겨진다.
　　그러나 구체적인 기록은 알 수 없고 지금 우리나라에 소장되어 고본으로 알려진
《설원》은 대개 명대明代 이후의 판본으로 그 내용을 살펴보면 다음과 같다.

1.《說苑》漢, 劉向 撰, 影印本, 國立中央圖書館, 1冊, 69張, 24.2×17.0cm,
　　原本, 貴598, 일산 古3738-14. 國 일산 古3738-18
2.《說苑》漢, 劉向 撰, 中國木版本, 光緖19(1893) 20권 4책. 序文은 宋 曾鞏,
　　國立圖書館, 古2526-24.
3.《說苑》漢, 劉向 撰, 宋 曾鞏 編, 寫本. 返還文化財. 20권 5책. 29.7×20cm.
　　序; 嘉靖 丁未(1547) 何良俊 외 1人. 國立圖書館, 古2526-4.
4.《說苑》권7~10. 漢 劉向 撰, 木版本 68張. 國立圖書館 貴598. 일산 貴
　　3738-14.

5. 《說苑》漢, 劉向著, 明 程榮 校, 日本木版本, 20권 9책. 26.6×18cm.
   序; 嘉靖 丁未(1547) 明 何良俊, 缺本. 圖2. 권3～4. 國立圖書館, 古052-8.
6. 《說苑》권 3～4. 漢 劉向 撰. 日本木版本 1冊. 國立圖書館 古051-1.

(2) 유향劉向

유향은 서한의 학자이며 문학가이다. 생졸 연대는 대체로 B.C. 77년(漢昭帝 元鳳 4년부터 B.C. 6년 漢 哀帝 建平 元年), 혹은 B.C. 79년(元鳳 2년)부터 B.C. 8년(漢 成帝 綏和 元年)으로 보고 있다.

자는 자정子政이며 본명은 경생更生으로 그의 아들은 흠歆이다.

그는 한 고조 유방劉邦의 이복 동생 초원왕楚元王 유교劉交의 4세손이며, 선제宣帝 때에 왕포王褒 등과 부송賦頌을 바쳐 산기간대부급사중散騎諫大夫給事中에 올랐고 원제元帝 때에는 산기종정급사중散騎宗正給事中에 올랐다.

그러나 그는 여러 차례 환관과 외척을 탄핵하다가 죄를 얻어 하옥되기도 하였으며, 십여 년을 한거한 끝에 성제成帝가 즉위하자 다시 기용되어 마침내 광록대부光祿大夫에까지 올랐으며, 말년에는 중루교위中壘校尉라는 벼슬로 생을 마쳤다. 이 때문에 후세에 그를 유중루劉中壘라 칭하기도 한다.

유향은 마침 선제가 사부辭賦를 좋아하는 분위기에 힘입어 많은 작품을 남겼고 《한서漢書》 예문지에는 그의 사부가 33 편이라 기록되어 있다.

그러나 현재는 거의 없어지고 〈구탄九嘆〉이 《초사楚辭》 속에 남아 있으며 이는 그가 '추념굴원충신지절追念屈原忠信之節'을 위해 지은 것이라 한다. 그 외에 〈청우화산부請雨華山賦〉도 남아 있다.

한편 유향은 《초사》 16편도 교집校輯하였는데 여기에 동한東漢 왕일王逸이 주를 단 것이 《초사장구楚辭章句》로 현재 남아 있는 최초의 초사 전본이다.

유향은 고서古書에 대한 주소奏疏와 교수校讐에 뛰어난 업적을 남겼다.

그 중 유명한 것이 바로 《전국책서록戰國策敍錄》과 《간영창릉소諫營昌陵疏》이다. 그밖에도 그가 찬한 책으로는 《신서新序》, 《열녀전列女傳》, 《열선전列仙傳》(宋代 陳振孫이 僞託한 것으로도 봄), 그리고 본 《설원》이 있고 교집한 것으로는 《전국책》이 있다.

또 그는 문헌학文獻學, 목록학目錄學에도 큰 업적을 남겨《별록別錄》을 지었고 뒤에 그의 아들 유흠이 이를 바탕으로 완성한 것이《칠략七略》이며 이는 중국 최초의 목록학 저서이다.

이《칠략》의 원서는 이미 실전되었으나 반고班固의《한서》예문지는 바로 이를 바탕으로 한 것이기 때문에 대략의 경개는 지금도 알 수 있다.

한편 유향의 문집은《수서隋書》경적지經籍志에《유향집劉向集》6권이 실려 있으나 이미 없어졌고 명나라 때 장부(張溥; 1602~1641)가 집일輯佚한《유자정집 劉子政集》이《한위육조백삼가집漢魏六朝百三家集》에 수록되어 있다. 유향의 전기 傳記는《한서》권36〈초원왕전楚元王傳〉에 그 아들 유흠劉歆과 함께 자세히 실려 있다.

참고:《漢書》(권 36) 劉向傳

向字子政, 本名更生. 年十二, 以父德任爲輦郎. 旣冠, 以行修飭擢爲諫大夫. 是時, 宣帝循武帝故事, 招選名儒俊材置左右. 更生以通達能屬文辭, 與王褒·張子僑等並進對, 獻賦頌凡數十篇. 上復興神僊方術之事, 而淮南有枕中鴻寶苑 祕書. 書言神僊使鬼物爲金之術, 及鄒衍重道延命方, 世人莫見, 而更生父德武帝 時治淮南獄得其書. 更生幼而讀誦, 以爲奇, 獻之, 言黃金可成. 上令典尙方鑄作事, 費甚多, 方不驗. 上乃下更生吏, 吏劾更生鑄僞黃金, 繫當死. 更生兄陽城侯安民 上書, 入國戶半, 贖更生罪. 上亦奇其材, 得踰冬減死論. 會初立穀梁春秋, 徵更 生受穀梁, 講論五經於石渠. 復拜爲郎中給事黃門, 遷散騎諫大夫給事中.

元帝初卽位, 太傅蕭望之爲前將軍, 少傅周堪爲諸吏光祿大夫, 皆領尙書事, 甚見尊任. 更生年少於望之·堪, 然二人重之, 薦更生宗室忠直, 明經有行, 擢爲 散騎宗正給事中, 與侍中金敞拾遺於左右. 四人同心輔政, 患苦外戚許·史在位放縱, 而中書宦官弘恭・石顯弄權. 望之・堪・更生議, 欲白罷退之. 未白而語泄, 遂爲許・史及恭・顯所譖愬, 堪・更生下獄, 及望之皆免官. 語在望之傳. 其春地震, 夏, 客星見昴・卷舌間. 上感悟, 下詔賜望之爵關內侯, 奉朝請. 秋, 徵堪・向, 欲以爲諫大夫, 恭・顯白皆爲中郎. 冬, 地復震. 時恭・顯・許・史子弟侍中諸曹, 皆側目於望之等, 更生懼焉, 乃使其外親上變事, 言:

　竊聞故前將軍蕭望之等, 皆忠正無私, 欲致大治, 忤於貴戚尙書. 今道路人聞望之等復進, 以爲且復見毀讒, 必曰嘗有過之臣不宜復用, 是大不然. 臣聞春秋地震, 爲在位執政太盛也, 不爲三獨夫動, 亦已明矣. 且往者高皇帝時, 季布有罪, 至於夷滅, 後赦以爲將軍, 高后・孝文之間卒爲名臣. 孝武帝時, 兒寬有重罪繫. 按道侯韓說諫曰:「前吾丘壽王死, 陛下至今恨之; 今殺寬, 後將復大恨矣!」上感其言, 遂貰寬, 復用之, 位至御史大夫, 御史大夫未有及寬者也. 又董仲舒坐私爲災異書, 主父偃取奏之, 下吏, 罪至不道, 幸蒙不誅, 復爲太中大夫, 膠西相, 以老病免歸. 漢有所欲興, 常有詔問. 仲舒爲世儒宗, 定議有益天下. 孝宣皇帝時, 夏侯勝坐誹謗繫獄, 三年免爲庶人. 宣帝復用勝, 至長信少府, 太子太傅, 名敢直言, 天下美之. 若乃羣臣, 多此比類, 難一二記. 有過之臣, 無負國家, 有益天下, 此四臣者, 足以觀矣.

　前弘恭奏望之等獄決, 三月, 地大震. 恭移病出, 後復視事, 天陰雨雪. 由是言之, 地動殆爲恭等.

　臣愚以爲宜退恭・顯以章蔽善之罰, 進望之等以通賢者之路. 如此, 太平之門開, 災異之原塞矣.

　書奏, 恭・顯疑其更生所爲, 白請考姦詐. 辭果服, 遂逮更生繫獄, 下太傅韋玄成・諫大夫貢禹, 與廷尉雜考. 劾更生前爲九卿, 坐與望之・堪謀排車騎將軍高・許・史氏侍中者, 毁離親戚, 欲退去之, 而獨專權. 爲臣不忠, 幸不伏誅, 復蒙恩徵用, 不悔前過, 而教令人言變事, 誣罔不道. 更生坐免爲庶人. 而望之亦坐使子上書自寃前事, 恭‧顯白令詣獄置對. 望之自殺. 天子甚悼恨之, 乃擢周堪爲光祿勳, 堪弟子張猛光祿大夫給事中, 大見信任. 恭‧顯憚之, 數譖毀焉. 更生見堪‧猛在位, 幾己得復進, 懼其傾危, 乃上封事諫曰:

「臣前幸得以骨肉備九卿, 奉法不謹, 乃復蒙恩. 竊見災異並起, 天地失常, 徵表爲國. 欲終不言, 念忠臣雖在畎畝, 猶不忘君, 惓惓之義也. 況重以骨肉之親, 又加以舊恩未報乎! 欲竭愚誠, 又恐越職, 然惟二恩未報, 忠臣之義, 一杅愚意, 退就農畝, 死無所恨.

臣聞舜命九官, 濟濟相讓, 和之至也. 衆賢和於朝, 則萬物和於野. 故蕭韶九成, 而鳳皇來儀; 擊石拊石, 百獸率舞. 四海之內, 靡不和寧. 及至周文, 開基西郊, 雜遝衆賢, 罔不肅和, 崇推讓之風, 以銷分爭之訟. 文王既沒, 周公思慕, 歌詠文王之德, 其詩曰:『於穆清廟, 肅雍顯相; 濟濟多士, 秉文之德.』當此之時, 武王‧周公繼政, 朝臣和於內, 萬國驩於外, 故盡得其驩心, 以事其先祖. 其詩曰:『有來雍雍, 至止肅肅, 相維辟公, 天子穆穆.』言四方皆以和來也. 諸侯和於下, 天應報於上, 故周頌曰『降福穰穰』, 又曰『飴我釐麰』. 釐麰, 麥也, 始自天降. 此皆以和致和, 獲天助也.

下至幽‧厲之際, 朝廷不和, 轉相非怨, 詩人疾而憂之曰:『民之無良, 相怨一方.』衆小在位而從邪議, 歙歙相是而背君子, 故其詩曰:『歙歙訿訿, 亦孔之哀! 謀之其臧, 則具是違; 謀之不臧, 則具是依!』君子獨處守正, 不橈衆枉, 勉彊以從王事則反見憎毒讒愬, 故其詩曰:『密勿從事, 不敢告勞, 無罪無辜, 讒口嗸嗸!』當是之時, 日月薄蝕而無光, 其詩曰:『朔日辛卯, 日有蝕之, 亦孔之醜!』又曰:『彼月而微, 此日而微, 今此下民, 亦孔之哀!』又曰:『日月鞠凶, 不用其行; 四國無政, 不用其良!』天變見於上, 地變動於下, 水泉沸騰, 山谷易處. 其詩曰:『百川沸騰, 山冢卒崩, 高岸爲谷, 深谷爲陵. 哀今之人, 胡憯莫懲!』霜降失節, 不以其時, 其詩曰:『正月繁霜, 我心憂傷; 民之訛言, 亦孔之將!』言民以是爲非, 甚衆大也.

此皆不和, 賢不肖易位之所致也.

自此之後, 天下大亂, 簒殺殃禍並作, 厲王奔彘, 幽王見殺. 至乎平王末年, 魯隱之始卽位也, 周大夫祭伯乖離不和, 出奔於魯, 而春秋爲諱, 不言來奔, 傷其禍殃自此始也. 是後尹氏世卿而惠恣, 諸侯背畔而不朝, 周室卑微. 二百四十二年之間, 日食三十六, 地震五, 山陵崩阤二, 彗星三見, 夜常星不見, 夜中星隕如雨一, 火災十四. 長狄入三國, 五石隕墜, 六鶂退飛, 多麋, 有蜮蜚, 鸜鵒來巢者, 皆一見晝冥晦. 雨木冰. 李梅冬實. 七月霜降, 草木不死. 八月殺菽. 大雨雹. 雨雪雷霆失序相乘. 水·旱·饑·蝗·螽·螟蜂午並起. 當是時, 禍亂輒應. 弒君三十六, 亡國五十二, 諸侯奔走, 不得保其社稷者, 不可勝數也. 周室多禍: 晉敗其師於貿戎; 伐其郊; 鄭傷桓王; 戎執其使; 衛侯朔召不往, 齊逆命而助朔; 五大夫爭權, 三君更立, 莫能正理. 遂至陵夷不能復興.

由此觀之, 和氣致祥, 乖氣致異; 祥多者其國安, 異衆者其國危, 天地之常經, 古今之通義也. 今陛下開三代之業, 招文學之士, 優游寬容, 使得並進. 今賢不肖渾殽, 白黑不分, 邪正雜糅, 忠讒並進. 章交公車, 人滿北軍. 朝臣舛午, 膠戾乖剌, 更相讒愬, 轉相是非. 傳授增加, 文書紛糾, 前後錯繆, 毀譽渾亂. 所以營或耳目, 感移心意, 不可勝載. 分曹爲黨, 往往羣朋, 將同心以陷正臣. 正臣進者, 治之表也; 正臣陷者, 亂之機也. 乘治亂之機, 未知孰任, 而災異數見, 此臣所以寒心者也. 夫乘權藉勢之人, 子弟鱗集於朝, 羽翼陰附者衆, 輻湊於前, 毀譽將必用, 以終乖離之咎. 是以日月無光, 雪霜夏隕, 海水沸出, 陵谷易處, 列星失行, 皆怨氣之所致也. 夫遵衰周之軌迹, 循人之所刺, 而欲以成太平, 致雅頌, 猶卻行而求及前人也. 初元以來六年矣. 案春秋六年之中, 災異未有稠如今者也. 夫有春秋之異, 無孔子之救, 猶不能解紛, 況甚於春秋乎?

原其所以然者, 讒邪並進也. 讒邪之所以並進者, 由上多疑心, 旣已用賢人而行善政, 如或譖之, 則賢人退而善政還. 夫執狐疑之心者, 來讒賊之口; 持不斷之

意者, 開羣枉之門. 讒邪進則衆賢退, 羣枉盛則正士消. 故易有否泰. 小人道長,
君子道消, 君子道消, 則政日亂, 故爲否. 否者, 閉而亂也. 君子道長, 小人道消,
小人道消, 則政日治, 故爲泰. 泰者, 通而治也. 詩又云『雨雪麃麃, 見晛聿消』,
與易同義. 昔者鯀・共工・驩兜與舜・禹雜處堯朝, 周公與管・蔡並居周位, 當
是時, 迭進相毀, 流言相謗, 豈可勝道哉! 帝堯・成王能賢舜・禹・周公而消共工
・管・蔡, 故以大治, 榮華至今. 孔子與季・孟偕仕於魯, 李斯與叔孫俱宦於秦, 定公・
始皇賢季・孟・李斯而消孔子・叔孫, 故以大亂, 汚辱至今. 故治亂榮辱之端, 在所
信任; 信任旣賢, 在於堅固而不移. 詩云『我心匪石, 不可轉也』. 言守善篤也.
易曰『渙汗其大號』, 言號令如汗, 汗出而不反者也. 今出善令, 未能踰時而反,
是反汗也; 用賢未能三旬而退, 是轉石也. 論語曰:『見不善如探湯.』今二府奏佞
諂不當在位, 歷年而不去. 故出令則如反汗, 用賢則如轉石, 去佞則如拔山, 如此
望陰陽之調, 不亦難乎!

　　是以羣小窺見間隙, 緣飾文字, 巧言醜詆, 流言飛文, 譁於民間. 故詩云:『憂心
悄悄, 慍于羣小.』小人成羣, 誠足慍也. 昔孔子與顏淵・子貢更相稱譽, 不爲朋黨;
禹・稷與皋陶傳相汲引, 不爲比周. 何則? 忠於爲國, 無邪心也. 故賢人在上位,
則引其類而聚之於朝, 易曰『飛龍在天, 大人聚也』; 在下位, 則思與其類俱進,
易曰『拔茅茹以其彙, 征吉』. 在上則引其類, 在下則推其類, 故湯用伊尹, 不仁者遠,
而衆賢至, 類相致也. 今佞邪與賢臣並在交戟之內, 合黨共謀, 違善依惡, 歙歙訿訿,
數設危險之言, 欲以傾移主上. 如忽然用之, 此天地之所以先戒, 災異之所以重
至者也.

　　自古明聖, 未有無誅而治者也, 故舜有四放之罰, 而孔子有兩觀之誅, 然後聖
化可得而行也. 今以陛下明知, 誠深思天地之心, 迹察兩觀之誅, 覽否泰之卦,
觀雨雪之詩, 歷周・唐之所進以爲法, 原秦・魯之所消以爲戒, 考祥應之福, 省災
異之禍, 以揆當世之變, 放遠佞邪之黨, 壞散險詖之聚, 杜閉羣枉之門, 廣開衆正

之路, 決斷狐疑, 分別猶豫, 使是非炳然可知, 則百異消滅, 而衆祥並至, 太平之基,
萬世之利也.

臣幸得託肺附, 誠見陰陽不調, 不敢不通所聞. 竊推春秋災異, 以(効)[救]今事
一二, 條其所以, 不宜宣泄. 臣謹重封昧死上.」

恭·顯見其書, 愈與許·史比而怨更生等. 堪性公方, 自見孤立, 遂直道而不曲.
是歲夏寒, 日靑無光, 恭·顯及許·史皆言堪·猛用事之咎. 上內重堪, 又患衆口
之寖潤, 無所取信. 時長安令楊興以材能幸, 常稱譽堪. 上欲以爲助, 乃見問興:
「朝臣斷斷不可光祿勳, 何(也)[邪?] 興者傾巧士, 謂上疑堪, 因順指曰:「堪非獨
不可於朝廷, 自州里亦不可也. 臣見衆人聞堪前與劉更生等謀毀骨肉, 以爲當誅,
故臣前言堪不可誅傷, 爲國養恩也.」上曰:「然此何罪而誅? 今宜奈何?」興曰:
「臣愚以爲可賜爵關內侯, 食邑三百戶, 勿令典事. 明主不失師傅之恩, 此最策之
得者也.」上於是疑. 會城門校尉諸葛豐亦言堪·猛短, 上因發怒免豐. 語在其傳.
又曰:「豐言堪·猛貞信不立, 朕閔而不治, 又惜其材能未有所效, 其左遷堪爲河
東太守, 猛槐里令.」

顯等專權日甚. 後三歲餘, 孝宣廟闕災, 其晦, 日有蝕之. 於是上召諸前言日變
在堪·猛者責問, 皆稽首謝. 乃因下詔曰:「河東太守堪, 先帝賢之, 命而傅朕.
資質淑茂, 道術通明, 論議正直, 秉心有常, 發憤悃愊, 信有憂國之心. 以不能阿
尊事貴, 孤特寡助, 抑厭遂退, 卒不克明. 往者衆臣見異, 不務自修, 深惟其故,
而反晻昧說天, 託咎此人. 朕不得已, 出而試之, 以彰其材. 堪出之後, 大變仍臻,
衆亦嘿然. 堪治未期年, 而三老官屬有識之士詠頌其美, 使者過郡, 靡人不稱.
此固足以彰先帝之知人, 而朕有以自明也. 俗人乃造端作基, 非議詆欺, 或引幽隱,
非所宜明, 意疑以類, 欲以陷之, 朕亦不取也. 朕迫于俗, 不得專心, 乃者天著大異,
朕甚懼焉. 今堪年衰歲暮, 恐不得自信, 排於異人, 將安究之哉? 其徵堪詣行在所.」
拜爲光祿大夫, 秩中二千石, 領尚書事. 猛復爲太中大夫給事中. 顯幹尚書[事],

尙書五人, 皆其黨也. 堪希得見, 常因顯白事, 事決顯口. 會堪疾瘖, 不能言而卒. 顯誣譖猛, 令自殺於公車. 更生傷之, 乃著疾讒·摘要·救危及世頌, 凡八篇, 依興古事, 悼己及同類也. 遂廢十餘年.

成帝卽位, 顯等伏辜, 更生乃復進用, 更名向. 向以故九卿召拜爲中郎, 使領護三輔都水, 數奏封事, 遷光祿大夫. 是時帝元舅陽平侯王鳳爲大將軍秉政, 倚太后, 專國權, 兄弟七人皆封爲列侯. 時數有大異, 向以爲外戚貴盛, 鳳兄弟用事之咎. 而上方精於詩書, 觀古文, 詔向領校中五經祕書. 向見尙書洪範, 箕子爲武王陳五行陰陽休咎之應. 向乃集合上古以來歷春秋六國至秦漢符瑞災異之記, 推迹行事, 連傳禍福, 著其占驗, 比類相從, 各有條目, 凡十一篇, 號曰洪範五行傳論, 奏之. 天子心知向忠精, 故爲鳳兄弟起此論也, 然終不能奪王氏權.

久之, 營起昌陵, 數年不成, 復還歸延陵, 制度泰奢. 向上疏諫曰:

「臣聞易曰:『安不忘危, 存不忘亡, 是以身安而國家可保也.』故賢聖之君, 博觀終始, 窮極事情, 而是非分明. 王者必通三統, 明天命所授者博, 非獨一姓也. 孔子論詩, 至於『殷士膚敏, 裸將于京』, 喟然歎曰:『大哉天命! 善不可不傳于子孫, 是以富貴無常; 不如是, 則王公其何以戒愼, 民萌何以勸勉?』蓋傷微子之事周, 而痛殷之亡也. 雖有堯舜之聖, 不能化丹朱之子; 雖有禹湯之德, 不能訓末孫之桀紂. 自古及今, 未有不亡之國也. 昔高皇帝旣滅秦, 將都雒陽, 感寤劉敬之言, 自以德不及周, 而賢於秦, 遂徙都關中, 依周之德, 因秦之阻. 世之長短, 以德爲効, 故常戰栗, 不敢諱亡. 孔子所謂『富貴無常』, 蓋謂此也.

孝文皇帝居霸陵, 北臨廁, 意悽愴悲懷, 顧謂羣臣曰:『嗟乎! 以北山石爲椁, 用紵絮斮陳漆其間, 豈可動哉!』張釋之進曰:『使其中有可欲, 雖錮南山猶有隙; 使其中無可欲, 雖無石椁, 又何慼焉?』夫死者無終極, 而國家有廢興, 故釋之之言, 爲無窮計也. 孝文寤焉, 遂薄葬, 不起山墳.

易曰:『古之葬者, 厚衣之以薪, 臧之中野, 不封不樹. 後世聖人易之以棺椁.』

棺槨之作, 自黃帝始. 黃帝葬於橋山, 堯葬濟陰, 丘壟皆小, 葬具甚微. 舜葬蒼梧, 二妃不從. 禹葬會稽, 不改其列. 殷湯無葬處. 文・武・周公葬於畢, 秦穆公葬於雍橐泉宮祈年館下, 樗里子葬於武庫, 皆無丘隴之處. 此聖帝明王賢君智士遠覽獨慮無窮之計也. 其賢臣孝子亦承命順意而薄葬之, 此誠奉安君父, 忠孝之至也.

夫周公, 武王弟也, 葬兄甚微. 孔子葬母於防, 稱古墓而不墳, 曰:『丘, 東西南北之人也, 不可不識也.』爲四尺墳, 遇雨而崩. 弟子修之, 以告孔子, 孔子流涕曰:『吾聞之, 古者不修墓.』蓋非之也. 延陵季子適齊而反, 其子死, 葬於嬴・博之間, 穿不及泉, 斂以時服, 封墳掩坎, 其高可隱, 而號曰:『骨肉歸復於土, 命也, 魂氣則無不之也.』夫嬴・博去吳千有餘里, 季子不歸葬. 孔子往觀曰:『延陵季子於禮合矣.』故仲尼孝子, 而延陵慈父, 舜禹忠臣, 周公弟弟, 其葬君親骨肉, 皆微薄矣; 非苟爲儉, 誠便於體也. 宋桓司馬爲石槨, 仲尼曰『不如速朽.』秦相呂不韋集知略之士而造春秋, 亦言薄葬之義, 皆明於事情者也.

逮至吳王闔閭, 違禮厚葬, 十有餘年, 越人發之. 及秦惠文・武・昭・嚴襄五王, 皆大作丘隴, 多其瘞臧, 咸盡發掘暴露, 甚足悲也. 秦始皇帝葬於驪山之阿, 下錮三泉, 上崇山墳, 其高五十餘丈, 周回五里有餘; 石槨爲游館, 人膏爲燈燭, 水銀爲江海, 黃金爲鳧雁. 珍寶之臧, 機械之變, 棺槨之麗, 宮館之盛, 不可勝原. 又多殺宮人, 生薶工匠, 計以萬數. 天下苦其役而反之, 驪山之作未成, 而周章百萬之師至其下矣. 項籍燔其宮室營宇, 往者咸見發掘. 其後牧兒亡羊, 羊入其鑿, 牧者持火照求羊, 失火燒其臧槨. 自古至今, 葬未有盛如始皇者也, 數年之間, 外被項籍之災, 內離牧豎之禍, 豈不哀哉!

是故德彌厚者葬彌薄, 知愈深者葬愈微. 無德寡知, 其葬愈厚, 丘隴彌高, 宮廟甚麗, 發掘必速. 由是觀之, 明暗之效, 葬之吉凶, 昭然可見矣. 周德既衰而奢侈, 宣王賢而中興, 更爲儉宮室, 小寢廟. 詩人美之, 斯干之詩是也, 上章道宮室之如制, 下章言子孫之衆多也. 及魯嚴公刻飾宗廟, 多築臺囿, 後嗣再絕, 春秋剌焉. 周宣如彼而昌, 魯·秦如此而絶, 是則奢儉之得失也.

　陛下卽位, 躬親節儉, 始營初陵, 其制約小, 天下莫不稱賢明. 及徙昌陵, 增埤爲高, 積土爲山, 發民墳墓, 積以萬數, 營起邑居, 期日迫卒, 功費大萬百餘. 死者恨於下, 生者愁於上, 怨氣感動陰陽, 因之以饑饉, 物故流離以十萬數, 臣甚惛焉. 以死者爲有知, 發人之墓, 其害多矣; 若其無知, 又安用大? 謀之賢知則不說, 以示衆庶則苦之; 若苟以說愚夫淫侈之人, 又何爲哉! 陛下慈仁篤美甚厚, 聰明疏達蓋世, 宜弘漢家之德, 崇劉氏之美, 光昭五帝·三王, 而顧與暴〈秦〉亂君競爲奢侈, 比方丘隴, 說愚夫之目, 隆一時之觀, 違賢知之心, 亡萬世之安, 臣竊爲陛下羞之. 唯陛下上覽明聖黃帝·堯·舜·禹·湯·文·武·周公·仲尼之制, 下觀賢知穆公·延陵·樗里·張釋之之意. 孝文皇帝去墳薄葬, 以儉安神, 可以爲則; 秦昭·始皇增山厚臧, 以侈生害, 足以爲戒. 初陵之橅, 宜從公卿大臣之議, 以息衆庶.」

　書奏, 上甚感向言, 而不能從其計.

　向睹俗彌奢淫, 而趙·衛之屬起微賤, 踰禮制. 向以爲王教由內及外, 自近者始. 故采取詩書所載賢妃貞婦, 興國顯家可法則, 及孼嬖亂亡者, 序次爲列女傳, 凡八篇. 以戒天子. 及采傳記行事, 著新序, 說苑凡五十篇奏之. 數上疏言得失, 陳法戒. 書數十上, 以助觀覽, 補遺闕. 上雖不能盡用, 然內嘉其言, 常嗟歎之.

　時上無繼嗣, 政由王氏出, 災異浸甚. 向雅奇陳湯智謀, 與相親友, 獨謂湯曰:「災異如此, 而外家日(甚)[盛], 其漸必危劉氏. 吾幸得同姓末屬, 絫世蒙漢厚恩, 身爲宗室遺老, 歷事三主, 上以我先帝舊臣, 每進見常加優禮, 吾而不言, 孰當言者?」向遂上封事極諫曰:

　「臣聞人君莫不欲安, 然而常危, 莫不欲存, 然而常亡, 失御臣之術也. 夫大臣操權柄, 持國政, 未有不爲害者也, 昔晉有六卿, 齊有田·崔, 衛有孫·甯, 魯有季·孟, 常掌國事, 世執朝柄, 終後田氏取齊; 六卿分晉; 崔杼弑其君光; 孫林父·

甯殖出其君衎, 弑其君翳; 季氏八佾舞於庭, 三家者以雍徹, 並專國政, 卒逐昭公.
周大夫尹氏筦朝事, 濁亂王室, 子朝·子猛更立, 連年乃定. 故經曰『王室亂』,
又曰『尹氏殺王子克』, 甚之也. 春秋舉成敗, 錄禍福, 如此類甚衆, 皆陰盛而陽微,
下失臣道之所致也. 故書曰:『臣之有作威作福, 害于而家, 凶于而國.』孔子曰
『祿去公室, 政逮大夫』, 危亡之兆. 秦昭王舅穰侯及涇陽·葉陽君專國擅勢, 上假
太后之威, 三人者權重於昭王, 家富於秦國, 國甚危殆, 賴寤范雎之言, 而秦復存.
二世委任趙高, 專權自恣, 壅蔽大臣, 終有閻樂望夷之禍, 秦遂以亡. 近事不遠,
卽漢所代也.

漢興, 諸呂無道, 擅相尊王. 呂產·呂祿席太后之寵, 據將相之位, 兼南北軍之衆,
擁梁·趙王之尊, 驕盈無厭, 欲危劉氏. 賴忠正大臣絳侯·朱虛侯等竭誠盡節以
誅滅之, 然後劉氏復安. 今王氏一姓乘朱輪華轂者二十三人, 青紫貂蟬充盈幄內,
魚鱗左右. 大將軍秉事用權, 五侯驕奢僭盛, 並作威福, 擊斷自恣, 行汙而寄治,
身私而託公, 依東宮之尊, 假甥舅之親, 以爲威重. 尙書九卿州牧郡守皆出其門,
筦執樞機, 朋黨比周. 稱譽者登進, 忤恨者誅傷; 游談者助之說, 執政者爲之言.
排擯宗室, 孤弱公族, 其有智能者, 尤非毀而不進. 遠絕宗室之任, 不令得給事朝省,
恐其與己分權, 數稱燕王·蓋主以疑上心, 避諱呂·霍而弗肯稱. 內有管·蔡之萌,
外假周公之論, 兄弟據重, 宗族磐互. 歷上古至秦漢, 外戚僭貴未有如王氏者也.
雖周皇甫·秦穰侯·漢武安·呂·霍·上官之屬, 皆不及也.

物盛必有非常之變先見, 爲其人微象. 孝昭帝時, 冠石立於泰山, 仆柳起於上林.
而孝宣帝卽位, 今王氏先祖墳墓在濟南者, 其梓柱生枝葉, 扶疏上出屋, 根垂地中;
雖立石起柳, 無以過此之明也. 事勢不兩大, 王氏與劉氏亦且不並立, 如下有泰山
之安, 則上有累卵之危. 陛下爲人子孫, 守持宗廟, 而令國祚移於外親, 降爲皁隸,
縱不爲身, 奈宗廟何! 婦人內夫家, 外父母家, 此亦非皇太后之福也. 孝宣皇帝不
與舅平昌·樂昌侯權, 所以安全之也.

夫明者起福於無形, 銷患於未然. 宜發明詔, 吐德音, 援近宗室, 親而納信, 黜遠外戚, 毋授以政, 皆罷令就弟, 以則效先帝之所行, 厚安外戚, 全其宗族, 誠東宮之意, 外家之福也. 王氏永存, 保其爵祿, 劉氏長安, 不失社稷, 所以褒睦外內之姓, 子子孫孫無疆之計也. 如不行此策, 田氏復見於今, 六卿必起於漢, 爲後嗣憂, 昭昭甚明, 不可不深圖, 不可不蚤慮. 易曰:『君不密, 則失臣;臣不密, 則失身; 幾事不密, 則害成』唯陛下深留聖思, 審固幾密, 覽往事之戒, 以折中取信, 居萬安之實, 用保宗廟, 久承皇太后, 天下幸甚.」

書奏, 天子召見向, 歎息悲傷其意, 謂曰:『君具休矣, 吾將思之.』以向爲中壘校尉.

向爲人簡易無威儀, 廉靖樂道, 不交接世俗, 專積思於經術, 晝誦書傳, 夜觀星宿, 或不寐達旦. 元延中, 星孛東井, 蜀郡岷山崩雍江. 向惡此異, 語在五行志. 懷不能已, 復上奏, 其辭曰:

「臣聞帝舜戒伯禹, 毋若丹朱敖; 周公戒成王, 毋若殷王紂. 詩曰『殷監不遠, 在夏后之世』, 亦言湯以桀爲戒也. 聖帝明王常以敗亂自戒, 不諱廢興, 故臣敢極陳其愚, 唯陛下留神察焉.

謹案春秋二百四十二年, 日蝕三十六, 襄公尤數, 率三歲五月有奇而壹食. 漢興訖竟寧, 孝景帝尤數, 率三歲一月而一食. 臣向前數言日當食, 今連三年比食. 自建始以來, 二十歲間而八食, 率二歲六月而一發, 古今罕有. 異有小大希稠, 占有舒疾緩急, 而聖人所以斷疑也. 易曰:『觀乎天文, 以察時變.』昔孔子對魯哀公, 並言夏桀·殷紂暴虐天下, 故曆失則攝提失方, 孟陬無紀, 此皆易姓之變也. 秦始皇之末至二世時, 日月薄食, 山陵淪亡, 辰星出於四孟, 太白經天而行, 無雲而雷, 枉矢夜光, 熒惑襲月, 蝗火燒宮, 野禽戲廷, 都門內崩, 長人見臨洮, 石隕于東郡, 星孛大角, 大角以亡. 觀孔子之言, 考暴秦之異, 天命信可畏也. 及項籍之敗, 亦孛大角. 漢之入秦, 五星聚于東井, 得天下之象也. 孝惠時, 有雨血, 日食於衝,滅光星見之異. 孝昭時, 有泰山臥石自立, 上林僵柳復起, 大星如月西行, 衆星隨之, 此爲特異. 孝宣興起之表, 天狗夾漢而西, 久陰不雨者二十餘日, 昌邑不終之異也. 皆著於漢紀. 觀秦‧漢之易世, 覽惠‧昭之無後, 察昌邑之不終, 視孝宣之紹起, 天之去就, 豈不昭昭然哉! 高宗‧成王亦有雊雉拔木之變, 能思其故, 故高宗有百年之福, 成王有復風之報. 神明之應, 應若景嚮, 世所同聞也.

臣幸得託末屬, 誠見陛下有寬明之德, 冀銷大異, 而興高宗‧成王之聲, 以崇劉氏, 故狠狠數姧死亡之誅. 今日食尤屢, 星孛東井, 攝提炎及紫宮, 有識長老莫不震動, 此變之大者也. 其事難一二記, 故易曰『書不盡言, 言不盡意』, 是以設卦指爻, 而復說義. 書曰『伻來以圖』, 天文難以相曉, 臣雖圖上, 猶須口說, 然後可知, 願賜清燕之閒, 指圖陳狀.」

上輒入之, 然終不能用也. 向每召見, 數言公族者國之枝葉, 枝葉落則本根無所庇廕; 方今同姓疏遠, 母黨專政, 祿去公室, 權在外家, 非所以彊漢宗, 卑私門, 保守社稷, 安固後嗣也.

向自見得信於上, 故常顯訟宗室, 譏刺王氏及在位大臣, 其言多痛切, 發於至誠. 上數欲用向爲九卿, 輒不爲王氏居位者及丞相御史所持, 故終不遷. 居列大夫官前後三十餘年, 年七十二卒. 卒後十三歲而王氏代漢. 向三子皆好學: 長子伋, 以易教授, 官至郡守; 中子賜, 九卿丞, 蚤卒; 少子歆, 最知名.

說苑 중

卷十五 지무편指武篇

卷十六 담총편談叢篇

卷十七 잡언편雜言篇

卷二 신술편臣術篇

卷四 입절편立節篇

卷五 귀덕편貴德篇

說苑 言

卷六 복은편復恩篇

卷七 정리편政理篇

卷八 존현편尊賢篇

卷九 정간편正諫篇

說苑 三

卷十 경신편敬愼篇

卷十一 선설편善說篇

卷十二 봉사편 奉使篇

卷十三 권모편權謀篇

卷十四　지공편至公篇

說苑 下

卷十八 변물편辨物篇

卷十九 수문편脩文篇

卷二十 반질편反質篇

◉ 부록

卷十五. 지무편指武篇

"지무指武"란 군대를 지휘하여 작전을 펴다의 뜻이다. 본권에는 이에 관한 일화와 고사 등을 모은 것이다.

　모두 28장(452～479)이다.

452(15-1) 司馬法曰國雖大
평안할 때 전쟁을 잊으면 위험하다

《사마법司馬法》에 이렇게 실려 있다.

"나라가 비록 강대하나 싸움을 좋아하면 반드시 망하게 마련이며, 천하가 비록 편안하나 전쟁을 잊고 살면 반드시 위험한 경우를 당한다."

또《역易》에는 이렇게 말하였다.

"군자는 무기를 정비하여 뜻밖의 사변을 경계한다."

무릇 무력이란 즐길 수 있는 일이 아니다. 이를 자주 즐기면 위엄이 없어진다. 그렇다고 없앨 수도 없다. 없애면 적이 쳐들어오기 때문이다.

옛날 오왕吳王 부차夫差는 싸움을 좋아하다가 망하였고, 서徐 언왕偃王은 군대를 없앴다가 멸망하였다. 따라서 어진 왕이 나라를 다스림에는 위에서는 무력을 즐겨서는 안 되고 아래에서는 무력을 폐기해서는 안 된다.

《역易》에는 이렇게 말하였다.

"편안할 때에 위망危亡을 잊지 말라."

그래야 자신도 안전하고 국가도 보전할 수 있기 때문이다.

《司馬法》의 저자 司馬穰苴

司馬法曰:「國雖大, 好戰必亡; 天下雖安, 忘戰必危.」

易曰:『君子以除戎器, 戒不虞.』

夫兵不可玩, 玩則無威; 兵不可廢, 廢則召寇.

昔吳王夫差好戰而亡, 徐偃王無武亦滅, 故明王之制國也, 上不玩兵, 下不廢武.

易曰:『存不忘亡.』

是以身安而國家可保也.

【司馬法】춘추시대 司馬穰苴가 지은 兵法書.

【易曰】《周易》華卦(澤地華) 大象의 구절

【吳王夫差】春秋 말기 吳나라의 군주.

【徐偃王】周穆王 때 徐나라의 왕. 스스로 稱王하다가 망하였다.

【易曰】《周易》繫辭(下)의 구절.

참고 및 관련 자료

1.《司馬法》仁本篇

故國雖大, 好戰必亡; 天下雖安, 忘戰必危. 天下旣平, 天下大愷. 春蒐秋獮, 諸侯春振旅, 秋治兵, 所以不忘戰也.

453(15-2) 秦昭王中朝而歎
어리석은 배우들

진秦 소왕昭王이 조회를 하면서 이렇게 탄식하였다.

"무릇 초楚나라는 그 병기가 날카롭고 창우倡優는 어리석다고 하오. 무기가 날카롭다는 것은 병사들이 날래고 용감하다는 뜻이요, 창우가 뛰어나지 않다는 것은 그 나라 지도자의 사려가 깊다는 뜻이요. 나는 그런 초나라가 바로 우리 진秦나라를 삼킬 뜻을 가진 게 아닌가 걱정되오!"

이 말은 길吉한 때에 흉한 경우를 염두에 두고, 평상시에 위망危亡을 잊지 않는다는 뜻이다. 그 때문에 진秦나라는 마침내 천하를 제패할 수 있게 된 것이다.

秦昭王中朝而歎曰:「夫楚劍利, 倡優拙. 夫劍利則士多慓悍, 倡優拙則思慮遠也, 吾恐楚之謀秦也.」

此謂當吉念凶, 而存不忘亡也, 卒以成霸焉.

【秦昭王】 전국시대 秦나라 군주. 秦 武王의 異母弟로 이름은 稷. 白起를 장수로 삼아 九縣을 요구하였다. 재위 56년(B.C.306~251).
【倡優】 女伶을 倡, 男伶을 優라 한다. 여기서는 女樂이 뛰어나지 않아 지도자가 그에 빠지지 않는다는 뜻.

1. 《史記》范雎列傳

昭王臨朝歎息, 應侯進曰:「臣聞:『主憂臣辱, 主辱臣死』. 今大王中朝而憂, 臣敢請
其罪.」昭王曰:「吾聞楚之鐵劍利而倡優拙. 夫鐵劍利則士勇, 倡優拙則思慮遠. 夫以
遠思慮而御勇士, 吾恐楚之圖秦也. 夫物不素具, 不可以應卒, 今武安君旣死, 而鄭
安平等畔, 內無良將而外多敵國, 吾是以憂.」欲以激勵應侯. 應侯懼, 不知所出.
蔡澤聞之, 往入秦也.

454(15-3) 王孫厲謂楚文王
문덕은 무비가 바탕이 되어야

왕손려王孫厲가 초楚 문왕文王에게 말하였다.

"서徐 언왕偃王은 인의仁義의 도를 행하기를 좋아하여 한수漢水의 동쪽 32개국이 모두 그에게 복종하고 있습니다. 임금께서 만약 쳐부수지 않으면 우리 초나라도 그 서나라를 섬겨야 할 것입니다."

그러자 문왕은 반대하였다.

"진실로 도가 있는 나라라면 칠 수가 없소!"

그러나 왕손려의 의견은 달랐다.

"큰 나라가 작은 나라를 치는 것, 강한 나라가 약한 나라를 치는 것은 마치 큰 물고기가 작은 고기를 삼키는 것과 같고, 호랑이가 돼지를 잡아먹는 것과 같습니다. 어찌 그런 일에 이치가 맞지 않을까 걱정하십니까?"

이에 문왕은 군대를 일으켜 서나라를 쳐서 잔폐시키고 말았다. 서 언왕은 죽음에 이르러 이렇게 한탄하였다.

"나는 문덕文德만 있으면 되는 줄 믿고 무비武備는 소홀히 하였다. 인의지도仁義之道를 행하면 될 줄 알았지, 사람을 속이는 마음을 가진 자도 있다는 것을 알지 못하였다. 그래서 이 지경에 이르고 만 것이다."

그러니 옛날 왕 노릇을 하는 자가 어찌 무비가 없을 수 있겠는가!

王孫厲謂楚文王曰:「徐偃王好行仁義之道, 漢東諸侯三十二國, 盡服矣! 王若不伐, 楚必事徐.」

王曰:「若信有道, 不可伐也.」

對曰:「大之伐小, 强之伐弱, 猶大魚之吞小魚也, 若虎之食豚也, 惡有其不得理?」

文王興師伐徐, 殘之. 徐偃王將死, 曰:「吾賴於文德, 而不明武備, 好行仁義之道, 而不知詐人之心, 以至於此.」

夫古之王者, 其有備乎!

【王孫厲】 춘추시대 楚文王의 신하.
【楚 文王】 춘추시대 楚나라의 군주. 재위 13년(B.C.689∼677).
【徐偃王】 춘추시대 徐나라의 군주. 徐는 B.C.512년 이후 吳·楚에게 망한 나라.

참고 및 관련 자료

1.《淮南子》人間訓

昔徐偃王好行仁義, 陸地之朝者三十二國. 王孫厲謂楚莊王曰:「王不伐徐, 必反朝徐.」王曰:「偃王, 有道之君也, 好行仁義, 不可伐.」王孫厲曰:「臣聞之, 大之與小, 强之與弱也, 猶石之投卵, 虎之啗豚, 又何疑焉. 且夫爲文而不能達其德, 爲武而不能任其力, 亂莫大焉.」楚王曰:「善.」乃舉兵而伐徐, 遂滅之. 知仁義而不知世變者也.

2.《韓非子》五蠹篇

徐偃王處漢東, 地方五百里, 行仁義, 割地而朝者三十有六國. 荊文王恐其害已也, 舉兵伐徐, 遂滅之. 故文王行仁義而王天下, 偃王行仁義而喪其國, 是仁義用於古不用於今也. 故曰: 世異則事異.

3.《十八史略》卷1

徐偃王作亂, 造父御王, 長驅歸救亂, 告楚罰徐, 徐敗.

4.《搜神記》

古徐國宮人, 娠而生卵, 以爲不祥, 棄之水濱. 有犬名「鵠蒼」, 銜卵以歸, 遂生兒, 爲徐嗣君. 後鵠蒼臨死, 生角而九尾, 實黃龍也. 葬之徐里中. 見有狗壟在焉.

5.《博物志》卷7

徐偃王志云: 徐君宮人娠而生卵, 以爲不祥, 棄之水濱. 獨孤母有犬名鵠蒼, 獵於水濱, 得所棄卵, 銜以來歸. 獨孤母以爲異, 覆暖之. 遂烰成兒, 生時正偃, 故以爲名. 徐君宮中聞之, 乃更錄取. 長以仁智, 襲君徐國, 後鵠蒼臨死, 生角而九毛, 實黃龍也. 偃王又葬之徐界中, 今見有狗壟. 偃王旣襲其國, 仁義著聞, 欲舟行上國, 乃通溝陳‧蔡之間, 得朱弓矢, 而己得天瑞, 遂人名爲號, 自稱徐偃王. 江淮諸侯皆伏從, 伏從者三十六國. 周王聞, 遣使乘馹, 一日至楚, 使伐之. 偃王仁, 不忍鬭害, 其民爲楚所敗, 逃走彭城武原縣東山下, 百姓隨之者以萬數, 後遂名其山爲徐山. 山上立石室, 有神靈, 民人祈禱. 今皆見存.

6.《水經注》卷8

劉成國《徐州地理志》云: 徐偃王之異言. 徐君宮人, 娠而生卵, 以爲不祥, 棄之於水濱. 獨孤母有犬, 名曰「鵠蒼」. 獵于水側, 得其卵, 銜以來歸. 獨孤母以爲異, 覆煖之, 遂成兒. 生時偃. 故以爲名徐君. 宮中聞之, 乃更錄取. 長以仁智, 襲君徐國後, 鵠蒼臨死, 生角而九尾, 實黃龍也. 偃王葬之徐中, 今見有狗壟焉. 偃王治國, 仁義著聞. 欲舟行上國, 乃通溝陳蔡之間, 得朱弓矢, 以得天瑞, 遂因名爲號, 自稱徐偃王. 江淮諸侯服從者, 三十六國. 周王聞之, 遣使至楚令伐之, 偃王愛民, 不鬭, 遂爲楚敗. 北走彭城武原縣東山下, 百姓隨者萬數, 因名其山爲徐山. 山上立石室, 廟有神靈, 民人請禱焉. 依文卽事, 似有符驗. 但鼉代綿遠, 難以詳矣. 今徐城外, 有徐君墓. 昔延陵季子解劍于此, 所爲不遠心許也.

455(15-4) 吳起爲苑守
병기는 흉기

오기吳起가 원苑 땅의 수령이 되어 현縣을 순찰하는 도중, 식현息縣에 들러 굴의구屈宜臼에게 물었다.

"임금께서는 제가 불초한 줄 모르고 이렇듯 저를 원 땅의 수령으로 임명하셨습니다. 선생께서 제게 무슨 가르침을 주지 않으시겠습니까?"

굴의구는 아무런 대답을 하지 않았다.

그로부터 1년이 지나 왕이 다시 오기를 영윤令尹으로 삼았다.

이에 오기가 다시 식현을 들르면서 굴의구에게 물었다.

"제가 선생께 질문을 하였었는데 선생께서는 아무런 가르침을 주시지 않았습니다. 지금 다시 임금께서 제가 불초한 줄 모르고 이렇듯 영윤으로 삼으셨습니다. 선생께서는 저를 보시기에 어떤지 말씀해 주십시오!"

그제야 굴의구는 이렇게 물었다.

"그대는 장차 어떤 일을 하시렵니까?"

오기가 대답하였다.

"이 초楚나라 관직을 고르게 하여 그 녹祿을 평등하게 할 것입니다. 남은 것은 덜어서 부족한 것에 보태 주는 것이지요. 또 군대를 잘

吳起

훈련시켜 때를 보아 천하를 두고 한 번 다투어 보려 합니다.”

굴의구는 이렇게 일러 주었다.

“내가 듣기로 옛날부터 그 나라를 잘 다스리는 자는 옛것을 마구 변혁시키지 않으며, 평상의 일을 바꾸지 않는다고 하였습니다. 그런데 지금 그대는 초나라 관직을 균등히 하며, 그 봉록을 평등하게 하고, 남은 것을 덜어 모자라는 것에 보탠다고 하니, 이는 옛것을 바꾸고 평상을 고치는 일입니다. 또 내가 듣기로 무력은 흉기凶器요, 전쟁은 역덕逆德이라 하였습니다. 흉기를 즐겨 쓰면 이는 백성들이 싫어하게 되지요. 이는 역덕의 가장 큰 상태이며, 하고 싶은 대로 할 때의 일입니다. 이를 실행하면 이롭지 못합니다.

또 그대는 노魯나라 군대를 지휘할 때 옳지 않은 방법으로 뜻을 얻어 제齊나라를 물리쳤습니다. 그리고 위魏나라 군대를 통솔할 때도 옳지 않은 방법으로 뜻을 얻어 진秦나라를 물리쳤습니다.

내 듣기로 ‘흉악한 사람이 아니면 흉악한 일을 저지르지 않는다’라 하였습니다. 내가 진실로 이상하게 여기는 것은, 우리 임금이 자주 천도天道를 거역하였는데도 아직껏 화禍가 내리지 않는다는 것입니다. 아! 내 장차 그대의 하는 일을 두고 보리라!”

오기는 두려워하며 물었다.

“그러면 지금이라도 고칠 수 있겠습니까?”

그러나 굴의구는 이렇게 잘라 말하였다.

“안 됩니다.”

이에 오기는 이렇게 말하였다.

“내 그럼 이를 위해 모책을 세워 보겠습니다.”

그러자 굴의구는 이렇게 설명하였다.

“이미 형벌이 결정된 사람은 이를 변경시킬 수 없는 법, 그대는 오직 돈독과 사랑의 마음으로 이를 독실히 실행하시오. 지금 초나라 에서는 어진 이를 추천하는 일보다 더 급한 것이 없습니다.”

吳起爲苑守, 行縣適息, 問屈宜臼曰:「王不知起不肖, 以爲苑守, 先生將何以敎之?」

屈公不對.

居一年, 王以爲令尹, 行縣適息.

問屈宜臼曰:「起問先生, 先生不敎. 今王不知起不肖, 以爲令尹, 先生試觀起爲之也!」

屈公曰:「子將奈何?」

吳起曰:「將均楚國之爵, 而平其祿, 損其有餘, 而繼其不足, 厲甲兵以時爭於天下.」

屈公曰:「吾聞昔善治國家者, 不變故, 不易常. 今子將均楚國之爵, 而平其祿, 損其有餘, 而繼其不足, 是變其故而易其常也. 且吾聞兵者, 凶器也, 爭者, 逆德也. 今子陰謀逆德, 好用凶器, 殆人所棄, 逆之至也, 淫泆之事也, 行者不利. 且子用魯兵不宜得志於齊而得志焉; 子用魏兵不宜得志於秦而得志焉. 吾聞之曰:『非禍人不能成禍.』吾固怪吾王之數逆天道, 至今無禍. 嘻! 且待夫子也.」

吳起惕然曰:「尙可更乎?」

屈公曰:「不可.」

吳起曰:「起之爲人謀.」

屈公曰:「成刑之徒, 不可更已! 子不如郭處, 而篤行之, 楚國無貴于擧賢.」

【吳起】춘추시대 衛나라 출신의 전략가·병법가. 용병에 뛰어나 魯·衛·楚에서 벼슬하였으며, 楚나라에서 많은 사람의 원한을 사 결국 悼王이 죽은 후 피살되었다. 《吳子》라는 병법서를 남겼다. 《史記》孫子吳起列傳 참조.

【苑】 苑은 地名. 楚나라 읍으로 뒤에 南陽으로 고쳤다. 지금의 河南省임 南陽縣.

【息縣】 地名. 지금의 河南省 息縣 일대. 당시 屈宜臼가 그곳의 현령이었다.

【屈宜臼】 人名. 楚나라 大夫. 뒤에 魏로 도망하였다. 이름의 표기는 '屈宜咎',
'屈宜若' 등으로도 쓴다.

【令尹】 楚나라의 최고 관직.

【兵者, 凶器】《老子》31章에 "夫佳兵者, 不祥之器"라 하였다.

【屈公曰不可, 吳起曰起之爲人謀】 이 13字에 대해《說苑疏證》에는 衍文이라
하여 朱駿聲의 의견에 따라 삭제하였다. 즉 "尚可更乎下原衍屈公曰不可, 吳起曰
起之爲人謀十三字, 從朱駿聲校記刪"이라 하였다.

【楚國無貴于學賢】《說苑疏證》에는 尾張氏의 의견에 따라 "尾張氏纂注云, 末句
文理不相屬, 語有脫誤"라 하였다.

참고 및 관련 자료

1.《淮南子》道應訓

吳起爲楚令尹, 適魏, 問屈宜若曰:「王不知起之不肖, 而以爲令尹, 先生試觀起之爲
人也.」屈子曰:「將奈何?」吳起曰:「將衰楚國之爵, 而平其制祿; 損其有餘, 而綏其
不足; 砥礪甲兵, 時爭利於天下.」屈子曰:「宜若聞之, 昔善治國家者, 不變其故,
不易其常. 今子將衰楚國之爵而平其制祿, 損其有餘, 而綏其不足, 是變其故, 易其
常也. 行之者不利. 宜若聞之曰:『怒者逆德也, 兵者凶器也, 爭者人之所本也.』今子
陰謀逆德, 好用凶器, 始人之所本, 逆之至也. 且子用魯兵, 不宜得志於齊, 而得志焉;
子用魏兵, 不宜得志於秦, 而得志焉. 宜若聞之, 非禍人不能成禍, 吾固惑吾王之數
逆天道, 戾人理, 至今無禍, 差須夫子也.」吳起惕然曰:「尚可更乎?」屈子曰:「成形
之徒, 不可更也, 子不若敦愛而篤行之.」

456(15-5) 春秋記國家存亡
훈련되지 않은 사졸

《춘추春秋》에는 나라의 존망을 기록하여 뒷사람들이 이를 잘 살펴보도록 하였다. 즉 비록 토지가 넓고 인구가 많으며, 무력이 뛰어나고 무기가 훌륭하고, 뛰어나게 용맹한 장군이 있다 하더라도 사졸士卒이 이를 잘 따라 주지 않으면 전쟁의 승리나 공을 세우는 일은 있을 수 없다는 것이다.

옛날 진후晉侯는 한韓나라에 포로로 잡혔고, 초楚나라 자옥득신子玉得臣은 성복城濮 싸움에서 패하였으며, 채蔡나라 군대는 적이 오기도 전에 스스로 궤멸하고 말았다. 그 때문에 속담에 이렇게 말한 것이다.

"어질기는 주周 문왕文王 같다 해도 백성과 친해지지 않으면 부릴 수 없고, 지모智謀가 선진先軫 같다 해도 훈련되지 않은 사졸로는 싸울 수 없으며, 조보造父나 왕량王良같이 수레를 잘 모는 자라 해도 낡은 수레에 일어설 줄도 모르는 말로는 빨리 그리고 멀리 몰아갈 수 없고, 유궁후예有窮后羿·방몽逄蒙 같은 명사수로도 굽은 화살 약한 활로는 멀리의 희미한 표적을 맞힐 수 없다."

"惜陰" 丘堂 呂元九(현대)

그러므로 강약強弱·성패成敗의 요체는 사졸들이 얼마나 믿고 따르는가 하는 문제와 이들을 어떻게 훈련시켰는가에 달려 있을 따름이다.

春秋記國家存亡, 以察來世, 雖有廣土衆民, 堅甲利兵, 盛猛之將, 士卒不親附, 不可以戰勝取功. 晉侯獲於韓; 楚子玉得臣敗於城濮; 蔡不待敵而衆潰.

故語曰:「文王不能使不附之民; 先軫不能戰不教之卒; 造父王良不能以弊車不作之馬, 趨疾而致遠; 羿逢蒙不能以枉矢弱弓, 射遠中微」

故强弱成敗之要, 在乎附士卒, 教習之而已.

【春秋】孔子가 편찬한 책. 六經의 하나.
【晉侯獲於韓】周安王 26年(B.C.380) 韓文侯·魏武侯·趙敬侯가 晉나라를 완전히 멸망시키고 그 땅을 나누어 가진 일.
【子玉】成得臣의 字. 춘추시대 楚나라 令尹으로 魯僖公 28年(B.C.632)에 城濮之戰에서 晉文公에게 패한 일.
【蔡】周定王 22年(B.C.585) 楚나라가 蔡를 친 싸움에서의 일.
【周文王】姬昌. 周나라를 일으킨 聖君. 西伯昌. 武王(姬發)과 周公旦의 아버지.
【先軫】춘추시대 晉나라 대부. 原軫으로도 쓰며 用兵에 뛰어났던 인물.
【造父】周穆王의 幸臣으로 徐나라를 쳐서 공을 세웠다. 趙 땅에 봉해져서 趙氏의 시조가 되었다. 수레를 잘 몰았다고 한다.
【王良】춘추시대 晉나라의 大夫. 郵無恤의 아들이며 역시 수레를 잘 몰았다고 한다.
【羿】夏나라 때 有窮氏 나라의 군주. 그래서 有窮后羿라도 부른다. 夏나라를 멸하고 스스로 왕이 되었으나 政事를 닦지 않아 寒浞에게 패하였다. 활을 잘 쏘았으며 "嫦娥奔月"의 고사를 낳았다.
【逢蒙】古代 활을 잘 쏘았던 인물. 봉몽(逢蒙)으로도 쓴다.

1. 《荀子》議兵篇

臨武君與孫卿子議兵於趙孝成王前. 王曰:「請問兵要.」臨武君對曰:「上得天時, 下得地利, 觀敵之變動, 後之發, 先之至, 此用兵之要術也.」孫卿子曰:「不然. 臣所聞古之道, 凡用兵攻戰之本在乎一民. 弓矢不調, 則羿不能以中微; 六馬不和, 則造父不能以致遠; 士民不親附, 則湯武不能以必勝也. 故善附民者, 是乃善用兵者也. 故兵要在乎善附民而已.」臨武君曰:「不然. 兵之所貴者, 埶利也; 所行者, 變詐也. 善用兵者, 感忽悠闇, 莫知其所從出. 孫吳用之, 無敵於天下, 豈必待附民哉?」孫卿子曰:「不然. 臣之所道, 仁人之兵, 王者之志也. 君之所貴, 權謀埶利也, 所行, 攻奪變詐也, 諸侯之事也. 仁人之兵, 不可詐也. 彼可詐者, 怠慢者也, 路亶者也, 君臣上下之間滑然有離德者也. 故以桀詐桀, 猶巧拙有幸焉; 以桀詐堯, 譬之若以卵投石, 以指撓沸, 若赴水火, 入焉焦沒耳. 故仁人上下, 百將一心, 三軍同力, 臣之於君也, 下之於上也, 若子之事父, 弟之事兄, 若手臂之捍頭目而覆胸腹也. 詐而襲之, 與先驚而後擊之一也. 且仁人之用十里之國, 則將有百里之聽; 用百里之國, 則將有千里之聽; 用千里之國, 則將有四海之聽; 必將聰明警戒, 和傳而一. 故, 仁人之兵, 聚則成卒, 散則成列, 延則若莫邪之長刃, 嬰之者斷; 兌則若莫邪之利鋒, 當之者潰; 圜居而方止, 則若盤石然, 觸之者角摧, 案鹿埵隴種東籠而退耳. 且夫暴國之君, 將誰與至哉? 彼其所與至者, 必其民也. 而其民之親我歡若父母, 其好我芬若椒蘭; 彼反顧其上, 則若灼黥, 若仇讎. 人之情, 雖桀跖, 豈又肯爲其所惡賊其所好者哉? 是猶使人之子孫自賊其父母也, 彼必將來告之, 夫又何可詐也? 故, 仁人用, 國日明, 諸侯先順者安, 後順者危, 慮敵之者削, 反之者亡. 詩曰:『武王載發, 有虔秉鉞, 如火烈烈, 則莫我敢遏』. 此之謂也.」孝成王·臨武君曰:「善.」

457(15-6) 內治未得
정벌에 앞서 내치를

국내 정치가 안정되지 않았을 때는 밖을 정벌하겠다고 나서서는 안 된다. 또 근본의 은혜가 온 백성에게 고루 입혀지지 않았을 때도 그 끝을 제어하려 들어서는 안 된다. 그래서 《춘추春秋》는 경사京師를 우선으로 하고 제하諸夏를 나중으로 미루었으며, 제화諸華를 먼저 하고 이적夷狄을 뒤로 돌린 것이다.

주周 혜왕惠王 때에 이르러서는 혼란한 시대가 되어 선왕先王의 체계를 계승해야 함에도 강한 초楚나라가 왕을 참칭하자, 제후들이 모두 반기를 들어 선왕의 명령을 먼저 펴고 천하를 일통一統하자고 요구하기에 이른 것이다.

그러나 도리어 경사를 잘 길러 안정시킨 다음 이것이 제하에 미치도록 하고, 그 제하에서 다시 이적까지 퍼져 나가도록 하지는 않고, 내치內治가 안정되지도 않은 상태에서 화만 내면서 자신의 역량과 권형權衡을 헤아려 보지도 않고 군대를 일으켜 강한 초나라 정벌에 나섰다. 그리하여 결국 군대는 크게 패배하고 모욕만 당한 채 왕의 명령도 실행되지 못하여 천하의 죽음을 당해 웃음거리만 되고 말았다. 다행히 제齊 환공桓公이 나타나 다시 평안과 존왕尊王의 명분을 겨우 얻게 되었을 뿐이다.

그러므로 내치가 안정되지 않은 상태에서는 밖을 정벌하는 것이 아니며 본래의 은혜가 널리 입혀지지 않은 상태에서는 그 끝을 제압하려 들어서는 안 되는 것이다.

內治未得, 不可以正外, 本惠未襲, 不可以制末, 是以春秋先京師而後諸夏, 先諸華而後夷狄. 及周惠王, 以遭亂世, 繼先王之體, 而强楚稱王, 諸侯背叛, 欲申先王之命, 一統天下.

不先廣養京師, 以及諸夏, 諸夏以及夷狄, 內治未得, 忿則不料力, 權得失, 興兵而征强楚, 師大敗, 撙辱不行, 大爲天下戮笑. 幸逢齊桓公以得安尊, 故內治未得不可以正外, 本惠未襲, 不可以制末.

【本惠未襲】 襲을 '널리 퍼지고 입혀지다'의 뜻으로 보았다.

【春秋】 冊名.

【京師】 宗主國인 周나라의 도읍 근처.

【諸夏】 周나라를 둘러싼 지역의 나라. 옛날에는 이를 夏라 하였다.

【諸華】 夏를 둘러싼 나라. 전통적으로 中國의 초기 민족 형성을 夏華族이라 보고 있다.

【夷狄】 中國, 즉 夏華 밖의 이민족.

【周 惠公】 周나라 왕. 재위 25년(B.C.676~652).

【强楚稱王】 B.C.740년 楚나라 熊通이 諸侯들 가운데 최초로 王을 참칭하였다. 이가 곧 楚 武王. 재위 51년(B.C.740~690). 그 뒤 楚나라는 계속 왕이라 하였고 다른 諸侯國들은 전국시대인 B.C.396년에야 비로소 魏나라가 惠王이라 하였고, 田齊의 威王(B.C.356), 秦나라 惠文王(B.C.337), 韓나라 宣惠王(B.C.332), 趙나라 武靈王(B.C.325), 燕나라 易王(B.C.332) 등으로 王號를 사용하였다.

【一統】 하나로 統御·統率함.

【興兵而征强楚】 周나라가 楚나라를 친 사건은 구체적인 시기를 알 수 없다.

【齊 桓公】 춘추오패의 하나. 재위 43년(B.C.685~643).

【幸逢齊桓公以得安尊】 齊桓公이 패자가 되어 尊王攘夷를 내세웠다.

458(15-7) 將師受命者
출정하는 장군

군대를 거느리도록 명령 받은 자가 장차 임금에게 부하를 인솔하여 들어갈 때에는 군의 관리들도 모두 따라 들어가 모두 북면北面하여 재배계수再拜稽首하고 명령을 받는다. 이때 천자天子는 남면南面하여 도끼를 주고 동쪽으로 몇 걸음 옮긴 다음 다시 서면西面하여 읍揖을 한다. 이는 곧 군대 작전에 간섭하지 않겠다는 뜻이다. 따라서 명을 받들고 출전하였을 때에는 나라 안의 일을 잊어버려야 하며, 싸움 중에는 집안의 일도 잊어야 한다.

진격 북소리를 들으면, 오직 이기지 못할까 걱정하여 자신의 몸까지도 잊고 필사의 각오로 싸워야 한다. 그러나 필사必死는 낙사樂死만 못하고, 낙사는 감사甘死만 못하며, 감사는 의사義死만 못하고, 그 의사는 시사여귀視死如歸만 못하다 하였으니 바로 이를 두고 이른 말이다.

그러므로 한 사람이 필사의 각오로 싸우면 열 사람이 이를 이겨내지 못하고, 열 사람이 필사로 싸우면 1백 사람이 당해 내지 못하며, 1백 사람이 필사로 싸우면 1천 사람이 이겨내지 못하고, 1천 사람이 필사로 덤비면 1만 사람이 이겨낼 수 없고, 1만 사람이 필사적으로 싸우면, 천하를 마음대로 휘저을 수가 있다.

명령하면 행동하고 금지하면 그치는 것, 이것이 곧 왕 된 자가 거느려야 할 군대이다.

將師受命者, 將率入, 軍吏畢入, 皆北面再拜稽首受命. 天子南面而授之鉞, 東行, 西面而揖之, 示弗御也. 故受命而出忘其國, 卽戎忘其家, 聞枹鼓之聲, 唯恐不勝忘其身, 故必死. 必死不如樂死, 樂死不如甘死, 甘死不如義死, 義死不如視死如歸, 此之謂也.

故一人必死, 十人弗能待也; 十人必死, 百人弗能待也; 百人必死, 千人弗能待也; 千人必死, 萬人弗能待也; 萬人必死, 橫行乎天下, 令行禁止, 王者之師也.

【北面】 신하의 예.
【南面】 제왕의 예. 남쪽을 향해 앉아 명령함.
【西面】 이곳의 내용으로 보아 天子가 군대에게 명령할 때의 예.
【必死】 죽기를 각오한 마음.
【樂死】 죽기를 즐거워하는 마음.
【甘死】 죽음을 달게 여기는 마음.
【義死】 의롭게 죽는다는 마음.
【視死如歸】 죽는 것을 돌아가는 것으로 여김.

참고 및 관련 자료

1. 《孔叢子》 中卷 問軍禮

古者, 大將受命而出, 則忘其國; 卽戎師陣, 卽忘其家. 故天子命將出征, 親潔齋盛服, 設奠于祖, 以詔之大將. 先入軍吏畢從皆北面, 再拜稽首而受. 天子當階南面, 命授之節鉞, 大將受天子, 乃東向西面而揖之, 亦弗御也. 然後, 告大社冢宰, 執蜃宜於社之右, 南面授大將, 大將北面, 稽首再拜而受之.

459(15-8) 田單爲齊上將軍
이번 전투는 틀림없이 패배할 것이다

전단田單이 제齊나라의 상장군上將君이 되어 10만 병력을 일으켜 적翟을 공격할 계획을 세워 놓고, 먼저 노중련자魯仲連子를 만났더니 그는 이렇게 말하는 것이었다.

"이번에 장군의 적翟나라 공격은 틀림없이 성공하지 못할 것이오!"

그러자 전단이 물었다.

"저는 5리밖에 안 되는 성城에 10리의 곽郭으로 제나라를 수복하였소. 어찌 적나라 같은 작은 나라의 공격에 실패한단 말이오?"

그리고는 수레에 올라 더 이상 말도 아니하고 돌아가 적을 공격하기로 결정하였다. 과연 석 달이 되도록 적을 함락시키지 못하였다. 이때 제나라 어린이들은 이런 노래를 불렀다.

"큰 모자를 마치 키箕같이 쓰고
 긴 칼로는 턱만 받치고 있네
 적翟을 공격하여 이기지 못하면서
 오구梧丘에 내려가 보루만 쌓고 있네."

이에 전단은 노중련의 예언이 두려워 다시 그를 찾아가 물었다.

"선생께서는 어떻게 하여 제가 적을 이기지 못하리라는 걸 아셨습니까?"

노중련은 이렇게 설명하였다.

"무릇 장군께서 즉묵卽墨에 있을 때에는 앉으면 삼태기를 삼고 서면 삽질을 하며 병사들과 괴로움을 같이하면서 이렇게 독려하였소. '종묘가 망해 간다. 혼백도 다 사라졌다. 돌아간들 우리편은 아무도 없다'라고요. 그래서 장수들은 결사의 심정이었고, 병졸들은 살아 돌아가겠다는 생각이 없었습니다. 그러나 지금 장군께서는 동쪽으로는 액읍掖邑의 봉지가 있고, 서쪽으로는 치상淄上의 보배가 있으며, 황금 띠를 두르고 치수淄水다 승수澠水다 마음놓고 수레를 몰아 즐길 수 있습니다. 이 때문에 즐겁게 살고 싶지 죽고 싶은 생각이 없는 것입니다."

田單의 〈火牛破敵〉

이 말을 들은 전단은 이튿날 머리를 묶고 화살이 직접 날아오는 곳에 똑바로 서서 북채를 잡고 북을 울렸다. 그제야 적翟을 물리칠 수 있었다.

그러므로 장수는 바로 병사들의 심장이며, 병사들은 장군의 지체枝體 같아서 심장이 머뭇거리면 지체가 움직여 주지 않는 것과 같다. 바로 전단 같은 경우를 두고 한 말이다!

田單爲齊上將軍, 興師十萬, 將以攻翟, 往見魯仲連子.

仲連子曰:「將軍之攻翟, 必不能下矣!」

田將軍曰:「單以五里之城, 十里之郭, 復齊之國, 何爲攻翟不能下?」

　去上車不與言.

　決攻翟, 三月而不能下, 齊嬰兒謠之曰:『大冠如箕, 長劍拄頤. 攻翟不能, 下壘於梧丘.』

　於是田將軍恐駭, 往見仲連子曰:「先生何以知單之攻翟不能下也?」

　仲連子曰:「夫將軍在卽墨之時, 坐卽織蕢, 立卽杖臿, 爲士卒倡曰:『宗廟亡矣, 魂魄喪矣, 歸何黨矣.』故將有死之心, 士卒無生之氣. 今將軍東有掖邑之封, 西有淄上之寶, 金銀黃帶, 馳騁乎淄澠之間, 是以樂生而惡死也.」

　田將軍明日結髮, 徑立矢石之所, 乃引枹而鼓之, 翟人下之. 故將者, 士之心也, 士者, 將之肢體也, 心猶與則肢體不用, 田將軍之謂乎?

【田單】 전국시대 齊나라 臨淄 사람으로 燕나라 樂毅가 쳐들어와 70여 성을 모두 함락시키자, 卽墨으로 가 그곳 백성을 이끌고 ‘火牛攻法’으로 이를 물리치고 齊나라를 수복하였다. 뒤에 安平君에 봉해졌다. 《史記》 樂毅田單列傳 참조.

【上將軍】 田單이 齊나라를 수복한 후 上將軍이 됨.

【翟】 狄. 북방의 이민족.

【魯仲連子】 전국시대 齊나라의 책사. 현인. 子는 그를 높여서 부른 것.

【復齊之國】 卽墨에서 燕나라를 물리친 사건을 말한다.

【大冠如箕】 ‘전투에서 죽음을 두려워 키를 쓰고 있는 것처럼 권위만 세우고 싸움터에서의 행동에 걸맞지 않다’는 뜻.

【下壘於梧丘】 《戰國策》에는 ‘下壘枯丘’로 되어 있다. ‘壘於梧丘’는 ‘오동나무 언덕에 참호를 파고 싸울 의지를 보이지 않는다’는 뜻.

【卽墨】 田單이 燕나라를 쳐서 이긴 최후의 보루. 당시 이 卽墨과 莒만 남았었다.

【織蕢】성곽과 보루를 보수하기 위해 수리할 흙을 파서 나르는 삼태기를 만듦.
【杖臿】'직접 성곽을 보수하기 위해 삽질을 한다'는 뜻. '臿'은 '鍤'과 같음.
【掖邑】田單이 봉지로 받은 곳. 지금의 山東省 平度縣.
【淄上】淄水 가. 淄水는 齊나라 도읍을 가로지르는 물 이름.
【金銀黃帶】《說苑疏證》에 "黃金橫帶"로 고쳐져 있다. 즉 "黃金橫帶, 原誤作金銀
　黃帶. 從王太岳四庫考證及劉氏斠補改正"이라 하였다.
【澠水】山東 臨淄를 흐르는 물.
【枝體】肢體와 같다.
【猶與】猶豫와 같음. 즉 머뭇거림. 쌍성연면어.

> 참고 및 관련 자료

1. 《戰國策》 齊策(6)

田單將攻狄, 往見魯仲子. 仲子曰:「將軍攻狄, 不能下也.」田單曰:「臣以五里之城,
七里之郭, 破亡餘卒, 破萬乘之燕, 復齊墟. 攻狄而不下, 何也?」上車弗謝而去.
遂攻狄, 三月而不克之也. 齊嬰兒謠曰:「大冠若箕, 脩劍拄頤, 攻狄不能, 下壘枯丘.」
田單乃懼, 問魯仲子曰:「先生謂單不能下狄, 請聞其說.」魯仲子曰:「將軍之在即墨,
坐而織蕢, 立即丈揷, 爲士卒倡, 曰:『可往矣! 宗廟亡矣! 云曰尚矣! 歸於何黨矣!』
當此之時, 將軍有死之心, 而士卒無生之氣, 聞若言, 莫不揮泣奮臂而欲戰, 此所以
破燕也. 當今將軍東有夜邑之奉, 西有菑上之虞, 黃金橫帶, 而馳乎淄, 澠之間, 有生
之樂, 無死之心, 所以不勝者也.」田單曰:「單有心, 先生志之矣.」明日, 乃厲氣循城,
立矢石之所, 乃援枹鼓之, 狄人乃下.

2. 《十八史略》 卷1

單攻狄, 三月不克, 魯仲連曰:「將軍在即墨曰:『無可往矣, 宗廟亡矣.』將軍有死之心,
士卒無生之氣, 莫不揮泣奮臂欲戰. 今將軍東有夜邑之奉, 西有淄上之娛, 黃金橫帶,
騁乎淄澠之間, 有生之樂, 無死之心, 故不勝也.」單明日厲氣巡城, 立於矢石之所,
援枹鼓之, 狄人乃下.

460(15-9) 晉智伯伐鄭
부하를 아껴라

　　진晉나라 지백智伯이 정鄭나라를 치자, 제齊나라 전항田恒이 정나라를 도우러 나섰다. 그는 수레 꼭대기까지 올라가 선 채로 지휘를 하였고, 수레와 보병이 앞으로 진격하지 못하는 경우를 보면 반드시 명령을 내려 돕도록 하였다. 그리고 보루가 다 완성된 후에야 자기 처소를 정하였으며, 우물과 솥걸이가 다 완성된 후에야 감히 밥을 먹을 정도로 부하들을 아꼈다. 이를 알고 지백이 이렇게 말하였다.

　　"내 들으니 전항은 새로이 나라를 얻어 그 백성을 지극히 사랑하고 있다 하더라. 그래서 안으로는 그 재물을 같이 쓰며, 밖으로는 그 노고를 같이한다고 하였다. 군대를 다스리는 것도 이와 같으니 많은 무리가 따르는 것도 당연한 일일 터이다. 그를 대항할 수 없다."

　　그리고는 군대를 풀어 되돌아가 버렸다.

　　晉智伯伐鄭, 齊田恒救之, 有登蓋, 必身立焉, 車徒有不進者, 必令助之. 壘合而後敢處, 井竈成而後敢食.

　　智伯曰:「吾聞田恒新得國, 而愛其民, 內同其財, 外同其勤勞, 治軍若此, 其得衆也, 不可待也.」

　　乃去之耳.

【智伯】춘추시대 晉나라 六卿의 하나. 이름은 瑤. 智武子 徐吾의 아들로 뒤에 韓·魏·趙 三家에 의해 망하였다.

【田恒】《史記》에는 田常.《左傳》에는 陳恒. 田乞의 아들로 원래 陳나라 출신. 陳完의 후예. 簡公을 죽이고 平公을 세웠으며 그 후손이 전국시대 齊나라를 찬탈하여 田氏齊를 세우게 되었다. 田成子.

참고 및 관련 자료

1. 이 전투는 《左傳》 哀公 27년을 참조할 것.

461(15-10) 太公兵法
장수의 임무

《태공병법太公兵法》에 이렇게 기록되어 있다.

"자애로운 마음을 다하고 무위武威의 전공을 세워, 그 무리를 다 모으며 그들이 정예롭게 되도록 훈련시키고, 그들의 절의節義를 잘 닦고 갈아 사기를 드높여야 한다. 군대를 다섯 개로 나누어 뽑아 그들의 깃발과 휘장을 각각 달리하여, 서로 혼란이 일어나지 않게 해야 한다. 대오隊伍의 행군을 견고하게 하되 십오什伍 단위를 연좌連坐시켜 부당한 일이 발생하지 않도록 해야 한다."

보루堡壘 설치의 순서, 병마와 수레의 보관 장소, 군대를 휘어잡는 태세, 군대 내의 법령, 상벌의 시행 등에 따라 병사들은 불 속이나 칼날일지라도 뛰어들어 상대 진지를 무너뜨리고 장수를 잡아오는 것, 죽어도 발걸음을 뒤로 물리지 않는 것 등의 일을 하도록 할 수 있다. 이상이 바로 지금의 장수들과의 많은 차이점이다.

太公兵法曰:「致慈愛之心, 立武威之戰, 以卑其衆; 練其精銳, 砥礪其節, 以高其氣. 分爲五選, 異其旗章, 勿使冒亂; 堅其行陣, 連其什伍, 以禁淫非.」

壘陳之次, 車騎之處, 勒兵之勢, 軍之法令, 賞罰之數. 使士赴火蹈刃, 陷陳取將, 死不旋踵者, 多異於今之將也.

【太公兵法】姜 太公(呂尙)의 兵法書라 전하는《六韜》를 흔히《太公兵法》이라
한다. 지금의《六韜》에는 이 구절이 실려 있지 않다.
【什伍】古代의 軍編制로서, 5명을 단위로 伍라 하며 10명(二伍)을 什이라 하는
군 단위. 連坐法으로 이들을 묶어 책임을 지웠다.

군법을 민간에게는 사용하지 않는다

한漢나라 소제昭帝 때의 일이다. 당시 북군감어사北軍監御史가 불법으로 북문의 담장을 뚫고, 그 자리를 시장으로 만들어 이익을 누리고 있었다. 한편 호건胡建이라는 자는 수북군위守北軍尉의 벼슬에 있으면서 매우 가난하여 거마車馬도 없이 걸어다니며 사람들과 같이 생활하였기 때문에 자연히 자기 부하들을 아끼고 사랑함이 지극하였다. 이 호건이 감어사의 비리를 보고, 그를 죽여 버리겠다고 마음먹고 자신의 부하들과 이렇게 약속하였다.

"내가 그대들과 더불어 어느 한 사람을 주벌誅罰할 것이다. 내가 붙잡으라 하면 붙잡고, 죽이라 하면 목을 쳐라!"

이에 병사와 말을 선출하는 날이 되어, 감어사의 호위군과 여러 장교들이 당황堂皇에 줄을 맞춰 앉아 있고, 감어사도 역시 그 위에 앉아 있었다. 이때 호건이 사졸을 거느리고 급히 그 당에 이르러 아래에서 배알拜謁한 다음, 다시 당상으로 올라갔다. 데리고 간 사졸들도 역시 따라 올라갔다.

호건이 무릎을 굽혀 감어사를 가리키며 소리쳤다.

"저 자를 잡아라!"

그러자 사졸들이 그를 당 아래로 끌어내렸다. 다시 호건이 명하였다.

"목을 쳐라!"

이에 즉시 목을 쳐 버렸다.

호위군과 여러 장교들이 모두 놀랐지만 어찌 할 바를 몰랐다. 호건은 그 나름대로 이미 임금에게 올릴 주서奏書를 품고 있었다. 이것을 꺼내어 임금에게 이렇게 올렸다.

"제가 듣기로 군법軍法이란 무武를 세워 사악한 자를 처벌하고, 그런 일을 금지하기 위해서 있는 것이라 하였습니다. 지금 북군감어사는 공공연하게 성을 헐어 자신의 이익을 위한 시장을 열어 병사들과 거래를 하고 있었습니다.

그는 강무지심剛武之心이나 용맹지의勇猛之意는 염두에 두지도 않았으며, 사대부의 솔선이 되어야 함에도 공리公理를 저버렸습니다. 제가 듣기로는 《황제이법黃帝理法》에 '성벽이 모두 정비되었는데도 바른 길로 걷지 않는 자를 간악한 사람이라 하며, 그 간악한 자는 죽여야 한다'라 하였습니다. 저는 그래서 이 자를 참수한 것입니다. 죽음을 무릅쓰고 감히 아뢰옵니다."

임금은 이렇게 말하였다.

"《사마법司馬法》에 '나라가 편안할 때는 군법을 민간에게 사용하지 않고, 군대가 편안할 때는 민간 법을 군대에 적용하지 않는다'라 하였소. 호건은 무엇을 의심하는가?"

호건은 이 일로 해서 이름을 날리게 되었고 뒤에는 위성渭城의 현령에 까지 올랐다. 그가 죽고 나서 지금까지도 위성에는 그의 사당이 남아 있다.

孝昭皇帝時, 北軍監御史爲姦, 穿北門垣以爲賈區. 胡建守北軍尉, 貧無車馬, 常步, 與走卒起居, 所以慰愛走卒甚厚.

建欲誅監御史, 乃約其走卒曰:「我欲與公有所誅, 吾言取之則取之; 斬之則斬之.」

於是當選士馬日, 護軍諸校列坐堂皇上, 監御史亦坐. 建從走卒趨至堂下拜謁, 因上堂, 走卒皆上, 建跪指監御史曰:「取彼.」

走卒前拽下堂.

建曰:「斬之.」

遂斬監御史, 護軍及諸校皆愕驚, 不知所以. 建亦已有成奏在其懷.

遂上奏以聞, 曰:「臣聞軍法, 立武以威衆, 誅惡以禁邪. 今北軍監御史, 公穿軍垣以求賈利, 私買賣以與士市, 不立剛武之心, 勇猛之意, 以率先士大夫, 尤失理不公. 臣聞黃帝理法曰:『壘壁已具, 行不由路, 謂之姦人, 姦人者殺.』臣謹以斬之, 昧死以聞.」

制曰:「司馬法曰:『國容不入軍, 軍容不入國』也. 建有何疑焉?」

建由是名興, 後至渭城令, 死. 至今渭城有其祠也.

【孝昭皇帝】孝武皇帝의 잘못으로 보고 있다. 孝昭皇帝는 漢나라 昭帝. 이름은 劉弗陵. 武帝의 아들. 재위 13년. 한편 孝武皇帝(武帝)는 劉徹. 재위 54년 (B.C.140~87). 胡建이 감어사를 주벌한 사건은《漢書》(卷67) 胡建傳에 武帝 때의 일로 실려 있다. 한편《說苑疏證》에는 "武原誤作昭, 從拾補改"라 하여 武로 고쳐져 있다.

【北軍監御史】漢나라 때 軍官의 직명.

【胡建】人名. 字는 子孟.《漢書》에 그의 傳이 되어 있다.

【守北軍尉】監御史보다 낮은 직책.《漢書》에는 당시 胡建이 守軍正丞의 벼슬이었던 것으로 되어 있다.

【堂皇】練武臺. 군대의 의식을 치르는 네 벽이 없는 堂.《漢書》顔師古 注에 "室無四壁曰皇"이라 하였다.

【黃帝理法】黃帝軒轅 때에 만들어졌다고 전하는 법률서.《李法》이라고도 하며, 六篇이 전하였다고 한다.《漢書》顔師古 注에 "李者, 法官之號也. 總主征伐刑戮之事也. 故稱其書曰李法"이라 하였다.

【制】天子가 결재를 내려 명하는 말.

【司馬法】司馬穰苴가 지었다는 兵法書. 國容·軍容의 容자는 '편안하다. 평상시'의 뜻으로 새김.《漢書》에는 이 말 뒤에 "何文吏也?"라 하였고, 顔師古 注에 "詔言在於軍中. 何用文吏議"라 하였다.

【渭城】 秦나라 때의 威陽縣은 漢나라 때 渭城으로 고침. 지금의 陝西省 長安縣 서북.

1. 《漢書》 卷67 胡建傳

胡建字子孟, 河東人也. 孝武天漢中, 守軍正丞, 貧亡車馬, 常步與走卒起居, 所以尉薦走卒, 甚得其心. 時監軍御史爲姦, 穿北軍壘坦以爲賈區, 建欲誅之, 乃約其走卒曰: 「我欲與公有所誅, 吾言取之則取, 斬之則斬.」於是當選士馬日, 監御史與護軍諸校列坐堂皇上, 建從走卒趨至堂皇下拜謁, 因上堂[皇], 走卒皆上. 建指監御史曰: 「取彼.」走卒前曳下堂皇. 建曰: 「斬之.」遂斬御史. 護軍諸校皆愕驚, 不知所以. 建亦已有成奏在其懷中, 遂上奏曰: 「臣聞軍法, 立武以威衆, 誅惡以禁邪. 今監御史公穿軍坦以求賈利, 私買賣以與士市, 不立剛毅之心, 勇猛之節, 亡以帥先士大夫, 尤失理不公. 用文吏議, 不至重法. 黃帝李法曰: 『壁壘已定穿窬不繇路, 是謂姦人, 姦人者殺.』臣謹按軍法曰: 『正亡屬將軍, 將軍有罪以聞, 二千石以下行法焉.』丞於用法疑, 執事不諉上, 臣謹以斬, 昧死以聞.」制曰: 「司馬法曰『國容不入軍, 軍容不入國.』何文吏也? 三王或誓於軍衆, 欲民先成其慮也; 或誓於軍門之外, 欲民先意以待事也; 或將交刃而誓, 致民志也.』建又何疑焉?」建繇是顯名.

後爲渭城令, 治甚有聲. 值昭帝幼, 皇后父上官將軍安與帝姊蓋主私夫丁外人相善. 外人(嬌)[驕]恣, 怨故京兆尹樊福, 使客射殺之. 客藏公主廬, 吏不敢捕. 渭城令建將吏卒圍捕, 蓋主聞之, 與外人, 上官將軍多從奴客往, 犇射追吏, 吏散走. 主使僕射劾渭城令游徼傷主家奴. 建報亡它坐. 蓋主怒, 使人上書告建侵辱長公主, 射甲舍門. 知吏賊傷奴, 辟報故不窮審. 大將軍霍光寢其矣. 後光病, 上官氏代聽事, 下吏捕建, 建自殺. 吏民稱寃, 至今渭城立其祠.

463(15-12) 魯石公劒
검법의 오묘함

노석공魯石公의 검법劍法은 가까이 가면 곧 감응이 나타나고 느끼면 곧 행동이 나타나서, 그 미세함이 무궁하고 그 변화를 무어라 형용할 수가 없다. 그의 검법은 게다가 부드럽고 이끌리듯 하며, 마치 그림자나 소리와 같으며, 삽살개가 집을 지키는 것과 같고 바퀴가 말이 끄는 대로 따라 가는 것 같으며, 메아리가 소리에 응해서 나고 그림자가 실체 형상을 따르는 것과 같다.

'탕'하는 큰북 소리는 '탑'하는 작은북 소리만 못하고, 그 소리를 따를 수 없으며, 내뱉는 숨은 들이마시는 숨을 따를 수 없고, 다리를 드는 것은 그 몸을 모아들인 것을 따르지 못한다.

나은 것과 못한 것의 차이는 얇은 매미날개처럼 작지만 팔꿈치와 등, 눈썹과 속눈썹처럼 큰 것으로 작은 것을 어찌할 수 없고, 작은 것으로 큰 것을 어찌할 수 없는 것과 같다.

용병用兵의 도란 바로 이런 것이 아닌가? 이것이야말로 그 어떤 적이라도 대적할 수 있는 것이다.

아무리 그렇다 해도 이것도 어떤 형태가 갖추어지기 전에 미리 적의 투지를 없애 버리는 것만은 못하다. 어떤 이는 사당에서 서로 읍양揖讓하면서 만백성에게 은혜를 베푸는 경우가 있다.

그러므로 평상시에는 변란이 일어나지 않게 하고, 싸움이 났다 해도 피를 흘리지 않게 하는 것, 이것이 바로 탕湯·무武의 병법이 아니겠는가!

魯石公劒, 迫則能應, 感則能動, 昀穆無窮, 變無形像, 復柔委從, 如影與響, 如尨之守戶, 如輪之逐馬, 響之應聲, 影之像形也. 闔不及鞈, 呼不及吸, 足擧不及集. 相離若蟬翼, 尚在肱北眉睫之微, 曾不可以大息小, 以小況大. 用兵之道, 其猶然乎? 此善當敵者也.

未及夫折衝於未形之前者, 揖讓乎廟堂之上, 而施惠乎百萬之民, 故居則無變動, 戰則不血刃, 其湯武之兵與!

【魯石公】古代 劍法에 뛰어났던 전설적인 인물.

【尨】尨의 통가자. 즉 삽살개.

【闔不及鞈】闔은 전쟁터의 북소리이고, 鞈은 평화시의 북소리.

【響之應聲】구체적인 사실은 알 수 없으나《淮南子》에도 같은 표현이 실려 있다.

【揖讓乎廟堂之上】사당에서 서로 화해하고 조절하여 싸움이 일어나지 않게 함.

【湯】商湯.

【武】周武王.

참고 및 관련 자료

1.《淮南子》原道訓

迫則能應, 感則能動, 物穆無窮, 變無形象, 優游委縱, 如響之與景.

2.《淮南子》兵略訓

若聲之與響, 若鐙之與鞈, 眜不給撫, 呼不給吸.

464(15-13) 孔子北遊
공자 제자들의 소원

공자孔子가 노魯나라 북쪽 지역을 유람하다가 동쪽의 농산農山에 올랐다. 이때 자로子路와 자공子貢·안연顏淵 세 제자도 함께 하였다.

공자가 위연히 탄식하며 이렇게 말하였다.

"높은 곳에 올라 저 아래를 보니 마음이 슬프구나. 너희들 각각 말을 해 보아라. 내가 좀 들어 보자꾸나!"

자로가 맨 먼저 나섰다.

"저由는 달빛 같은 흰 깃털, 해와 같은 붉은 깃털을 꽂은 깃발에 하늘을 찌를 듯한 북소리! 그리고 끝없이 펄럭이는 깃발이 저 아래에 맴돌고 있는 모습을 연상합니다. 제가 거기에 있어 저 군대를 이끌고 치면 1천 리쯤은 금방 점령할 수 있을 것 같습니다. 이는 오직 저만이 할 수 있는 일입니다. 이 두 사람은 그때 저의 시종侍從이나 시키면 되겠지요!"

이 말에 공자는 이렇게 평하였다.

"용감하도다! 이는 강개분분한 자가 할 수 있는 일이지!"

다음으로 자공이 말을 받았다.

"저賜는 제齊·초楚 두 나라가 저 넓은 들에서 싸움이 붙은 것을 연상합니다. 두 군대가 서로 보루를 쌓고, 그 깃발이 서로 마주 보이며, 티끌과 먼지가 구름같이 일어나 지금 막 싸우고 있습니다. 제가 그곳에 내려가 흰 옷에 흰 모자를 쓰고 칼날이 오가는 그 사이를 다니면서 설득의 말을 늘어놓아 두 나라의 환난을 풀어 드리고 싶습니다. 이것은 저밖에 할 수 없는 일입니다. 이 두 사람은 그때에 나를 위해 시중이나 들게 하지요!"

이 말에도 공자가 이렇게 평하였다.

"말도 잘하는구나! 이는 일을 쉽게 처리할 수 있는 자가 해 낼 수 있지!"

그러나 다음 차례인 안연은 아무런 말이 없었다. 공자가 물었다.

"안회顔回야! 너는 바라는 것이 아무것도 없느냐?"

안연이 겨우 이렇게 말하였다.

"문무文武에 관한 일은 두 사람이 이미 말해 버렸으니, 제가 감히 무슨 말을 하겠습니까?"

공자가 재촉하였다.

"너는 두 사람의 말을 비루하게 여겨 참여하고 싶지 않은 게로구나. 그러나 차례가 되었으니 무언가라도 말해 보렴!"

그제야 안연은 이렇게 말하였다.

"제가 듣기로는 냄새나는 말린 물고기는 난초와 한바구니에 넣어 보관하지는 않으며, 요堯·순舜은 걸桀·주紂와 같은 나라에서 정치를 할 수 없다고 하였습니다. 앞의 두 사람의 말은 저의 뜻과는 다릅니다. 저는 명왕明王·성주聖主를 만나 그의 재상이 되어 성곽도 짓지 못하게 하고, 구지溝池도 파지 못하게 하며, 칼이나 창을 다 녹여 농기구로 바꾸게 하여 천하로 하여금 1천 년 동안 전쟁 근심이 없도록 하고 싶습니다. 그렇게 되면 자로由의 강개분분이나 자공賜의 편한 언변이 무슨 소용이 있겠습니까?"

공자는 이 말에 이렇게 칭찬하였다.

"훌륭하도다! 그 덕이여. 덕 있는 자가 할 수 있는 일이로다!"

그러자 자로가 손을 들어 물었다.

"그럼 선생님의 뜻은 어떤 것입니까?"

공자는 이렇게 대답하였다.

"내가 바라는 바는 안회의 계획과 같다. 나는 옷보따리를 짊어지고 안씨 집의 아들을 따르리라!"

孔子北遊，東上農山，子路子貢顏淵從焉.

孔子喟然歎曰：「登高望下，使人心悲，二三子者，各言爾志. 丘將聽之.」

子路曰：「願得白羽若月，赤羽若日，鍾鼓之音，上聞乎天，旌旗翩翻，下蟠於地. 由且舉兵而擊之，必也攘地千里，獨由能耳. 使夫二子，爲我從焉.」

孔子曰：「勇哉士乎！憤憤者乎！」

子貢曰：「賜也，願齊楚合戰於莽洋之野，兩壘相當，旌旗相望，塵埃相接，接戰搆兵，賜願著縞衣白冠，陳說白刃之間，解兩國之患，獨賜能耳. 使夫二子者，爲我從焉.」

孔子曰：「辯哉士乎！僊僊者乎！」

顏淵獨不言.

孔子曰：「回！來！若獨何不願乎？」

顏淵曰：「文武之事，二子已言之，回何敢與焉！」

孔子曰：「若鄙，心不與焉，第言之！」

顏淵曰：「回聞鮑魚蘭芷，不同篋而藏，堯舜桀紂，不同國而治. 二子之言，與回言異. 回願得明王聖主而相之，使城郭不修，溝池不越，鍛劍戟以爲農器，使天下千歲無戰鬪之患，如此則由何憤憤而擊，賜又何僊僊而使乎？」

孔子曰：「美哉德乎！姚姚者乎！」

子路攀手問曰：「願聞夫子之意.」

孔子曰：「吾所願者，顏氏之計，吾願負衣冠而從顏氏子也.」

【農山】景山. 지금의 山東省 曹縣 동남쪽의 산.

【子路】孔子의 제자. 仲由. 由라 부른다.

【子貢】孔子의 제자. 端木賜. 賜라 부른다.

【顔淵】孔子의 제자. 顔回. 回라 부른다.

【辨】辯과 같다.

【僊僊者乎】僊僊은 말로 일을 잘 처리하는 것. 즉 해결사·사신·책사 등의 행동을 말한다.

【溝池】방어용 도랑과 연못.

【姚姚者乎】姚姚는 '덕 있는 자 또는 스스로 터득한 자'의 뜻으로 본다.

【顔氏子】顔氏 집안의 아들. 즉 顔回를 가리킨다.

참고 및 관련 자료

1. 《韓詩外傳》卷7

孔子游於景山之上; 子路·子貢·顔淵從. 孔子曰:「君子登高必賦. 小子願者, 何言其願丘將啓汝.」子路曰:「由願奮長戟, 盪三軍, 乳虎在後, 仇敵在前, 蠡躍蛟奮, 進救兩國之患.」孔子曰:「勇士哉!」子貢曰:「兩國搆難, 壯士列陣, 塵埃漲天, 賜不持一尺之兵, 一斗之糧, 解兩國之難. 用賜者存, 不用賜者亡.」孔子曰:「辯士哉!」顔回不願. 孔子曰:「回何不願?」顔淵曰:「二子已願, 故不敢願.」孔子曰:「不同, 意各有事焉. 回其願, 丘將啓汝.」顔淵曰:「願得小國而相之. 主以道制. 臣以德化, 君臣同心, 外內相應. 列國諸侯, 莫不從義嚮風, 壯者趨而進, 老者扶而至. 教行乎百姓, 德施乎四蠻, 莫不釋兵, 輻輳乎四門. 天下咸獲永寧, 蝖飛蠕動, 各樂其性. 進賢使能, 各任其事. 於是君綏於上, 臣和於下, 垂拱無爲, 動作中道, 從容得禮. 言仁義者賞, 言戰鬪者死. 則由何進而救? 賜何難之解?」孔子曰:「聖士哉! 大人出, 小子匿. 聖者起, 賢者伏. 回與執政, 則由, 賜焉施其能哉!」詩曰:『雨雪麃麃, 曣晛聿消.』

2. 《韓詩外傳》卷9

孔子與子路·子貢·顔淵游於戎山之上. 孔子喟然嘆曰:「二三子各言爾志, 予將覽焉. 由爾何如?」對曰:「得白羽如月, 赤羽如日, 擊鍾鼓者, 上聞於天, 旌旗翻翻, 下蟠於地, 使將而攻之, 惟由爲能.」孔子曰:「勇士哉! 賜爾何如?」對曰:「得素衣縞冠, 使於兩國之間, 不持尺寸之兵, 升斗之糧, 使兩國相親如兄弟.」孔子曰:「辯士哉! 回爾何如?」

對曰:「鮑魚不與蘭茞同而藏, 桀・紂不與堯・舜同時而治. 二子已言, 回何言哉?」孔子曰:「回有鄙之心.」顏淵曰:「願得明王聖主爲之相, 使城郭不治, 溝池不鑿, 陰陽和調, 家給人足, 鑄庫兵以爲農器.」孔子曰:「大士哉! 由來, 區區汝何攻? 賜來, 便便汝何使? 願得衣冠爲子宰焉.」

3. 《孔子家語》 致思篇

孔子北遊於農山; 子路・子貢・顏淵侍側. 孔子四望, 喟然而嘆曰:「於斯致思, 無所不至矣! 二三子各言爾志, 吾將擇焉.」子路進曰:「由願得白羽若月, 赤羽若日, 鍾鼓之音, 上震於天, 旌旗繽紛, 下蟠於地. 由當一隊而敵之, 必也攘地千里, 搴旗執馘, 唯由能之, 使二子者從我焉.」夫子曰:「勇哉!」子貢後進曰:「賜願使齊楚, 合戰於漭瀁之野, 兩壘相望, 塵埃相接, 挺刃交兵. 賜著縞衣白冠, 陳說其間, 推論利害, 釋國之患, 唯賜能之, 使夫二子者從我焉.」夫子曰:「辯哉!」顏回退而不對. 孔子曰:「回, 來, 汝奚獨無願乎?」顏回對曰:「文武之事, 則二子者既言之矣, 回何云焉?」孔子曰:「雖然, 各言爾志也, 小子言之.」對曰:「回聞薰蕕不同器而藏, 堯・舜不共國而治, 以其類異也. 回願得明國聖主輔相之, 敷其五教, 導之以禮樂, 使民城郭不修, 溝池不越, 鑄劍戟以爲農器, 放牛馬於原藪, 室家無離曠之思, 千歲無戰鬪之患, 則由無所施其勇而賜無用其辯矣.」夫子凜然曰:「美哉, 德也!」子路抗手而對曰:「夫子何選焉?」孔子曰:「不傷財, 不害民, 不繁詞, 則顏氏之子有矣.」

465(15-14) 魯哀公問於仲尼
덕을 베풀지 않으면 백성이 원수

노魯 애공哀公이 중니仲尼에게 물었다.

"저는 나라가 약소할 때는 지키기에 힘쓰고, 나라가 강대해지면 남을 공격하여 국세를 펴고 싶은데 어떻게 생각하십니까?"

중니가 이렇게 대답하였다.

"만약 조정에 예의가 있고 상하가 서로 친하게 되면, 그 밑에 있는 백성은 곧 왕이 보살피는 식구들과 같은데 누구를 공격한단 말입니까? 그러나 조정이 무례하고 상하의 친함이 없으면 백성은 모두 임금의 원수와 같은데 누구와 더불어 지켜낸단 말입니까?"

이 말을 듣고 애공의 택량澤梁의 통금을 폐지하고, 관시關市의 정세征稅를 낮추어 백성에게 혜택이 돌아가도록 하였다.

魯哀公問於仲尼曰:「吾欲小則守, 大則攻, 其道若何?」

仲尼曰:「若朝廷有禮, 上下有親, 民之衆, 皆君之畜也, 君將誰攻? 若朝廷無禮, 上下無親, 民衆, 皆君之讎也, 君將誰與守?」

於是廢澤梁之禁, 弛關市之征, 以爲民惠也.

【魯哀公】 춘추 말기 魯나라의 군주.
【仲尼】 孔子. 孔丘.

【廢澤梁之禁】못의 고기를 잡지 못하게 하는 법과 다리의 통행을 금지시킨
법 등.
【關市之征】關은 國境의 關稅. 市는 市場의 세금.

참고 및 관련 자료

1.《孔子家語》五儀解篇

哀公問於孔子曰:「寡人欲吾國小而能守, 大則能攻, 其道如何?」孔子對曰:「使君
朝廷有禮, 上下相親, 天下百姓皆君之民, 將誰攻之? 苟違此道, 民畔如歸, 皆君之
讐也, 將與誰守?」公曰:「善哉!」於是廢山澤之禁, 弛關市之稅, 以惠百姓.

순종하는 자는 치지 않는다

문왕文王이 물었다.

"내 무력을 쓰고자 한다. 누구를 치면 될까? 밀수씨密須氏는 나에게 의심받을 짓을 하고 있다. 먼저 그 나라를 치리라!"

그러자 관숙管叔이 반대하였다.

"안 됩니다. 그 나라 군주는 천하의 명군입니다. 이를 치는 것은 의롭지 못한 일입니다."

그러나 태공망太公望의 의견은 달랐다.

"제가 들으니 선왕들께서는 왜곡된 자는 치고 순종하는 자는 치지 않았으며, 험악한 무리는 치되 쉬운 것은 치지 않았고, 과실 있는 자는 치고 미치지 못한 자는 치지 않았다고 하였습니다."

문왕은 이 말에 동의하였다.

"좋다."

그리고는 드디어 밀수씨를 쳐서 멸망시켜 버렸다.

文王曰:「吾欲用兵, 誰可伐? 密須氏疑於我, 可先往伐.」

管叔曰:「不可. 其君天下之明君也, 伐之不義.」

太公望曰:「臣聞之: 先王伐枉, 不伐順; 伐險, 不伐易; 伐過, 不伐不及.」

文王曰:「善.」

遂伐密須氏, 滅之也.

【文王】周文王. 姬昌. 西伯昌.

【密須氏】古代의 小國 이름. 密이라도 하며, 商代 姞姓의 나라. 지금의 甘肅省
靈臺縣 일대에 있었다.

【管叔】周武王의 아우 姬鮮. 管 땅에 봉해져서 管叔鮮으로도 불린다. 管은 지금의
河南省 鄭縣 근처

【太公望】姜太公. 呂尙. 呂望. 子牙.

467(15-16) 武王將伐紂
천자를 치는 것이 아니다

무왕武王이 장차 주紂를 칠 준비를 하면서 태공망太公望을 불러 물었다.

"나는 싸우기도 전에 승리를 알고, 점을 치지 않고도 그것이 길吉하리라는 것을 알며, 우리나라 사람이 아닌 자를 부려서 일을 성사시키고 싶소. 그렇게 할 방법이 있겠습니까?"

태공이 대답하였다.

"방법이 있지요. 왕께서 민중의 마음을 얻은 다음, 도가 없는 상대를 치시면 싸우기도 전에 승리를 확신할 수 있습니다. 또 어진 자로서 불초한 자를 치는 일이라면 점을 쳐보지 않아도 길하리라는 것을 알 수 있습니다. 저들에게 해가 되고 우리에게 이익이 되는 일임을 알려주면, 비록 우리 백성이 아니더라도 그들을 부릴 수 있습니다."

무왕은 이에 수긍하였다.

"좋습니다."

그리고는 이번에는 주공周公을 불러 물어 보았다.

"천하의 일을 도모하는 자들은 모두 은殷나라를 천하 종주국으로 여기고, 우리 주나라는 그의 제후국으로 여기고 있다. 제후국으로서 천자국을 쳐서 이길 수 있는 길이 있겠는가?"

그러자 주공이 대답하였다.

"은나라는 진실로 천자국이고, 우리 주나라는 사실 제후국이라면 이길 수 있는 길은 없습니다. 어찌 공격하려 하십니까?"

이 말에 무왕은 분연히 화를 내며 물었다.

"그대는 무슨 말을 그렇게 하는가?"

주공이 다시 설명하였다.

"제가 듣건대 예禮 있는 자를 공격하는 것을 적賊이라 하고, 의로운 자를 공격하는 것을 잔殘이라 하며, 백성을 통제할 힘을 다 잃게 만드는 것은 바로 필부匹夫 하나로 시작된다고 하였습니다. 왕께서는 그 백성을 잃은 주紂라는 인물을 치는 것이지, 어찌 천자를 친다고 여기십니까?"

무왕은 말하였다.

"옳구나."

그리고 이에 무리와 군대를 일으켜 은나라와 목야牧野에서 싸워 크게 쳐부수었다. 그러고 나서 무왕은 은나라의 당堂에 올라 옥玉이 있는 것을 보고 물었다.

"이것은 누구의 것인가?"

"주紂임금이 제후의 옥을 빼앗은 것입니다."

이에 무왕은 그 옥을 다시 그 제후에게 돌려 주었다.

천하가 이 소식을 듣고 입을 모았다.

"무왕은 재물에 욕심이 없다."

다시 집에 들어가 많은 여자들이 있는 것을 보고 물었다.

"누구의 여자들인가?"

"제후의 미녀들을 징집한 것입니다."

이에 무왕은 그 여자들을 원래의 제후에게 돌아가도록 하였다.

다시 천하가 이 소식을 듣고 칭찬하였다.

"무왕은 여색女色에 관심이 없다."

이에 무왕은 거교巨橋의 창고에 쌓아둔 식량과 녹대鹿臺의 재물을 다 흩어 그 금전을 사민士民에게 나누어 주고, 전거戰車를 폐기하고, 갑옷과 병기를 다 풀어 더 이상 전쟁을 벌이지 않을 것임을 알렸고, 말은 화산華山에, 소는 도림桃林으로 보내어 역시 전쟁에 사용하지 않겠다는 걸 보여 주었다.

천하에 이 소문을 들은 자는 한결같이 무왕이 천하에 의를 실행하고 있다고 하였으니 그 어찌 위대하지 않은가?

武王將伐紂.

召太公望而問之曰:「吾欲不戰而知勝, 不卜而知吉, 使非其人, 爲之有道乎?」

太公對曰:「有道. 王得衆人之心, 以圖不道, 則不戰而知勝矣; 以賢伐不肖, 則不卜而知吉矣. 彼害之, 我利之. 雖非吾民, 可得而使也.」

武王曰:「善.」

乃召周公而問焉, 曰:「天下之圖事者, 皆以殷爲天子, 以周爲諸侯, 以諸侯攻天子, 勝之有道乎?」

周公對曰:「殷信天子, 周信諸侯, 則無勝之道矣, 何可攻乎?」

武王忿然曰:「汝言有說乎?」

周公對曰:「臣聞之: 攻禮者爲賊, 攻義者爲殘, 失其民制爲匹夫, 王攻其失民者也, 何攻天子乎?」

武王曰:「善.」

乃起衆擧師, 與殷戰於牧之野, 大敗殷人.

上堂見玉, 曰:「誰之玉也?」

曰:「諸侯之玉.」

卽取而歸之於諸侯.

天下聞之, 曰:「武王廉於財矣.」

入室見女, 曰:「誰之女也?」

曰:「諸侯之女也.」

卽取而歸之於諸侯.

天下聞之, 曰:「武王廉於色也.」

於是發巨橋之粟, 散鹿臺之財金錢, 以與士民, 黜其戰車而不乘, 弛其甲兵而弗用, 縱馬華山, 放牛桃林, 示不復用. 天下聞者, 咸謂武王行義於天下, 豈不大哉?

【武王】周 武王. 文王의 아들. 이름은 發. 殷紂를 쳐서 멸하였다.

【紂】殷(商)의 末王.

【太公望】呂尙. 姜太公.

【雖非吾民, 可得而使也】紂에게는 해가 되고, 백성인 자신들에게는 이익이 된다는 뜻.

【周公】文王의 아들. 武王의 아우. 이름은 旦.

【制爲匹夫】나라가 무너지는 것은 匹夫에게 잘못하는 일에서 시작된다는 뜻. '천하백성에 대한 통제를 잃게 하는 것을 바로 匹夫라 합니다'의 뜻. 여기서의 匹夫는 紂를 가리킨다.

【牧之野】즉 牧野. 지금의 河南省 淇縣 근처. 周 武王 23년에 이곳에서 紂를 멸하였다.

【巨橋】《尙書》에는 鉅橋. 殷나라가 곡식을 모아 보관한 장소. 지금의 河北省 曲周縣에 있었다 한다.

【鹿臺】殷나라가 재물과 보화를 보관하던 창고. '南單臺'라도 한다. 지금의 河南省 淇縣에 있었다 한다.

【華山】말을 더 이상 전쟁에 사용하지 않겠다는 뜻을 보이기 위해 풀어놓았던 산. 華山은 中國 五嶽의 하나. 지금의 陝西省 華陰縣 남쪽에 있다.

【桃林】桃源. 혹 夸父山이라 하며 소를 놓아 풀어 주었던 곳.《山海經》참조.

백성을 위해 그 나라를 치는 것이다

문왕文王이 숭崇나라를 치고자 하면서 먼저 이렇게 선언하였다. "내 듣기로는 숭후崇侯 호虎는 부형을 모멸하고 장로長老를 공경하지 않으며, 재판도 공정치 못하고 재물의 분배도 고르지 못하다고 한다. 백성들은 죽을힘으로 애쓰면서도 의식衣食도 해결하지 못하고 있다. 내가 장차 이를 정벌코자 하는 것은 오직 그 백성을 위해서이다."

그리고 드디어 숭나라를 치면서 군사들에게 절대로 사람을 죽이지 말 것과 남의 집을 파괴하지 말 것, 우물을 메우지 말 것, 나무를 베지 말 것, 육축六畜을 마음대로 잡지 말 것을 명하고, 이 명령을 지키지 않는 자는 용서 없이 사형에 처하겠노라 하였다.

숭나라 백성이 이 소식을 듣고서 모두 항복을 요청해 왔다.

文王欲伐崇, 先宣言曰:「余聞崇侯虎, 蔑侮父兄, 不敬長老, 聽獄不中, 分財不均, 百姓力盡, 不得衣食, 余將來征之, 唯爲民.」

乃伐崇, 令毋殺人, 毋壞室, 毋塡井, 毋伐樹木, 毋動六畜, 有不如令者死無赦. 崇人聞之, 因請降.

【文王】周武王의 아들. 姬發.
【崇】古代 나라 이름. 唐虞 때에 鯀을 그곳에 봉하였으나, 舜이 鯀을 죽이고

다른 諸侯를 봉하였다. 지금의 陝西省 鄠縣 동쪽.

【崇侯虎】崇나라 侯인 虎. 虎는 이름.

【六畜】여섯 종류의 가축. 가축의 총칭. 牛·馬·羊·犬·豚·鷄.

참고 및 관련 자료

1. 《韓非子》外儲說左上

文公伐宋, 乃先宣言曰:「吾聞宋君無道, 蔑侮長老, 分財不中, 敎令不信, 余來爲民誅之.」

469(15-18) 楚莊王伐陳
갑옷이 물에 젖어

초楚 **장왕**莊王이 진陳나라를 치자, 오吳나라가 진陳을 구원하겠다고 나섰다. 그런데 열흘 밤낮을 비가 오다가 그제야 개는 것이었다.

이때 좌사左史 의상倚相이 말하였다.

"오나라의 병사들이 오늘 밤에 습격해 올 것입니다. 우리의 갑옷이 물에 젖어 찢어지고, 보루가 허물어진 것을 저들이 알고 있기 때문입니다. 어째서 어서 행렬을 정비하고 북소리를 울려 경계토록 하시지 않습니까?"

그날 밤에 오나라 병사들이 와서 초나라가 이미 진陣을 완성시켜 놓은 것을 보고는 발길을 되돌려 버렸다. 이때 의상이 명하였다.

"추격하라."

오나라는 60리의 먼 길을 행군한 데다가 아무런 공도 세우지 못하자, 오왕은 피곤해 지쳤고 사졸들은 잠이 들고 말았다. 이때 오를 공격하여 그들을 패배시켰다.

楚莊王伐陳, 吳救之, 雨十日十夜, 晴.

左史倚相曰:「吳必夜至, 甲列壘壞, 彼必薄我, 何不行列, 鼓出待之.」

吳師至楚, 見成陳而還.

左史倚相曰:「追之.」

吳行六十里而無功, 王罷卒寢. 果擊之, 大敗吳師.

【楚莊王】춘추오패의 하나.

【左史倚相】춘추시대 楚나라의 左史. 左史는 벼슬 이름. 三墳·五典·八索·九丘를 읽어 靈王이 良史라 칭한 인물. 蘇東坡의 〈李君山房記〉 참조.

【吳必夜至】《說苑疏證》에 "吳師必夜至"라 한 뒤 "師字原脫, 從劉氏斠補補"라 하였다.

【列】裂과 통용자.

【陳】陣과 통용자.

참고 및 관련 자료

1.《韓非子》說林(下)

荊伐陳, 吳救之, 軍間三十里, 雨十日, 夜星. 左史倚相謂子期曰:「雨十日, 甲輯而兵聚, 吳人必至, 不如備之.」乃爲陳, 陳未成也而吳人至, 見荊陳而反. 左史曰:「吳反覆六十里, 其君子必休, 小人必食, 我行三十里擊之, 必可敗也.」乃從之, 遂破吳軍.

470(15-19) 齊桓公之時
성인이 있나 보다

제齊 **환공桓公** 때였다. 장마가 석 달 열흘이 넘도록 그치지 않고 계속되었다. 환공이 소릉澤陵을 정벌하고자 하였을 때, 그 성이 비를 만나 아직 채 마무리를 하지 못하고 있었다. 관중管仲과 습붕隰朋이 군대를 이끌고 환공의 성문에 다다르자 환공이 물었다.

"이 무리를 무엇 하러 이끌고 왔소?"

관중이 대답하였다.

"제가 들으니 비가 내리면 변고變故가 있다고 하더이다. 소릉은 큰비에 견딜 수 없을 것이니 공격을 요구하려고 데려왔습니다."

그러자 환공이 허락하였다.

"좋습니다."

그리고는 군대를 일으켜 그를 정벌하려 나섰다.

그 나라에 이르러 보니 많은 병졸들이 밖에 있으면서 선비들을 그 안에 보호하고 있는 것이었다. 이를 본 환공이 이렇게 말하였다.

"아마도 이 나라에는 성인이 있는가 보오!"

그리고는 깃발을 돌려 되돌아오고 말았다.

齊桓公之時, 霖雨十旬. 桓公欲伐澤陵, 其城之値雨也, 未合.

管仲隰朋以卒徒造於門, 桓公曰:「徒衆何以爲?」

管仲對曰:「臣聞之: 雨則有事. 夫澤陵不能雨, 臣請攻之.」

公曰:「善.」
遂興師伐之.
旣至, 大卒間外, 士在內矣, 桓公曰:「其有聖人乎?」
乃還旗而去之.

【齊桓公】춘추오패의 수장.
【溱陵】地名. 춘추시대 衛나라의 땅. 지금의 河南省 睢陽縣. 溱는《集韻》에
鋤交切(서)로 되어 있다. 원음은 '초'이다.
【管仲】管子, 管夷吾.
【隰朋】齊桓公의 謀臣.
【天卒間外】'大卒間外'의 誤記로 본다. 많은 병졸들이 밖에서 간격을 두고 지키고
있음을 말한다(《全譯》).

471(15-20) 宋圍曹不拔
덕을 쌓은 다음 공격

송宋나라가 조曹나라를 공격하였지만 이기지 못하고 있었다. 이때 사마자어司馬子魚가 송나라 임금에게 이렇게 말하였다.

"옛날 문왕文王이 숭崇을 칠 때에 숭나라는 30일이 되도록 투항하지 않았습니다. 그러자 문왕은 물러나 스스로 수양을 쌓고 병사들을 다시 교련시킨 다음에 그를 쳤지요. 그때 숭나라는 비록 견고한 보루가 있었지만 투항하고 말았습니다. 지금 임금의 덕에 어떤 결함이 있는 것은 아닌지요. 왜 물러나 그 덕을 쌓고 결함을 없앤 다음 다시 공격하지 않습니까?"

宋圍曹, 不拔.

司馬子魚謂君曰:「文王伐崇, 崇軍其城, 三旬不降, 退而修教, 復伐之, 因壘而降. 今君德無乃有所闕乎? 胡不退修德, 無闕而後動.」

【宋】周初 武王이 殷을 멸한 후 微子에게 그 제사를 이어받도록 봉한 나라. 《史記》 周本記에 "以微子開代殷後, 國於宋"이라 하였다.
【曹】古代 나라 이름. 周武公이 아우인 振鐸을 봉한 곳. 지금의 山東省 定陶縣 근처.

【司馬子魚】公子인 目夷. 宋 襄公의 庶兄. '宋襄之仁'과 관련된 인물.
【君】구체적으로는 宋襄公. 춘추오패에 들기도 하며, 재위 14년(B.C.650~637).
'宋襄之仁'의 고사를 남겼다.
【文王】周文王.
【崇】古代 나라 이름. 文王이 崇侯虎를 쳤다. 468(15-17) 참조.

참고 및 관련 자료

1.《左傳》僖公 19年

宋人圍曹, 討不服也. 子魚言於宋公曰:「文王聞崇德亂而伐之, 軍三旬而不降, 退修
教而復伐之, 因壘而降. 詩曰:『刑於寡妻, 至於兄弟, 以御於家邦.』今君德無乃猶有
所闕, 而以伐人, 若之何? 盍姑內省德乎? 無闕而後動.」

472(15-21) 吳王闔廬與荊人戰於柏擧
합려의 다섯 신하

오왕吳王 합려闔廬가 백거柏擧에서 초楚, 荊나라와 전투를 벌여 크게 이겼다. 군대가 초나라 서울 영郢의 교외에 이르기까지 다섯 번 싸워 모두 승리하였다.

이때 합려의 다섯 신하가 나서서 간언을 하였다.

"깊이 들어와 멀리에서 복수하는 일은 왕에게 유리하지 못합니다. 왕께서는 되돌아가심이 어떨는지요?"

그리고 다섯 사람은 자신들의 의견이 받아들여지지 않자, 스스로 목을 베어 죽겠노라 하였다. 그래도 합려가 아무런 대답을 하지 않자, 다섯 사람의 머리가 말 앞에 떨어져 나뒹굴었다. 합려는 놀라 오자서吳子胥를 불러 상의하였다.

그러자 오자서는 이렇게 말하였다.

"다섯 신하는 두려워서 한 짓입니다. 무릇 다섯 번이나 초나라를 참혹하게 무찌르고 이곳에 왔으니 그 두려움이 극에 달하였을 것입니다. 왕께서는 그래도 조금씩 전진하셔야 합니다."

이리하여 합려는 드디어 수도 영 땅까지 진입하여 남으로는 강수江水, 북으로는 방성方城까지 사방 3천 리의 땅을 차지하여 모두 오나라에게 복종시키게 되었다.

吳王闔廬與荊人戰於柏擧, 大勝之, 至於郢郊, 五敗荊人.
闔廬之臣, 五人進諫曰:「夫深入遠報, 非王之利也, 王其返乎?」
五將鍥頭, 闔廬未之應, 五人之頭, 墜於馬前, 闔廬懼, 召伍子胥而問焉.
子胥曰:「五臣者, 懼也. 夫五敗之人者, 其懼甚矣, 王姑少進.」
遂入郢, 南至江, 北至方城, 方三千里, 皆服於吳矣.

【吳王闔廬】春秋 후기 吳나라 군주.
【柏擧】闔廬가 伍子胥의 원한을 풀어 주기 위해 楚나라를 쳐서 이긴 곳. 栢擧로도 씀.
【郢】楚나라의 수도. 지금의 湖北省 江陵縣.
【吳子胥】楚平王의 핍박을 받고 吳나라로 도망하여 본 장에서처럼 원수를 갚으러 갔다.
【江水】揚子江. 長江.
【方城】楚나라 북쪽 땅으로 지금의 河南省 南陽縣 동북.

473(15-22) 田成子常與宰我爭
깃발로 신호를 알리다

전성자상田成子常**과 재아**宰我가 싸움을 벌였다. 재아가 밤에 전성자의 집 근처에 병졸들을 매복시켜 놓고, 그를 공격할 준비를 갖추었다.

그리고는 병졸들에게 이렇게 명령하였다.

"깃발이 보이지 않거든 모두 일어서지 말라!"

치이자피鴟夷子皮가 이를 알고 전성자에게 일러 주었다. 이에 전성자가 깃발을 만들어 이를 들자, 재아의 병졸들이 모여들었다. 그 틈에 재아를 공격하여 드디어 죽여 버리고 말았다.

田成子常與宰我爭, 宰我夜伏卒, 將以攻田成子, 令於卒中曰:
「不見旌節, 毋起.」

鴟夷子皮聞之, 告田成子.

田成子因爲旌節以起宰我之卒, 以攻之, 遂殘之也.

【田成子常】田常. 田恒, 陳恒. 成子는 그의 시호. 그 후손이 田氏齊를 세웠다.
【宰我】宰予. 孔子의 제자. 子我라도 한다. 언변에 뛰어남.
【鴟夷子皮】春秋 말기 越나라 대부 范蠡가 山東 陶 땅으로 옮기면서 스스로를 鴟夷子皮라 改名하였다. 《史記》 越王勾踐世家 참조.

474(15-23) 齊桓公北伐山戎氏
한 가지 잘못으로 두 가지를 잃다

제齊 **환공**桓公이 북쪽의 산융씨山戎氏를 정벌하려고 노魯나라에게 병력을 요청하자, 노나라가 이에 응하지 않았다. 환공이 노하여 노나라를 치려 하자 관중管仲이 만류하였다.

"안 됩니다. 우리는 이미 북방의 여러 제후들을 치고 있는데, 지금 노나라를 공격하면 이것이야말로 불가한 것이 아닙니까? 그렇게 되면 노나라는 반드시 남쪽의 초楚나라를 섬길 것입니다. 이는 우리의 한 가지 행동으로 두 가지를 잃는 셈이 됩니다."

환공은 수긍하였다.

"옳습니다!"

그리고 노나라 공격을 철회해 버렸다.

齊桓公北伐山戎氏, 請兵於魯, 魯不與, 桓公怒, 將攻之.

管仲曰:「不可, 我已刑北方諸侯矣. 今又攻魯, 無乃不可乎? 魯必事楚, 是我一擧而失兩也.」

桓公曰:「善.」

乃輟攻魯.

【齊桓公】 춘추오패의 하나.

【山戎氏】 북쪽 이민족. 凶奴, 勳育 등으로도 쓴다.

【管仲】 齊桓公의 재상. 管子.

참고 및 관련 자료

1. 본장은 《說苑》 權謀篇 402(13-21)을 참조할 것.

475(15-24) 聖人之治天下也
성인의 문덕과 무력

성인聖人이 천하를 다스림에는 문덕文德을 먼저 쓰고 무력武力은 뒤로 미루었다. 대저 무력을 써야 할 경우란 복종하지 않을 때이다. 문교文教와 덕화德化로도 고쳐지지 않을 때라야 주벌誅罰을 가하게 된다.

무릇 어리석어 교화되지 않고 순수한 덕으로 해도 더 이상 변화가 나타나지 않을 때라야 무력을 사용하는 것이다.

聖人之治天下也, 先文德而後武力. 凡武之興, 爲不服也. 文化不改, 然後加誅. 夫下愚不移, 純德之所不能化, 而後武力加焉.

참고 및 관련 자료

1.《說苑疏證》에는 본 장과 다음 장(476)을 묶어 한 장으로 처리하고 있다. 여기서는 〈四庫全書〉와 〈四部備要〉본에 근거하여 분리하였다.

못된 자를 죽여 없애지 않으면

옛날 요堯**임금**은 사흉四凶을 주벌하여
악을 징계하였고, 주공周公은 관숙管叔과 채숙
蔡叔을 죽여 난을 미리 막았으며, 자산子産은
등석鄧析을 죽여 사악한 행동에 쐐기를 박았고,
공자孔子는 소정묘少正卯를 죽여 백성을 변화
시켰다. 아첨과 적해賊害하는 자를 죽여 없애
지 않으면 난이 생기는 지름길이 나타난다.

《역易》에 이렇게 말하였다.

"작은 악에 위협을 가하지 않고 큰 잘못에
징벌을 내리지 않으면 소인들은 이를 복인
줄 잘못 알게 된다."

昔堯誅四凶以懲惡, 周公殺管蔡以
弭亂, 子産殺鄧析以威侈, 孔子斬少正卯
以變衆, 佞賊之人而不誅, 亂之道也.

易曰:『不威小, 不懲大, 此小人之
福也.』

堯임금 宋 馬麟(畫)

【堯誅四凶】四凶은 驩兜·共工·三苗·鯀을 말한다. 堯가 이를 쳐서 죽였다. 《史記》五帝本紀 참조

【周公】周公 姬旦.

【管蔡】《史記》周本紀에 "管叔蔡叔群弟疑周公. 與武庚作亂. 畔周, 周公奉成王命. 伐誅武庚管叔, 放蔡叔"이라 하였다.

【子產】춘추시대 鄭나라 大夫. 公孫僑.

【鄧析】춘추시대 鄭나라 大夫. 名家로 널리 알려진 인물. 鄧析子. 子産과 대립하였다가 피살되었다. 이 이야기는 《列子》에 실려 있다.

【孔子斬少正卯】춘추시대 魯나라 大夫. 孔子가 司寇가 되어 그를 죽여 버렸다. 478장 참조

【易曰】《周易》繫辭(下)의 기록. 원문은 "小人不恥不仁, 大畏不義, 不見利不動, 不威不懲, 小懲而大誡, 此小人之福也"라 되어 있다.

477(15-26) 五帝三王敎以仁義
도는 높여 놓고 실행하라

오제五帝와 삼왕三王은 인의仁義로써 교화하여 천하가 변화되었다. 그런데 공자孔子도 역시 인의로써 교화하였건만, 천하가 따라 주지 않은 것은 무엇 때문인가?

옛날 훌륭한 임금은 어진 이에게는 관직을 주는 것으로 높이고, 악한 이에게는 부월斧鉞을 가하는 방법으로 막았다. 그래서 그 상賞은 지극히 높았으며 그 형벌도 지극히 가혹하였다. 이 때문에 천하를 변화시킬 수 있었던 것이다. 그러나 공자는 안연顔淵을 그렇게 어질다고 칭찬만 하였을 뿐 아무런 상을 내릴 수 없었고, 선비를 헐뜯는 자에게 비애를 느꼈지만 그들에게 벌을 내릴 방법이 없었다. 이 때문에 천하 사람을 따르게 할 수 없었던 것이다.

그러므로 도는 권위가 없으면 설 수가 없고, 위세威勢가 없으면 실행시킬 수 없다. 이는 도란 높여진 연후라야 시행되기 때문이다.

五帝三王, 敎以仁義, 而天下變也, 孔子亦敎以仁義, 而天下不從者, 何也? 昔明王有綏冕以尊賢, 有斧鉞以誅惡, 故其賞至重, 而刑至深, 而天下變.

孔子賢顔淵, 無以賞之, 賤孺悲, 無以罰之; 故天下不從. 是故, 道非權不立, 非勢不行, 是道尊然後行.

【五帝】 여러 설이 있다.《史記》五帝本紀에는 黃帝(軒轅氏)·顓頊(高陽氏)·帝嚳(高辛氏)·帝堯(放勳)·舜을 들고 있다.

【三王】 夏의 禹, 商의 湯, 周의 文王을 말한다.

【紱冕】 繫印의 帶를 綬, 혹은 紱이라 하며, 冕은 冠을 말한다. 즉 상으로 관직을 주는 것.

【斧鉞】 옛날 斬刑의 도구.

【顔淵】 顔回. 孔子가 아주 칭찬한 제자.

478(15-27) 孔子爲魯司寇
공자가 소정묘를 처형하다

공자孔子가 노魯나라 사구司寇가 된 지 7일 만에 소정묘少正卯를 동관東觀 아래에서 처형해 버렸다. 문인門人들이 이 소식을 듣고 모두 달려갔다. 도착한 자들이 모두 말은 하지 않았지만 놀란 표정은 하나같았다.

자공子貢이 가장 뒤늦게 도착하여 달려가 여쭈었다.

"소정묘는 이 노나라에 널리 알려진 인물입니다. 선생님께서 정사를 맡은 지 얼마 되지도 않으셨는데 어찌 그를 먼저 죽이십니까?"

공자는 이렇게 설명하였다.

"사賜야! 너는 알지 못한다. 무릇 왕 된 자가 죽여야 될 인물은 다섯 가지 유형이 있는데 도둑질한 자는 그 속에 포함되지 않는다.

첫째 마음을 거꾸로 하고 있으면서 음험한 자. 둘째는 말에 사기성이 있으면서 달변인 자. 셋째 행위가 편벽되면서 고집만 센 자. 넷째 뜻은 어리석으면서 지식만 많은 자. 다섯째 비리에 따르면서 혜택만 누리는 자이다.

이 다섯 가지는 모두 말 잘하고 지식 있고 총명하며 통달하여 이름이 널리 알려져 있으나 그 속을 들여다보면 진실이 없다.

〈孔子像〉北京故宮博物院 소장

그 행위는 속임수로 가득 차 있으며, 그 지혜는 족히 군중을 마음대로 몰고 다닐 수 있고, 그 강함은 족히 홀로 설 수 있을 정도이다. 이는 바로 간악한 무리의 영웅이다. 죽이지 않으면 큰일을 저지른다. 무릇 다섯 가지 중에 한 가지만 가졌어도 죽음을 면치 못하는데 지금 소정묘는 이 다섯 가지를 다 가지고 있다. 그래서 제일 먼저 죽인 것이다.

옛날 탕湯임금은 촉목蠋沐을 죽였고, 태공太公은 반지潘阯를 죽여 없앴으며, 관중管仲은 사부리史附里를, 자산子産은 등석鄧析을 처형해 버렸다. 이 네 사람은 죽여 없애지 않으면 안 되었기 때문이다.

소위 꼭 죽여야 될 사람은, 낮에는 강도짓을 하고 밤에는 담을 뚫고 들어가는 그런 도둑이 아니다. 바로 나라를 뒤엎을 그런 자가 죽음을 당하는 것이다. 이는 바로 군자들로 하여금 의심을 품게 하는 자들이며, 어리석은 자로 하여금 미혹에 빠지게 하는 자들이다.

《시詩》에 '마음속에 초초하게 근심이 있네. 불만 많은 군중들 원망만 하네'라 하였으니 바로 이를 두고 한 말이다."

孔子爲魯司寇, 七日而誅少正卯於東觀之下, 門人聞之, 趨而進, 至者不言, 其意皆一也.

子貢後至, 趨而進, 曰:「夫少正卯者, 魯國之聞人矣, 夫子始爲政, 何以先誅之?」

孔子曰:「賜也, 非爾所及也. 夫王者之誅有五, 而盜竊不與焉. 一曰心辨而險; 二曰言僞而辯; 三曰行辟而堅; 四曰志愚而博; 五曰順非而澤. 此五者, 皆有辨知聰達之名, 而非其眞也. 苟行以僞, 則其知足以移衆, 强足以獨立, 此姦人之雄也, 不可不誅. 夫有五者之一, 則不免於誅. 今少正卯兼之, 是以先誅之也. 昔者, 湯誅蠋沐, 太公誅潘阯, 管仲誅史附里, 子産誅鄧析, 此五子未

有不誅也. 所謂誅之者, 非爲其晝則攻盜, 暮則穿窬也, 皆傾覆
之徒也! 此固君子之所疑, 愚者之所惑也. 詩云: 『憂心悄悄,
慍于羣小.』此之謂矣.」

【司寇】 원래 법을 맡은 관직. 孔子가 魯定公 14年(B.C.496)에 魯나라 大司寇의
   벼슬을 맡았다.
【少正卯】 당시 魯나라 大夫. 孔子에게 죽음을 당하였다.
【東觀】 원래 漢나라 때의 궁궐. 劉向이 잘못 쓴 것. 원문과 《孔子家語》에는
   兩觀이라 하였다. 兩觀은 東觀宮의 잘못으로 본다. 〈四部備要本〉을 따랐다.
   觀은 궁문 앞의 高臺.
【子貢】 孔子의 제자. 端木賜.
【賜】 子貢의 이름을 부른 것.
【蠋沐】 湯임금 때의 惡人.
【潘阯】 周文王·武王 때의 인물.
【史附里】 齊桓公 때의 인물.
【子産誅鄧析】 476장 참조.
【詩云】 《詩經》 邶風 柏舟의 구절.

> 참고 및 관련 자료

1. 《荀子》宥坐篇

孔子爲魯攝相, 朝七日而誅少正卯. 門人進問曰:「夫少正卯魯之聞人也, 夫子爲政
而始誅之, 得無失乎?」孔子曰:「居! 吾語女其故. 人有惡者五, 而盜竊不與焉:
一曰心達而險, 二曰行辟而堅, 三曰言僞而辯, 四曰記醜而博, 五曰順非而澤. 此五
者有一於人, 則不得免於君子之誅, 而少正卯兼有之. 故居處足以聚徒成群, 言談足
以飾邪營衆, 強足以反是獨立, 此小人之桀雄也, 不可不誅也. 是以湯誅尹諧, 文王
誅潘止, 周公誅管叔, 太公誅華仕, 管仲誅付里乙, 子産誅鄧析, 史付, 此七子者,
皆異世同心. 不可不誅也. 詩曰:『憂心悄悄,慍於群小.』小人成群, 斯足憂矣.」

2.《孔子家語》始誅篇

孔子爲魯司寇, 攝行相事, 有喜色. 仲由問曰:「由聞君子禍至不懼, 福至不喜. 今夫子得位而喜, 何也?」孔子曰:「然, 有是言也, 不曰樂以貴下人乎?」於是朝政七日而誅亂政大夫少正卯, 戮之於兩觀之下, 尸於朝三日. 子貢進曰:「夫少正卯, 魯之聞人也. 今夫子爲政而始誅之, 或者爲失乎?」孔子曰:「居! 吾語汝以其故. 天下有大惡者五, 而竊盜不與焉: 一曰心逆而險, 二曰行僻而堅, 三曰言僞而辯, 四曰記醜而博, 五曰順非而澤. 此五者有一於人, 則不免君子之誅, 而少正卯兼有之. 其居處足以撮徒成黨, 其談說足以飾褒榮衆, 其彊禦足以反是獨立, 此乃人之姦雄者也, 不可以不除. 夫殷湯誅尹諧, 文王誅潘正, 周公誅管・蔡, 太公誅華士, 管仲誅付乙, 子山誅史何, 是此七子皆異世而同誅者, 以七子異世而同惡故不可赦也. 詩云:『憂心悄悄, 慍於群小.』小人成群, 斯足憂矣.」

3.《尹文子》大道篇(下)

孔丘攝魯相, 七日而誅少正卯. 門人進問曰:「夫少正卯, 魯之聞人也, 夫子爲政而先誅, 得無失乎?」孔子曰:「居! 吾語汝其故. 人有惡者五, 而竊盜姦私不與焉: 一曰心達而險, 二曰行僻而堅, 三曰言僞而辯, 四曰彊記而博, 五曰順非而澤. 此五者有一於人, 則不免君子之誅, 而少正卯兼有之. 故居處足以聚徒成群, 言談足以飾邪熒衆, 彊記足以反是獨立, 此小人雄桀也, 不可不誅也. 是以湯誅尹諧, 文王誅潘正, 太公誅華士, 管仲誅付里乙, 子産誅鄧析・史付, 此六子者, 異世而同心, 不可不誅也. 詩曰:『憂心悄悄, 慍於群小.』小人成群, 斯足畏也.」

4.《論衡》定賢篇

孔子稱少正卯之惡曰:「言非而博, 順非而澤.」内非而外以才能飾之, 衆不能見, 則以爲賢. 夫内非外飾是, 世以爲賢, 則夫内是外無以自表者, 衆亦以爲不肖矣. 是非亂而不治, 聖人獨知之. 人言行多若少正卯之類, 賢者獨識之. 世有是非錯繆之言, 亦有審誤紛亂之事, 決錯繆之言, 定紛亂之事, 唯賢聖之人爲能任之. 聖心明而不闇, 賢心理而不亂. 用明察非, 非無不見; 用理銓疑, 疑無不定. 與世殊指, 雖言正是, 衆不曉見. 何則? 沉溺俗言之日久, 不能自還以從實也. 是故正是之言, 爲衆所非; 離俗之禮, 爲世所譏.

479(15-28) 齊人王滿生見周公
관채의 난을 평정한 주공

제齊나라 왕만생王滿生이 주공周公을 만나러 가자 주공이 밖으로 나와 그를 맞이하였다.

"선생께서는 이토록 먼 길을 오셨으니, 저에게 무엇을 가르쳐 주시렵니까?"

왕만생이 물었다.

"국내의 일을 토론하고 싶으시면 안으로 들게 하시고, 나라 밖 일을 토론하고 싶으시면 이렇게 밖에 서 있게 하시지요. 나라 안의 일을 말할까요? 아니면 나라 밖의 일을 거론할까요?"

주공이 그를 안내하여 안으로 모셨다. 왕만생이 이에 따랐다.

"좋습니다."

자리가 펴졌으나 주공이 앉으라 하지를 않자 왕만생은 다시 물었다.

"대사大事이면 앉아서 말씀드리고, 소사小事이면 이렇게 기댄 채로 말씀드리지요. 소사를 듣기를 원하십니까? 아니면 대사를 듣기를 원하십니까?"

주공이 자리에 앉도록 인도하자 그가 자리에 앉았다.

주공이 다시 물었다.

"선생께서는 제게 가르쳐 주실 것이 무엇입니까?"

왕만생이 이렇게 말하였다.

"제가 들으니 성인은 말이 없어도 알고, 성인이 아니라면 말씀드려도 모른다고 하더이다. 지금 말을 할까요, 아니면 말을 하지 말까요?"

주공도 이 질문에는 고개를 숙이고 잠깐 생각에 잠긴 채 대답을 하지 못하였다. 왕만생은 약속대로 말을 하지 않고, 필독筆牘을 꺼내어 이렇게 적었다.

"사직이 장차 위험할 것이다."

그러고 나서 이를 가슴에 붙였다. 주공은 이 글씨를 쳐다보고 이렇게 말하였다.

"알았습니다. 알았습니다. 명령대로 하겠습니다."

그리고 이튿날 관숙管叔과 채숙蔡叔을 주살해 버렸다.

齊人王滿生見周公, 周公出見之曰:「先生遠辱, 何以敎之?」

王滿生曰:「言內事者於內, 言外事者於外, 今言內事乎? 言外事乎?」

周公導入. 王滿生曰:「敬從.」

布席, 周公不導坐.

王滿生曰:「言大事者坐, 言小事者倚. 今言大事乎? 言小事乎?」

周公導坐. 王滿生坐.

周公曰:「先生何以敎之?」

王滿生曰:「臣聞聖人不言而知, 非聖人者, 雖言不知. 今欲言乎? 無言乎?」

周公俛念, 有頃, 不對.

王滿生藉筆牘書之曰:「社稷且危.」

傅之於膺.

周公仰視見書曰:「唯! 唯! 謹聞命矣.」

明日誅管蔡.

【王滿生】周나라 초기 齊 땅 출신. 生平은 未洋.

【周公】周公 旦.

【筆牘】당시 종이가 없었으므로 簡牘에 글씨를 썼음.

【傅之於膺】그 위험이 가슴까지 급박하게 닿았다는 뜻을 보이기 위한 것.

【誅管蔡】《史記》周本紀 참조. 476장 참조.

참고 및 관련 자료

1. 《呂氏春秋》精諭篇

勝書說周公旦曰:「廷小人衆, 徐言則不聞, 疾言則人知之, 徐言乎? 疾言乎?」周公旦曰:「徐言.」勝書曰:「有事於此, 而精言之而不明, 勿言之而不成, 精乎? 勿言乎?」周公旦曰:「勿言.」故勝書能以不言說, 而周公旦能以不言聽. 此之謂不言之聽, 不言之謀, 不聞之事, 殷雖惡周, 不能疵矣.

2. 《韓詩外傳》卷4

客有見周公者, 應之於門曰:「何以道旦也?」客曰:「在外卽言外, 在內卽言內. 入乎將毋?」周公曰:「請入.」客曰:「立卽言義, 坐卽言仁. 坐乎將毋?」周公曰:「請坐.」客曰:「疾言則翕翕, 徐言則不聞. 言乎將毋?」周公唯唯:「旦也喩.」明日興師而誅管・蔡. 故客善以不言之說, 周公善聽不言之說. 若周公可謂能聽微言矣. 故君之子告人也微, 其救人之急也婉. 詩曰:『豈敢憚行, 畏不能趨.』

卷十六. 담총편談叢篇

　　"담총談叢"은 짧은 경구警句나 격언格言, 이언俚諺, 단문單文, 속담
俗談 등 교훈적인 말들을 모은 것이다. 〈사부비요본四部備要本〉 목차
에는 '총담叢談'으로 되어 있으며, 장章의 분할은 청淸 노문초盧文弨의
《설원습보說苑拾補》에 의거하여 총 209장(480~688)으로 하였다.
〈사고전서본四庫全書本〉은 73장으로 나누고 있다.

위협과 살인

왕 된 자가 낮은 곳에 임해서 백성을 다스려야 한다는 바를 알고 있으면, 신하들이 두려워 복종하고 만다. 또 남의 말을 들어 주고 사물을 수용해야 하는 바를 알고 있으면, 임금을 가리거나 속이는 일은 일어나지 않는다.

그리고 만민을 편안함과 이익으로 이끌어야 하는 바를 알고 있으면, 해내海內가 틀림없이 안정된다. 또 충효忠孝로써 윗사람을 섬겨야 하는 바를 알고 있으면, 신하나 자식 된 자가 올바른 행동을 저절로 구비하게 된다.

무릇 위협과 살인으로 하는 것은 도술道術이 곧 신하를 제어하는 방법이라는 원리를 모르는 자가 하는 것이다.

王者知所以臨下, 而治衆, 則羣臣畏服矣; 知所以聽言受事, 則不蔽欺矣; 知所以安利萬民, 則海內必定矣; 知所以忠孝事上, 則臣子之行備矣. 凡所以劫殺者, 不知道術以御其臣下也.

【不蔽欺】가림과 속임수에 의해 잘못하는 일이 없게 됨을 말한다.
【海內】四海之內. 온 천하.
【道術】참된 도와 통치술.

481(16-2) 凡吏勝其職則事治
관리는 자기 직분을 해낼 수 있어야

무릇 관리가 자기 직책을 충분히 이겨내면 일이 잘 다스려지고 일이 잘 다스려지면 이익이 생긴다. 그러나 그 직책을 감당해 내지 못하면 일에 난亂이 일어나고 일에 난이 일어나면 손해가 생긴다.

凡吏勝其職, 則事治, 事治, 則利生;
不勝其職, 則事亂, 事亂, 則害成也.

482(16-3) 百方之事
성인만이 천하를

수없이 많은 일에는 1만 가지 변화가 솟아난다. 혹은 스스로 겸허함을 지키려 하고, 혹은 그 실적만 차지하려 한다. 또는 떠돌며 놀기만을 좋아하는 자가 있는가 하면, 성의와 간절함을 좋아하는 자도 있다. 그런가 하면 편안하게 실행하는 자가 있고, 급하고 **빠르게** 서두르는 사람도 있다.

이로 보면 천하는 하나로 묶을 수가 없다. 다만 성왕聖王만이 천하에 임하여 능히 하나로 통일시킬 수 있다.

百方之事, 萬變鋒出. 或欲持虛, 或欲持實.
或好浮遊, 或好誠必. 或行安舒, 或爲飄疾.
從此觀之, 天下不可一, 聖王臨天下而能一之.

【誠必】 성의와 간절함, 끝까지 이루려 함을 뜻한다.

483(16-4) 意不並銳

성쇠는 순환

사람의 생각은 두 가지를 한꺼번에 날카롭게 볼 수가 없고, 일이란 두 가지가 동시에 융성할 수가 없다.

한쪽이 성하면 다른 한쪽은 쇠하기 마련이며 왼쪽이 길면 오른쪽은 짧을 수밖에 없다. 밤에 누워 뒤척이기를 좋아하는 자는 아침 일찍 일어날 수가 없다.

意不並銳, 事不兩隆. 盛於彼者, 必衰於此;

長於左者, 必短於右; 喜夜臥者, 不能蚤起也.

484(16-5) 鸞設於鑣
아름다운 화합

말방울은 말 입 재갈 옆에 매달고, 화령和鈴은 수레의 횡목에 매단다. 말이 움직이면 말방울이 울리고, 말방울이 울리면 화령이 응답한다. 이것이 곧 행동의 절조節調이다.

鸞設於鑣, 和設於軾.
馬動而鸞鳴, 鸞鳴而和應, 行之節也.

【鸞】 鸞鈴, 말의 입 가장자리(재갈)에 다는 방울.
【鑣】 말의 입을 가로질러 매는 기구. 재갈. 鑣가 원 글자.
【和】 和鈴, 수레의 횡목(軾)에 다는 방울.

참고 및 관련 자료

1.《大戴禮記》保傅篇
在衡爲鸞, 在軾爲和. 馬動而鸞鳴, 鸞鳴而和. 應聲曰和, 和則敬, 此御之節也.

485(16-6) 不富無以爲大
가르치지 않고 벌을 내리면

부유하지 않으면 크게 될 수가 없고, 베풀지 않으면 친해지지 않는다. 친척이 멀어지면 해를 입게 되고, 무리를 잃으면 실패하게 된다. 가르쳐 주지도 않으면서 벌만 내리는 것을 '학虐'이라 하고, 경계시키지 않고 책임만 묻는 것을 '포暴'라 한다.

不富無以爲大, 不予無以合親, 親疎則害, 失衆則敗.
不教而誅, 謂之虐, 不戒責成, 謂之暴也.

참고 및 관련 자료

1. 《韓詩外傳》卷3
孔子曰:「不戒責成, 虐也; 慢令致期, 暴也; 不教而誅, 賊也. 君子爲政, 避此三者.」

2. 《韓詩外傳》卷3
賜聞之, 託法而治謂之暴, 不戒致期謂之虐, 不教而誅謂之賊, 以身勝人謂之責.

3. 《論語》堯曰篇
子曰:「不教而殺謂之虐, 不戒視成謂之暴, 慢令致期謂之賊.」

486(16-7) 夫水出於山
만물의 귀결점

무릇 물은 산에서 나서 바다로 흘러들고, 곡식은 밭에서 나서 창고에 갈무리된다. 성인은 그것이 어디서 생기는가만 보고도 그것이 어디로 돌아가는가를 안다.

夫水出於山, 而入於海, 稼生於田, 而藏於廩, 聖人見所生, 則知所歸矣.

참고 및 관련 자료

1. 《淮南子》泰族訓
夫水出於山而入於海, 稼生於田而藏於倉, 聖人見其所生, 則知其所歸矣.

2. 《淮南子》繆稱訓
故水出於山, 入於海; 稼生乎野, 而藏乎倉. 聖人見其所生, 則知其所歸矣.

3. 《呂氏春秋》審己篇
凡物之然也, 必有故. 而不知其故, 雖當與不知同, 其卒必困. 先王名士達師之所以過俗者, 以其知也. 水出於山而走於海, 水非惡山而欲海也, 高下使之然也. 稼生於野而藏於倉, 稼非有欲也, 人皆以之也. 故子路揜雉而復釋之.

저장만 하고 쓰지 않으면

하늘의 도는 널리 퍼져 순리대로 행해지며, 사람이 이를 취하여 이용하는 것이다. 그런데 물건을 많이 저장만 해두고 쓰지 않으면, 원부怨府라는 말을 듣게 된다.

따라서 물건이란 한 곳에 치우쳐 모여서는 안 된다.

天道布順, 人事取予, 多藏不用, 是謂怨府, 故物不可聚也.

【怨府】 원망을 가득 쌓아놓은 창고.

488(16-9) 一圍之木
작은 자물쇠 하나가

한 아름밖에 안 되는 나무가 1천 균鈞의 집을 지탱하며, 5촌寸밖에 안 되는 자물쇠가 그 집을 통제한다. 이는 그 재료가 어찌 그 큰 것을 감당하랴만, 바로 처한 위치가 긴요하기 때문이다.

一圍之木, 持千鈞之屋; 五寸之鍵, 而制開闔. 豈材足任哉, 蓋所居要也.

【制開闔】《說苑疏證》에 "之門二字原脫, 從淮南子主術訓補"라 하였다.
【蓋所居要】"가장 요긴한 장소에 있어 임무를 다할 뿐"이라는 뜻.

참고 및 관련 자료

1. 《淮南子》主術訓
十圍之木, 持千鈞之屋, 五寸之鍵, 制開闔之門. 豈其材之巨小足哉, 所居要也.

2. 《文子》上義篇
十圍之木, 持千鈞之屋, 得所勢也. 五寸之關, 能制開闔, 所居要也.

489(16-10) 夫小快害義
큰 정치는 험악함이 없다

무릇 작은 즐거움은 의義를 해치고, 작은 지혜는 도道를 해치며, 낮은 판단은 치治를 그르치고, 구차스런 마음은 덕德을 해친다. 큰 정치일수록 험악함이 없다.

夫小快害義, 小慧害道, 小辨害治, 苟心傷德, 大政不險.

참고 및 관련 자료

1. 《淮南子》泰族訓
故小快害義, 小慧害道, 小辯害治, 苟削傷德, 大政不險.

2. 《文子》微明篇
小快害義, 小慧害道, 小辯害治, 苟悄傷德, 大正不險.

490(16-11) 蛟龍雖神
교룡이 비록 신령하나

교룡蛟龍이 비록 신령하나 밝은 낮에 그 무리를 떠날 수는 없고, 회오리바람이 비록 빠르다고는 하나 구름 끼고 비 오는 날에 먼지를 일으킬 수는 없다.

蛟龍雖神, 不能以白日去其倫;
飄風雖疾, 不能以陰雨揚其塵.

【蛟龍】龍의 일종.
【去其倫】그 무리를 떠남. 즉 승천함. 그러나 바람과 구름을 일으켜 타고 떠남으로도 해석함.

491(16-12) 邑名勝母
승모와 도천이라는 이름

마을 이름이 '승모勝母'라 하여 증자曾子는 들어가지 않았고, 물이름이 '도천盜泉'이라 하자 공자孔子는 마시지 않았다.

이는 그 명칭을 추하게 여겼기 때문이다.

邑名勝母, 曾子不入;
水名盜泉, 孔子不飮.
醜其名也.

【勝母】 '어머니를 이기다, 어머니보다 낫다'는 뜻의 地名.
【曾子】 曾參. 효도로 이름난 孔子의 제자. '曾參殺人'의 고사를 남겼다.
【盜泉】 그 샘의 물을 마시면 도심이 발동한다는 뜻을 가지고 있음. "이를 마시면 盜心이 생긴다"는 뜻의 샘 이름.
【醜其名也】《說苑疏證》에 "名原作聲, 從劉氏斠補改"라 하였다.

참고 및 관련 자료

1.《淮南子》說山訓

曾子立孝, 不過勝母之間; 墨子非樂, 不入朝歌之邑; 曾子立廉, 不飮盜泉. 所謂養志者也.

2. 《史記》鄒陽傳

臣聞: 盛飾入朝者不以利汙義, 砥厲名號者不以欲傷行, 故縣名勝母而曾子不入, 邑號朝歌而墨子回車. 今欲使天下寥廓之士, 攝於威重之權, 主於位勢之貴, 故回面汙行以事諂諛之人而求親近於左右, 則士伏死堀穴巖藪之中耳, 安肯有盡忠信而趨闕下者哉!

3. 《鹽鐵論》晁錯(第八)

孔子不飲盜泉之流, 曾子不入勝母之閭.

4. 《新序》雜事(3)

今人主沈於諂諛之辭, 牽於裨墻之制, 使不羈之士, 與牛驥同緯, 此鮑焦之所以忿於世, 而不留於富貴之樂也. 臣聞:「盛飾以朝者, 不以私麻義; 砥礪名號者, 不以利傷行.」故里名勝母, 而曾子不入; 邑號朝歌, 墨子回車.

5. 《新序》雜事(3)

故里名勝母, 而曾子不入; 邑號朝歌, 墨子回車. 今使天下寥廓之士, 籠於威重之權, 脅於勢位之貴, 回面汙行, 以事諂諛之人, 求親近於左右, 則士有伏死崛穴巖藪之中耳, 安有盡精神而趨闕下者哉?

492(16-13) 婦人之口
부인의 입

부인의 입은 남을 내쫓을 수도 있고, 부인의 주둥이는 남을 죽일 수도 있다.

婦人之口, 可以出走;
婦人之喙, 可以死敗.

〔참고 및 관련 자료〕

1.《史記》孔子世家

孔子曰:「吾歌可夫?」歌曰:「彼婦之口, 可以出走; 彼婦之謁, 可以死敗. 蓋優哉游哉, 維以卒歲!」

2.《孔子家語》子路初見篇

孔子曰:「吾歌可乎?」歌曰:「彼婦人之口, 可以出走; 彼婦人之請, 可以死敗. 優哉游哉, 聊以卒歲!」

493(16-14) 不修其身

자신은 수양하지 않고

　자기 자신을 수양하지 아니하고 남에게 쓰이기를 구하는 것을 실륜失倫이라 하고, 그 안은 잘 다스리지 않고 밖을 다스리려 하는 것을 일러 대폐大廢라 한다.

　　不修其身, 求之於人, 是謂失倫;
　　不治其內, 而修其外, 是謂大廢.

494(16-15) 重載而危之

채찍만 휘두르면

무겁게 실어 위험하게 해 놓고, 채찍을 들고 뒤만 따르는 행위는
온전한 것이라 볼 수 없다.

重載而危之, 操策而隨之, 非所以爲全也.

495(16-16) 士橫道而偃
나라의 수치

선비로서 길에서 죽어 사지도 덮을 수 없다면, 이는 선비의 허물이
아니라 그런 선비가 태어난 나라의 수치이다.

士橫道而偃, 四支不掩, 非士之過, 有士之羞也.

참고 및 관련 자료

1. 《大戴禮記》 曾子制言(中)

天下有道, 循道而行, 衡塗而償, 手足不掩, 四支不被, 此則非士之罪也, 有士者之羞也.

496(16-17) 邦君將昌

나라가 창성하려면

그 나라 임금이 장차 창성昌盛하려면 하늘이 도道를 내려주고,
대부가 장차 창성하려면 하늘이 선비를 내려주며, 서인이 창성하려면
반드시 훌륭한 아들이 있게 마련이다.

邦君將昌, 天遺其道;
大夫將昌, 天遺之士;
庶人將昌, 必有良子.

497(16-18) 賢師良友在其側

곁에 좋은 스승과 친구가 있으면

어진 스승과 훌륭한 친구가 그 곁에 있고, 《시詩》·《서書》·
《서書》·《악樂》이 앞에 펼쳐져 있는데도 이를 버리고 선하지 못한 일을
저지르는 자는 드물 것이다.

賢師良友在其側, 詩書禮樂陳於前,
棄而爲不善者, 鮮矣.

"賢師良友在其側" 靑谷 金春子(현대)

498(16-19) 義士不欺心

생명을 마구 포기하지 말라

의사義士는 자기 마음을 속이지 않고, 인인仁人은 아무렇게나 생명을 포기하지 않는다.

義士不欺心, 仁人不害生.

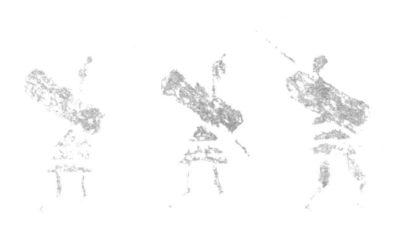

499(16-20) 謀洩則無功

계획을 세우지 않고서

모책謀策이 누설되면 공을 이룰 수 없으나, 계획 자체를 세우지 않으면 아무 일도 이루어지지 않는다.

謀泄則無功, 計不設則事不成.

500(16-21) 賢士不事所非
어진 선비의 섬김

현사賢士는 그릇된 바를 섬기지 않는 것이지, 섬김이 없는 것은 아니다.

賢士不事所非, 不非所事.

501(16-22) 愚者行間而益固
어리석은 자의 행동

어리석은 자는 행동에 틈이 생길수록 고집을 부리고, 비루한 자는 거짓을 꾸밀수록 더욱 야만스러워진다.

愚者行闇而益固, 鄙人飾詐而益野.

【行闇】闇은 원래 間으로 되어 있으나 《說苑疏證》에 의하여 고쳤다. "闇原作間, 從拾補改"라 하였다.

502(16-23) 聲無細而不聞
작은 소리도 숨길 수 없다

소리는 가늘다고 해서 들리지 않는 것이 아니고, 행위는 숨긴다고 해서 밝혀지지 않는 것이 아니다.

聲無細而不聞, 行無隱而不明.

참고 및 관련 자료

1. 《荀子》 勸學篇
故聲無小而不聞, 行無隱而不形.

503(16-24) 至神無不化也
참된 신령함

지극히 신령스러움은 변화가 없는 것이 없고, 지극히 현명함은
추이를 따르지 않는 것이 없다.

至神無不化也, 至賢無不移也.

504(16-25) 上不信

믿음이 없으면

위에는 믿음이 없고, 아래에는 충성이 없어 상하가 불화하면, 비록 편안해 보이더라도 틀림없이 위험해지고 만다.

上不信, 下不忠, 上下不和, 雖安必危.

참고 및 관련 자료

1. 《管子》形勢篇

持滿者與天, 安危者與人. 失天之度, 雖滿必涸; 上下不和, 雖安必危.

505(16-26) 求以其道
도리와 기회

그에 맞는 **도리**에 따라 구하면 얻지 못할 것이 없으며, 그 맞는 때에 따르면 이루지 못할 것이 없다.

求以其道, 則無不得;
爲以其時, 則無不成.

506(16-27) 時不至

기회가 오지 않았을 경우

때가 이르지 않았을 때는 억지로 일을 만들 수 없고, 일을
끝까지 궁구窮究하지 않으면 억지로 성취시킬 수가 없다.

時不至, 不可强生也;
事不究, 不可强成也.

507(16-28) 貞良而亡
선량하였으나 망하는 경우

정절貞節이 있고 선량한데도 망함이 있는 경우는 그 선조들의 여앙餘殃이 있기 때문이요, 못 되고 악한데도 살아나는 경우는 그 선조들이 남겨 준 덕이 있기 때문이다.

貞良而亡, 先人餘殃;
猖蹶而活, 先人餘烈.

【참고 및 관련 자료】

1.《稱》(漢墓에서 出土된 帛書 중의 古佚書)
貞良而亡, 先人餘央(殃), 商(猖)闕(獗)而栝(活), 先人之連(烈).

508(16-29) 權取重
은혜는 길게 베풀어야

권세를 얻으려면 큰 것을 잡아야 하고, 은혜를 베풀려면 오래도록 베풀어야 한다.

權取重, 澤取長.

509(16-30) 才賢任輕
재주는 높고 임무가 가벼우면

재주가 충분하나 맡은 임무가 가벼우면 이름을 날리게 되지만, 재주가 모자란 데도 맡은 임무가 크면 몸도 죽고 이름도 망치게 된다.

才賢任輕, 則有名, 不肖任大, 身死名廢.

510(16-31) 士不以利移
선비의 행동

선비는 이익 때문에 행동을 바꾸지 아니하며, 걱정 때문에 의지를
바꾸지도 않는다. 효孝 · 경敬 · 충忠 · 신信의 일에 섰을 때는 비록 죽음을
맞더라도 후회하지 않는다.

士不以利移, 不爲患改, 孝敬忠信之事立, 雖死而不悔.

511(16-32) 智而用私
사사로운 지혜

지혜로우면서 그 지혜를 사사로운 데에 쓰는 것은, 어리석으면서 그 어리석으나마 공公에 쓰는 것만 못하다. 그래서 "교위巧僞는 졸성拙誠만 못하다"라 하는 것이다.

智而用私, 不如愚而用公, 故曰:「巧僞不如拙誠.」

【巧僞】 재주가 뛰어나지만 위선을 부림.
【拙誠】 졸렬하나 성실함.

┌─────────────────────┐
│ 참고 및 관련 자료   │
└─────────────────────┘

1. 본 장은 貴德篇 제29장(6-29) 참조.

2. 《呂氏春秋》 貴公篇

人之少也愚, 其長也智. 故智而用私, 不若愚而用公.

512(16-33) 學問不倦
배우고 묻는 일

배우고 묻는 일을 게을리하지 않아야 자신을 다스릴 수 있고,
가르치고 깨우쳐 주는 것을 싫어하지 않아야 남을 다스릴 수 있다.
또 허무虛無를 귀하게 여겨야 변화에 응하고 때에 합당함을 얻을
수 있다.

學問不倦, 所以治己也, 敎誨不厭, 所以治人也, 所以貴虛無者,
得以應變而合時也.

513(16-34) 冠雖故

갓은 아무리 낡아도

갓은 아무리 낡아도 머리에 쓰는 것이요, 신은 아무리 새 것일지라도 발에 신는 것이다.

이처럼 상하가 구분되어 있으니 서로 어그러뜨릴 수 없다.

冠雖故, 必加於首;

履雖新, 必關於足.

上下有分, 不可相倍.

참고 및 관련 자료

1.《淮南子》道應訓

冠雖弊, 必加於頭.

2.《史記》儒林傳(轅固生)

冠雖蔽必加於首, 履雖新必關於足, 何者, 上下之分也.

3.《漢書》賈誼傳

履雖鮮不加於枕, 冠雖敝不以苴履.

4. 본《說苑》奉使篇 370(12-10)

冠雖敝, 宜加其上; 履雖新, 宜居其下.

514(16-35) 一心可以事百君

한 마음으로 백 명의 임금을

한 가지 마음이면 1백 명의 임금도 섬길 수 있으나, 1백 가지 마음이면 한 임금도 섬길 수 없다. 그래서 너의 마음을 바르게 가지고, 너의 말을 적게 하라 한 것이다.

一心可以事百君, 百心不可以事一君. 故曰: 正而心又少而言.

【참고 및 관련 자료】

1.《晏子春秋》內篇 問下

梁丘據問晏子曰:「子事三君, 君不同心, 而子俱順焉, 仁人固多心乎?」晏子對曰:「嬰聞之: 順愛不懈, 可以使百姓, 彊暴不忠, 不可以使一人. 一心可以事百君, 三心不可以事一君.」仲尼聞之曰:「小子識之! 晏子以一心事百君者也.」

515(16-36) 萬物得其本者生
만물이 그 근본을 얻으면

만물이 그 근본을 얻으면 살고, 백사百事가 그 도를 얻으면 이루어진다. 도가 있는 곳에 천하가 귀의하며, 덕이 있는 곳을 천하가 귀하게 여긴다. 또 인이 있는 곳이면 천하가 이를 사랑하고, 의가 있는 곳이면 천하가 이를 두려워한다. 집이 새면 사람들은 이를 버리고 떠나며, 물이 얕아지면 고기가 여기서 도망간다.

그러나 나무가 높으면 새가 둥지를 틀고, 덕이 두터우면 선비들이 그를 따른다.

또 예가 있으면 백성이 두려워하고, 충과 신이 있는 곳에 선비는 죽음도 꺼리지 않는다.

萬物得其本者生, 百事得其道者成.
道之所在, 天下歸之;
德之所在, 天下貴之;
仁之所在, 天下愛之;
義之所在, 天下畏之.
屋漏者民去之, 水淺者魚逃之,
樹高者鳥宿之, 德厚者士趨之,
有禮者民畏之, 忠信者士死之.

1. 《荀子》致士篇

川淵深, 而魚鱉歸之; 山林茂, 而禽獸歸之; 刑政平, 而百姓歸之; 禮義備, 而君子歸之. 故禮及身而行修, 義及國而政明. 能以禮挾而貴名白, 天下願, 令行禁止, 王者之事畢矣.《詩》曰: 『惠此中國, 以綏四方.』 此之謂也. 川淵者, 龍魚之居也; 山林者, 鳥獸之居也; 國家者, 士民之居也. 川淵枯則龍魚去之, 山林險則鳥獸去之, 國家失政則士民去之. 無土, 則人不安居; 無人, 則土不守; 無道法, 則人不至; 無君子, 則道不擧. 故土之與人也, 道之與法也者, 國家之本作也; 君子也者, 道法之總要也, 不可少頃曠也. 得之則治, 失之則亂; 得之則安, 失之則危; 得之則存, 失之則亡. 故有良法而亂者有之矣, 有君子而亂者, 自古及今, 未嘗聞也. 傳曰: 『治生乎君子, 亂生乎小人.』 此之謂.

516(16-37) 衣雖弊

옷이 비록 낡았으나

옷이 비록 낡았어도 그 행동은 수양이 있어야 하며, 머리가 비록 헝클어졌어도 그 말에는 교양이 있어야 한다.

衣雖弊, 行必修;
頭雖亂, 言必治.

517(16-38) 時在應之
때는 응할 때에 맞추어야

때는 그것이 맞아떨어질 때가 있고, 행동은 그에 분명한 이유가
있다.

時在應之, 爲在因之.

518(16-39) 所伐而當
복이 다섯이면 화는 열 가지

마땅히 쳐야 할 것을 쳐 그 복이 다섯 가지라면, 쳐서는 안될 것을 치면 그 화가 열 가지이다.

所伐而當, 其福五之;
所伐不當, 其禍十之.

> 참고 및 관련 자료

1. 《經法亡論》(漢墓 出土의 帛書 중 古佚書)
所伐當罪, 其禍五之,('禍'字似爲'福'字之誤.) 所伐不當, 其禍什之.

519(16-40) 必貴以賤爲本
　　　　귀해지고자 하면

반드시 귀해지고자 하면 천한 것을 근본으로 삼을 것이요,
높아지고자 하거든 낮은 것을 기본으로 삼아야 한다.
　하늘이 무엇을 주고자 하면 반드시 먼저 괴롭히고, 하늘이 무엇인가
헐어 버리고자 하면 반드시 먼저 쌓게 해 준다.

　必貴以賤爲本, 必高以下爲基.
　天將與之, 必先苦之;
　天將毀之, 必先累之.

【必貴, 必高】《說苑疏證》에 "貴必, 原作必貴, 高必原作必高, 從桃源藏說范考及
劉氏斠補乙正"이라 하였다.

　　　　參고 및 관련 자료

1.《淮南子》原道訓
是故貴者必以賤爲號, 而高者必以下爲基.

2.《呂氏春秋》行論篇
詩曰:『將欲毀之, 必重累之, 將欲踣之, 必高擧之.』其此之謂乎? 累矣而不毀,
擧矣而不踣, 其唯有道者乎!

520(16-41) 孝於父母
　　　　　　부모에게 효도하고

　부모에게 효도하고 친구에게 믿음이 있으면, 10보밖에 안
되는 작은 못일지라도 반드시 향초香草가 자라며, 열 집밖에 안 되는
고을일지라도 충사忠士가 나게 된다.

　　孝於父母, 信於交友.
　　十步之澤, 必有香草;
　　十室之邑, 必有忠士.

參고 및 관련 자료

1.《論語》公冶長篇
子曰:「十室之邑, 必有忠信如丘者焉, 不如丘之好學也.」

521(16-42) 草木秋死

초목이 가을을 만나면

초목은 가을이 되면 다 죽지만, 송백松柏만은 홀로 푸르다.
물은 모든 것을 다 떠내려가게 하지만, 옥석玉石은 그대로 머물러
있다.

草木秋死, 松柏獨在;
水浮萬物, 玉石留止.

522(16-43) 飢渴得食
주리고 목마를 때

배고프고 목마를 때 먹을 것을 얻으면, 그 누군들 기뻐하지 않으리오!
　궁한 사람, 급한 이를 구제해 주면, 무엇을 얻지 못할까 근심하리요!

飢渴得食, 誰能不喜?
賬窮救急, 何患無有?

523(16-44) 視其所以
까닭을 살펴라

그 되어 가는 바의 까닭을 잘 살펴보고, 그 시키는 바를 관찰하면, 이를 통해 곧바로 그 사람됨을 알 수 있다.

視其所以, 觀其所使, 斯可知己.

【참고 및 관련 자료】

1. 《論語》 爲政篇

子曰:「視其所以, 觀其所由, 察其所安, 人焉瘦哉! 人焉瘦哉!」

524(16-45) 乘輿馬

수레나 말을 타면

수레나 말을 타면 1천 리도 힘들이지 않고 갈 수 있고, 배를 타고 가면 헤엄칠 줄 몰라도 강해江海를 가로질러 건널 수 있다.

乘輿馬, 不勞致千里;
乘船楫, 不游絶江海.

참고 및 관련 자료

1.《荀子》勸學篇

假輿馬者, 非利足也, 而致千里; 假船檝者, 非能水也, 而絶江河.

2.《淮南子》主術訓

故假輿馬者足不勞而致千里, 乘舟檝者不能游而絶江海.

지혜란

지혜는 의심나는 곳을 그대로 비워 두는 것 만한 것이 없고, 행동은 후회 없는 일을 하는 것보다 큰 것이 없다.

智莫大於闕疑, 行莫大於無悔也.

526(16-47) 制宅名子
자녀의 이름

집안을 어떻게 다스려 나가고, 그 자식에게 어떤 이름을 지어 주는
가를 보면 그가 어떤 선비인지 족히 알 수 있다.

制宅名子, 足以觀士.

527(16-48) 利不兼
두 가지 이익

이익은 두 가지를 같이 잡을 수 없고, 상은 두 배로 받을 수 없다.

利不兼, 賞不倍.

참고 및 관련 자료

1.《稱》(漢墓出土의 帛書 중 古佚書)
利不兼, 賞不倍.

528(16-49) 忽忽之謀
소홀한 모책

급하고 경홀하게 만든 모책은 쓸 수가 없고, 불안해하는 마음
으로는 길게 끌고 갈 수 없다.

忽忽之謀, 不可爲也;
惕惕之心, 不可長也.

529(16-50) 天與不取

하늘이 주는데도

하늘이 주는데도 받지 않으면 도리어 허물을 쓰게 되고, 때가 이르렀는데도 맞이하지 않으면 도리어 재앙을 만나게 된다.

天與不取, 反受其咎;
時至不迎, 反受其殃.

530(16-51) 天地無親
하늘과 땅

하늘과 땅은 따로 친한 이가 없으니, 언제나 착한 이와는 함께 한다.

天地無親, 常與善人.

참고 및 관련 자료

1.《老子》79장
有德司契, 無德司徹, 天道無親, 常與善人.

2.《史記》伯夷列傳
或曰: 天道無親, 常與善人.

531(16-52) 天道有常
하늘의 도

하늘의 도는 상법常法이 있어 요堯가 훌륭하다고 해서 존속하는 것도 아니며, 걸桀이 포악하다고 해서 사라지는 것도 아니다.

天道有常, 不爲堯存, 不爲桀亡.

참고 및 관련 자료

1.《荀子》天論篇
天行有常, 不爲堯存, 不爲桀亡.

532(16-53) 積善之家
선을 쌓은 집

선을 쌓은 집에는 반드시 경사가 넘치고, 악을 쌓은 집에는 반드시 재앙이 넘치리라.

積善之家, 必有餘慶;
積惡之家, 必有餘殃.

참고 및 관련 자료

1.《周易》坤卦 文言傳

積善之家, 必有餘慶; 積不善之家, 必有餘殃.

2.《明心寶鑑》繼善篇

易云:「積善之家, 必有餘慶; 積不善之家, 必有餘殃.」

3.《昔時賢文》去韻

好訟之子, 多致終凶; 積善之家 必有餘慶.

533(16-54) 一噎之故
한 번 목이 메면

한 번 잘못하여 목이 메면, 그 때문에 밥을 먹을 수 없게 되고, 한 번 넘어져 다리를 삐게 되면, 그 때문에 걷지를 못하게 된다.

一噎之故, 絶穀不食;
一蹶之故, 却足不行.

참고 및 관련 자료

1.《淮南子》脩務訓

則是以一飽之故, 絶穀不食; 以一蹟之難, 輟足不行, 惑也.

534(16-55) 心如天地者明
행동이 먹줄 같은 자

　마음이 하늘과 땅 같은 자는 명明하고, 행동이 먹줄 같은
자는 장章하게 된다.

　心如天地者明, 行如繩墨者章.

535(16-56) 位高道大者從

지위가 높고

지위가 높고 도道도 큰 자는 남이 따르게 되고, 일은 크나
처리하는 도가 협소한 자는 흉凶하게 된다.

位高道大者從, 事大道小者凶.

참고 및 관련 자료

1.《淮南子》泰族訓

位高而道大者從, 事大而道小者凶.

536(16-57) 言疑者無犯

말에 의심을 사면

말에 의심스러움이 많은 자는 남이 그를 가까이하기 어렵고, 행동에 의심스러움이 있는 자는 남이 그를 따라 주지 않는다.

言疑者無犯, 行疑者無從.

537(16-58) 蠧蝝仆柱梁
좀벌레

좀벌레는 작으나 기둥과 대들보를 엎어지게 하고, 모기와 등에는 작지만 소와 양을 도망가게 한다.

蠧蝝仆柱梁, 蚊䖟走牛羊.

참고 및 관련 자료

1.《淮南子》人間訓
故蠧啄剖梁柱, 蚊䖟走牛羊.

538(16-59) 謁問析辭勿應
찾아가 묻기를

찾아가 물었을 때 지나치게 캐고 쪼개어 일러 주거든 상대하지
말고, 괴상하고 허황된 말이거든 대칭對稱하지 말라.

謁問析辭勿應, 怪言虛說勿稱.

539(16-60) 謀先事則昌
계획을 먼저 세우라

일보다 먼저 계획을 세우면 성공하려니와, 일이 계획보다
빠르면 망치리라!

謀先事則昌, 事先謀則亡!

540(16-61) 無以淫泆棄業
음일로 생업을 망치지 말라

음일淫泆 때문에 생업을 버리지 말며, 빈천하다고 스스로 경홀히 굴지도 말라. 자기의 좋아하는 바 때문에 몸을 해치는 일이 없어야 하며, 기호나 욕심 때문에 생명에 방해되는 일도 없어야 한다.

또 사치가 곧 명예인 줄 잘못 알아서도 안 되며, 부귀하다고 해서 교만에 가득 차서도 안 된다.

無以淫泆棄業, 無以貧賤自輕;
無以所好害身, 無以嗜欲妨生;
無以奢侈爲名, 無以貴富驕盈.

541(16-62) 喜怒不當
부당한 기쁨과 노기

부당하게 기쁨과 노기를 나타내는 것을 불명不明이라 한다.
부당하게 포악과 학대를 일삼다가는 도리어 적해賊害를 입으리라.
원망은 보답을 하지 않은 데서 생겨나고, 화는 복에서 생겨난다.

喜怒不當, 是謂不明; 暴虐不得, 反受其賊; 怨生不報, 禍生於福.

542(16-63) 一言而非
한 마디 말

한 마디 말 잘못 내뱉으면 네 필 말도 뒤따를 수 없고, 한
마디 말이 소홀하면 네 필 말도 뒤쫓기 어렵다.

一言而非, 四馬不能追;

一言而忽, 四馬不能及.

【一言而忽】《說苑疏證》에서는 "而忽原作不急, 從拾補及朱駿聲校記改"라
하였다.

참고 및 관련 자료

1.《鄧析子》轉辭篇

　一聲而非, 馴馬勿追; 一言而急, 馴馬不及. 故惡言不出口, 苟語不留耳. 此謂君子也.

543(16-64) 順風而飛
기러기는 바람에 순응하여

기러기는 바람에 순응하여 날면서 그 공기의 힘에 도움을 받고, 입에 갈대 잎을 물어서 화살에 대비한다.

雁順風而飛, 以助氣力;

　銜葭而翔, 以備矰弋.

【雁】 이 글자는 원래 실려 있지 않다.《說苑疏證》에 "雁字原脫, 從劉氏斠補補"라 하였다.

［참고 및 관련 자료］

1.《淮南子》脩務訓

夫雁順風以愛氣力, 銜蘆而翔, 以備矰弋.

544(16-65) 鏡以精明
깨끗한 거울

거울이 깨끗하고 밝으면 예쁘고 미운 모습을 스스로 인정할
수 있고, 저울이 공평무사하면 가볍고 무거움을 스스로 터득하게 된다.

鏡以精明, 美惡自服;
衡平無私, 輕重自得.

545(16-66) 蓬生枲中
쑥이 삼밭에 나면

쑥이 대마 가운데 자라면 붙들어 주지 않아도 곧게 자라고,
흰모래가 검은 진흙 속에 들어가면 모두가 함께 검어지고 만다.

蓬生枲中, 不扶自直;
白砂入泥, 與之皆黑.

【枲】大麻. 삼. 키가 크고 빽빽하게 높이 자람.

참고 및 관련 자료

1. 《荀子》勸學篇
蓬生麻中, 不扶而直; 白沙在涅, 與之俱黑.
2. 《大戴禮記》曾子制言(上)
蓬生麻中, 不扶自置; 白沙在泥, 與之皆黑.

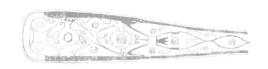

546(16-67) 時乎時乎
시간이여

시간이여! 시간이여! 일을 도모할 틈을 주지 않는구나.
지극히 중요한 시간에 잠시 쉴 틈도 없구나.
힘써 일하며 쉬지 않으니 장차 스스로 쉴 틈이 오리라.
베풀고도 스스로 가지지 않으니 이것이 장차 스스로 가진 것이로다!

時乎時乎, 間不及謀;
至時之極, 間不容息.
勞而不休, 亦將自息;
有而不施, 亦將自得!

【有而不施】〈四庫本〉 및 〈四部本〉에는 "有而不施"로 되어 있고,《說苑疏證》
에는 설명 없이 "施而不有"로 되어 있다.

> **참고 및 관련 자료**

1.《史記》李斯傳

趙高曰:「時乎時乎! 間不及謀! 贏糧躍馬, 唯恐後時.」

547(16-68) 無不爲者
하는 자는 이루리라

무엇이든 하는 자는 능히 이루지 못하는 것이 없고, 무엇이든지 다 하고자 하는 자는 얻지 못하는 것이 없다.
바른 행동을 쌓아 두면 미치지 못할 복이 없으며, 사악한 행동을 쌓아 두면 나타나지 아니하는 화가 없다.

無不爲者, 無一能成也;
無不欲者, 無一能得也.
衆正之積, 福無不及也;
衆邪之積, 禍無不見也.

【無一能成也・無一能得也】 '不'자는 원래 '一'자로 보는 경우도 있다. 《說苑疏證》에 "兩一字原均誤作不, 從拾補及朱駿聲校記改"라 하였다. 이에 맞추어 해석하였다.

참고 및 관련 자료

1. 《呂氏春秋》明理篇
故衆正之所積, 其福無不及也; 衆邪之所積, 其禍無不逮也.

548(16-69) 力勝貧
노력은 가난을 물리친다

노력은 가난을 이기고, 조심함은 화를 이기며, 삼감은 해를 이기고, 경계警戒함은 재앙을 이긴다.

力勝貧, 謹勝禍;
愼勝害, 戒勝災.

참고 및 관련 자료

1. 《論衡》命祿篇

天命難知, 人不耐審, 雖有厚命, 猶不自信, 故必求之也. 如自知, 雖逃富避貴, 終不得離. 故曰:「力勝貧, 愼勝禍.」勉力勤事以致富, 砥才明操以取貴; 農夫力耕得穀多, 商賈遠行得利深. 廢時失務, 欲望富貴, 不可得也.

549(16-70) 爲善者天報以德
착한 일을 하는 자

착한 일을 하는 자는 하늘이 이를 덕으로써 보답하고, 불선不善을 저지르는 자는 하늘이 이를 화로써 갚는다.

爲善者天報以德, 爲不善者天報以禍.

참고 및 관련 자료

1. 《韓詩外傳》 卷7

爲善者, 天報之以福; 爲不善者, 天報之以賊.

2. 《明心寶鑑》 繼善篇

子曰:「爲善者, 天報之以福; 爲不善者, 天報之以禍.」

550(16-71) 君子得時如水
군자가 때를 만나면

군자는 때를 만나면 물처럼 순종하고, 소인은 때를 만나면 불처럼 날뛴다.

君子得時如水, 小人得時如火.

551(16-72) 謗道己者
　　　　자신을 비방하는 자

자기 자신을 비방하고 미워하는 자는 마음에 죄가 있기 때문이요, 스스로 도를 높이고 위하는 자는 마음속에 역행力行의 뜻이 있기 때문이다.

　謗道己者, 心之罪也;
　尊賢己者, 心之力也.

552(16-73) 心之得
마음에 얻으면

마음에 원리를 터득하면 만물도 그를 어찌하지 못하며, 마음에
서 모든 것을 잃으면 자기 마음도 지켜낼 수가 없다.

心之得, 萬物不足爲也;
心之失, 獨身不能守也.

【獨心】《說苑疏證》에 "獨身, 原作獨心, 從桃源藏說苑考改正"이라 하였다.

553(16-74) 子不孝

불효한 자식

자식이 불효하면 내 아들이 아니며, 사귐에 믿음이 없으면 내 친구가 아니다.

子不孝, 非吾子也;
交不信, 非吾友也.

554(16-75) 食其口而節肥
입으로 음식을 먹어야

그 **입으로 음식을 먹어야** 온 몸 구석구석이 살찌고, 그 근본에 물을 주어야 지엽枝葉이 무성해진다.

근본이 상하면 가지가 마르게 마련이고, 뿌리가 깊으면 그 끝이 무성하게 마련이다.

食其口而節肥, 灌其本而枝葉茂.
本傷者枝槁, 根深者末厚.

참고 및 관련 자료

1.《淮南子》泰族訓

故食其口而百節肥, 灌其本而枝葉美.

555(16-76) 爲善者得道
선을 행하는 자

선을 행하는 자는 도를 얻게 되고, 악을 행하는 자는 도를 잃게
된다.

爲善者得道, 爲惡者失道.

556(16-77) 惡語不出口
악한 말을 내뱉지 말라

입으로는 악한 말을 내뱉지 말고, 귀에는 구차한 말을 남겨두지 말라.

惡語不出口, 苟言不留耳.

557(16-78) 務僞不長
거짓에 힘쓰면

거짓에 힘쓰면 길게 갈 수 없고, 헛된 것을 좋아하면 오래 갈
수 없다.

務僞不長, 喜虛不久.

558(16-79) 義士不欺心
의로운 선비

의로운 선비는 자기 마음을 속이지 않으며, 청렴한 선비는 마구 취取하지 않는다.

義士不欺心, 廉士不妄取.

559(16-80) 以財爲草
재물은 초개처럼

재물은 초개草芥처럼 여기고, 몸은 보배처럼 여겨라.
어리고 작은 사람에게는 인자함을 베풀고, 나이 많은 노인에게는
공경을 다할지니라.

以財爲草, 以身爲寶.
慈仁少小, 恭敬耆老.

560(16-81) 犬吠不驚
개가 짖어도

개가 짖어도 놀라지 않는 것을 〈열명兌命〉에 '금성金城'이라 하였고,
항상 위태함을 대하는 것을 〈열명〉에 '불회不悔'라 하였다.

犬吠不驚, 命曰金城;
常避危殆, 命曰不悔.

【金城】金城湯池. 튼튼하여 끄덕 없음을 말한다.
【命】《書經》兌命篇을 말한다.
【不悔】후회하지 않음.

부유할 때

부유할 때는 반드시 가난을 염두에 두며, 장년壯年일 때는 노년을 생각하라. 나이가 비록 어릴지라도 염려는 일찍 서둘러야 한다.

富必念貧, 壯必念老; 年雖幼少, 慮之必早.

562(16-83) 夫有禮者
예가 있는 자

무릇 예가 있는 자는 서로 위하다가 죽고, 예가 없는 자도 역시 서로 위하다가 죽는다.

夫有禮者, 相爲死; 無禮者, 亦相爲死.

563(16-84) 貴不與驕
부귀는 교만

부귀는 교만과 약속을 하지 않았는데도 교만이 스스로 찾아오고, 그 교만은 망함과 기약을 하지 않았는데도 망함이 스스로 찾아온다.

貴不與驕, 期驕自來;

驕不與亡, 期亡自至.

참고 및 관련 자료

1. 본 《說苑》 敬愼篇 316(10-19) 참조.

564(16-85) 蹙人日夜願一起
앉은뱅이

앉은뱅이는 밤낮으로 한 번만 서서 걸어 보았으면 하고, 장님은 밤낮으로 눈을 한 번 떴으면 하는 소원을 잊지 않는다.

蹙人日夜願一起, 盲人不忘視.

【日夜】원문에는 이 두 글자가 실려 있지 않으나《說苑疏證》에 "日夜二字原脫, 從拾補補"라 하여 '日夜不忘視'로 보아야 한다고 하였다.

565(16-86) 知者始於悟
지혜로운 자

지혜로운 자는 시작은 깨달음으로부터 하고, 마침은 화해和諧에서 끝낸다.

그러나 어리석은 자는 즐거움에서 시작하여, 슬픔으로 마친다.

知者始於悟, 終於諧;

愚者始於樂, 終於哀.

566(16-87) 高山仰止

높은 산은 우러러보아야

높은 산은 우러러보아야 하고, 훌륭한 행동은 따라 하여야 한다. 힘으로는 비록 미치지 못하더라도, 마음으로는 그렇게 되고자 힘써야 한다.

高山仰止, 景行行止.
力雖不能, 心必務爲.

【高山仰止】《詩經》小雅 甫田 車舝의 구절.

　　참고 및 관련 자료

1.《詩經》小雅 甫田 車舝

高山仰止, 景行行止. 四牡騑騑, 六轡如琴. 覯爾新昏, 以慰我心.

2.《史記》孔子世家

詩有之, 高山仰止, 景行行止. 雖不能至, 然心鄕往之.

567(16-88) 愼終如始
끝낼 때

끝낼 때는 시작할 때의 마음으로 하여 항상 경계警戒하라.
전전율률戰戰慄慄하여 날마다 그 일에 조심하라.

愼終始始, 常以爲戒.
戰戰慄慄, 日愼其事.

【戰戰慄慄】戰戰兢兢과 같다. 《詩經》小雅 小旻 참조.

568(16-89) 聖人之正
성인

성인이 세상을 바르게 하는 데에 안정安靜만한 것이 없다.
어진 이의 다스림은 그 때문에 일반 무리들과는 다른 것이다.

聖人之正, 莫如安靜;
賢者之治, 故與衆異.

569(16-90) 好稱人惡
남의 악

남의 악을 들추기 좋아하면, 남도 나의 악을 들출 것이요, 남을 미워하기를 즐기는 자, 그 역시 남으로부터 미움을 받으리라.

好稱人惡, 人亦道其惡;
好憎人者, 亦爲人所憎.

570(16-91) 衣食足
　　　　　의식이 풍족해야

의식이 풍족하여야 영화와 욕됨을 알고, 창고가 가득 차야 예절을
알게 된다.

衣食足, 知榮辱;
倉廩實, 知禮節.

참고 및 관련 자료

1.《管子》牧民篇
倉廩實則知禮節, 衣食足則知榮辱.

571(16-92) 江河之溢
강하의 넘침

강하江河**의 넘침**도 사흘을 넘지 못하고, 회오리바람·폭풍우도 잠깐이면 멈춘다.

江河之溢, 不過三日;
飄風暴雨, 須臾而畢.

참고 및 관련 자료

1.《老子》23장
希言自然, 故飄風不終朝, 驟雨不終日.

2.《列子》說符篇
夫江河之大也, 不過三日; 飄風暴雨不終朝, 日中不須臾.

3.《文子》微明篇
江河之大溢, 不過三日; 飄風暴雨, 日中不出須臾止.

4.《淮南子》道應訓
江河之大也, 不過三日; 飄風暴雨, 日中不須臾.

572(16-93) 福生於微

복은 미미한 데서 생겨나고

복은 미미한 데서 생겨나고, 화는 경홀輕忽히 하는 데서 생겨난다. 밤낮으로 두려워하여 타고난 생生을 제대로 마치지 못할까 두려워하라.

福生於微, 禍生於忽.

日夜恐懼, 惟恐不卒.

573(16-94) 己雕己琢

이미 쪼고 다듬은 것도

이미 쪼고 다듬은 **것도** 질박質樸한 곳으로 되돌아간다.
물질은 서로 반복하여 결국 근본으로 돌아간다.

己雕己琢, 還反於樸.
物之相反, 復歸於本.

참고 및 관련 자료

1. 《韓非子》外儲說左上
書曰:『旣雕旣琢, 還歸其樸.』
2. 《文子》道原·《淮南子》原道訓
已雕已琢, 還復於樸.

574(16-95) 循流而下
물의 흐름을 따라

물의 흐름을 따라 내려가면 쉽게 이를 수 있고, 바람을 등지고
달리면 멀리까지 갈 수 있다.

循流而下, 易以至.
倍風而馳, 易以遠.

575(16-96) 兵不豫定
전쟁이란

전쟁이란 미리 정해진 것이 아니다. 적을 대비할 준비가 되어 있지 않고, 계책이 염려보다 앞서지 않으면 갑작스러운 경우에 대응할 수가 없다.

兵不豫定, 無以待敵.
計不先慮, 無以應卒.

576(16-97) 中不方
마음이 모가 나면

마음이 모가 나서도 안 되고, 이름을 드러내기 좋아해서도 안 된다.
밖으로 누구에게나 원만하게 하지 않는 것이 곧 화의 문이다.
너무 곧기만 하여 굽힐 줄 모르면 큰 임무를 맡을 수 없고, 모만
나서 둥글지 못하면 오래 존속할 수가 없다.

中不方, 名不章; 外不圜, 禍之門.
直而不能枉, 不可與大任; 方而不能圜, 不可與長存.

577(16-98) 愼之於身
　　　　　자신에게 조심하라

오직 자기 자신에게 조심하되 이러쿵저러쿵 핑계를 대지 말라.

愼之於身, 無曰云云.

【云云】 변명을 늘어놓는 것.

578(16-99) 狂夫之言

미친 이가 하는 말

미친 이가 하는 말이라도 성인은 그 중에 쓸 만한 말을 골라낸다.

狂夫之言, 聖人擇焉.

참고 및 관련 자료

1.《史記》淮陰侯列傳

故曰:「狂夫之言, 聖人擇焉.」

579(16-100) 能忍恥者安
치욕을 능히 참는 자

어떤 부끄러움도 능히 참는 자는 편안할 것이요, 그 어떤 욕됨도 능히 참는 자는 오래 존속하리라.

能忍恥者安, 能忍辱者存.

580(16-101) 脣亡而齒寒
입술이 없으면 이가 시린 법

입술이 없으면 이가 시린 법, 하수河水가 메워지는 것은 그 흙이 산에서 흘러내리기 때문이다.

脣亡而齒寒. 河水崩, 其懷在山.

참고 및 관련 자료

1. 본 장은 脫誤가 있는 것으로 보고 있다. 《說苑疏證》에 "句有脫誤"라 하였다.

2. 《左傳》僖公 5年 傳

諺所謂: 輔車相依, 脣亡齒寒者, 其虞·虢之謂也.

3. 《淮南子》說林訓

川竭而谷虛, 丘夷而淵塞, 脣竭而齒寒. 河水之深, 其壤在山.

4. 《文子》上德篇

川竭而谷虛, 丘夷而淵塞, 脣竭而齒寒, 河水深, 其壤在山.

581(16-102) 毒智者
지혜의 독

지혜에 해독害毒을 끼치는 것으로 술보다 더한 것이 없고, 일을 그르치게 하는 것으로는 즐거움[樂]보다 더한 것이 없다.
청렴을 해치는 것으로는 색色보다 더한 것이 없고, 강직剛直을 꺾는 것은 도리어 자기 스스로가 약해지기 때문이다.

毒智者, 莫甚於酒;
留事者, 莫甚於樂;
毀廉者, 莫甚於色;
摧剛者, 反己於弱.

【弱】溺으로 봄.

582(16-103) 富在知足
부유함과 만족

부유함이란 만족을 아는 데에 있고, 귀함이란 물러서기를 구하는
데에 있다.

富在知足, 貴在求退.

583(16-104) 先憂事者後樂

먼저 근심을 가지고 시작하는 자

일에 먼저 근심을 가지고 시작하는 자는 뒤에 즐거움을 얻지만, 먼저 오만부터 부리는 자는 뒤에 근심이 있게 된다.

先憂事者後樂, 先慠事者後憂.

584(16-105) 福在受諫
충간을 받아들여라

복이란 남의 충간을 받아들이는 데에 있다.
이것이 살아남는 데 거쳐야 할 길이다.

福在受諫, 存之所由也.

1. 본 장은 脫句, 脫文인 것 같다. 《說苑疏證》에 "拾補云疑福上似脫一句"라 하였다.

585(16-106) 恭敬遜讓
공경과 겸손

공경히 하고 겸손히 양보하며, 청렴에 힘써 남을 헐뜯지 말라.
인자한 마음으로 남을 사랑하면, 반드시 그 상을 받으리라.

恭敬遜讓, 精廉無謗;
慈仁愛人, 必受其賞.

586(16-107) 諫之不聽
간언을 듣지 않거든

간언을 해도 듣지 않거든 물러서서 그와 다투지 말라. 하는 일이 부당하거든 백성을 위해서 비방하라.

후회는 망령된 행동에서 비롯되고, 근심은 남보다 먼저 떠들어 댄 것에서 시작된다.

諫之不聽, 後無與爭.

擧事不當, 爲百姓謗.

悔在於妄, 患在於先唱.

【悔在於妄】《說苑疏證》에 "爲字原脫, 從桃源藏說苑考補"라 하여 '爲'字가 끝에 부가되어야 하는 것으로 보고 있다.

587(16-108)　蒲且脩繳

활줄을 수리하니

포차蒲且가 활줄을 수리하니 오리·기러기가 슬피 울고, 방몽
逢蒙이 활을 어루만지니 호표虎豹가 새벽부터 운다.

蒲且脩繳, 鳧雁悲鳴;
逢蒙撫弓, 虎豹晨嗥.

【蒲且】古代의 名射手. '포저'로도 읽음.
【逢蒙】역시 古代의 활의 名手. '逢蒙'으로도 쓴다.

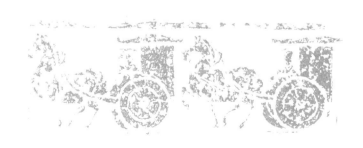

588(16-109) 河以委蛇
하수는 구불구불하다

하수河水는 구불구불하기 때문에 능히 먼 곳까지 흐르고, 산은 천천히 높아지기 때문에 능히 높을 수 있는 것이다.

도는 자연에 순응하기 때문에 능히 변화가 있고, 덕은 순후하기 때문에 능히 호방豪放할 수 있는 것이다.

河以委蛇, 故能遠;

山以凌遲, 故能高.

道以優游, 故能化;

德以純厚, 故能豪.

【委蛇】구불구불함. '위이'로 읽음. 쌍성연면어임. '逶池', '逶迤'와 같음.

【凌遲】느린 터를 넘어 오름. 넓은 터를 차지하고 있음. 천천히 높아짐을 뜻한다. 본《說苑》政理篇 196(7-12) 참조.

1.《淮南子》泰族訓

河以逶蛇故能遠, 山以陵遲故能高. 陰陽無爲故能和, 道以優游故能化.

2.《文子》上仁篇

河以逶迤故能遠, 山以陵遲故能高, 道以優游故能化.

589(16-110) 言人之善
남의 착함을 말해 주면

남의 착함을 말해 주면 좋은 물에 목욕한 듯 즐겁고, 남의 악을 들추어 내면 모극矛戟 앞에 선 것처럼 고통스럽다.

言人之善, 澤於膏沐;
言人之惡, 痛於矛戟.

【澤於膏沐】'기름진 물에 목욕하다'의 뜻. '좋은 물에 목욕한 것과 같다'는 뜻.
【矛戟】兵器. 창. 날카로운 창끝.

참고 및 관련 자료

1.《荀子》榮辱篇
故與人善言, 曖於布帛; 傷人以言, 深於矛戟.

590(16-111) 爲善不直
선을 행한다면서

선을 행한다면서 정직하게 하지 않으면 끝내 곡해曲解를 입을
것이요, 추한 것을 해 놓고도 해결하지 않으면 끝내 악함이 찾아오리라.

爲善不直, 必終其曲;
爲醜不釋, 必終其惡.

591(16-112) 一死一生
죽고 살고 해 보아야

죽고 살고 해 보아야 친구의 우정을 알 수 있고, 가난해 보기도 하고 부유해 보기도 해야 친구의 태도를 알 수 있다.

귀해 보기도 하고 천해 보기도 해야 친구의 우정이 드러나며, 한 번 뜨고 한 번 가라앉아 보아야 친구의 우정이 어떻게 나타나는가를 볼 수 있다.

　一死一生, 乃知交情;
　一貧一富, 乃知交態.
　一貴一賤, 交情乃見;
　一浮一沒, 交情乃出.

참고 및 관련 자료

1.《史記》汲鄭列傳
　一死一生, 乃知交情. 一貧一富, 乃知交態. 一貴一賤, 交情乃見.

592(16-113) 德義在前
덕의를 앞세우고

먼저 덕의德義를 앞으로 내세우고, 용병用兵은 뒤로 미루라.

德義在前, 用兵在後.

【用兵在後】〈四庫全書本〉에는 '甲兵'으로 되어 있다.

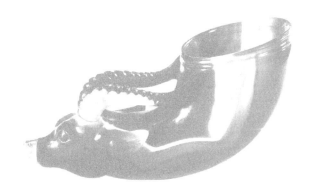

593(16-114) 初沐者必拭冠
새로 머리 감은 자는

새로 머리를 감은 자는 반드시 관을 닦고, 새로이 몸을 씻은 자는 반드시 옷을 터는 법이다.

初沐者必拭冠, 新浴者必振衣.

참고 및 관련 자료

1.《楚辭》漁父·《史記》屈原列傳

吾聞之, 新沐者必彈冠, 新浴者必振衣.

2.《荀子》不苟篇

故新浴者振其衣, 新沐者彈其冠.

3.《韓詩外傳》卷1

故新沐者必彈冠, 新浴者必振衣.

594(16-115) 敗軍之將不可言勇
패배한 장수

패배한 장수는 용勇이라는 말을 입에 담을 수 없고, 나라를 망친 신하는 지智를 거론할 수 없다.

敗軍之將不可言勇, 亡國之臣不可言智.

参고 및 관련 자료

1.《史記》淮陰侯列傳

廣武君辭謝曰:「臣聞敗軍之將不可以言勇, 亡國之大夫不可以圖存.」

595(16-116) 坎井無黿鼉者
자라와 악어가 없는 우물

우물에 자라와 악어가 없는 것은 그 우물이 너무 좁기 때문이요, 동산에 수풀이 없는 것은 그 동산이 너무 작기 때문이다.

坎井無黿鼉者, 隘也;
園中無脩林者, 小也.

참고 및 관련 자료

1. 《淮南子》 主術訓

垍井之無黿鼉, 隘也; 園中之無脩木, 小也.

596(16-117) 小忠大忠之賊也
작은 충성

작은 충성은 큰 충성의 해가 될 뿐이며, 작은 이익은 큰 이익의
방해만 된다.

小忠, 大忠之賊也;
小利, 大利之殘也.

참고 및 관련 자료

1. 《韓非子》 十過篇
一曰, 行小忠則大忠之賊也. 二曰, 顧小利則大利之殘也.

597(16-118)　自請絶易
청하기 어려운 일

스스로에게 끊자고 하기는 쉽지만, 남에게 끊자고 청하기는
어렵다.

自請絶易, 請人絶難.

598(16-119) 水激則悍
물이 격하면

물이 격하게 되면 표한스럽고, 화살이 격하면 멀리 나간다. 사람이 명예를 소중히 여기면, 그 성망聲望을 허무는 법이 없다.

水激則悍, 矢激則遠;

人激於名, 不毁爲聲.

참고 및 관련 자료

1.《賈誼》鵩鳥賦

水激則旱兮, 矢激則遠.

2.《淮南子》兵略訓

故水激則悍, 矢激則遠.

3.《呂氏春秋》去宥篇

夫激矢則遠, 激水則旱. 激主則悖, 悖則無君子矣. 夫不可激者, 其唯先有度.

599(16-120) 下士得官以死
낮은 선비

낮은 선비는 관직을 얻어서 죽고, 높은 선비는 관직을 얻어서 살아난다.

下士得官以死, 上士得官以生.

600(16-121)　禍福非從地中出
화와 복이란

화와 복이란 땅속에서 나오는 것도 아니요, 하늘로부터 내려오는 것도 아니며, 모두가 자기 스스로가 만들어 내는 것이다.

禍福非從地中出, 非從天上來, 己自生之.

601(16-122) 窮鄕多曲學
궁벽한 시골

궁벽한 시골에는 곡학曲學도 많다. 조금 말 잘하는 것은 큰 지혜를
해치고, 교언巧言은 믿음을 폐하게 하며, 작은 은혜는 대의大義를 훼방
한다.

窮鄕多曲學, 小辯害大知;
巧言使信廢, 小惠妨大義.

【曲學】학문을 曲解함.
【巧言】잘 꾸며서 듣기 좋게 하는 말.《論語》에 "巧言令色, 鮮矣仁"이라 하였다.

602(16-123) 不困在於早慮
곤액에 처하지 않으려면

곤박困迫**하지 않음은** 일찍 염려하여 헤아리는 데 있고, 궁색하지 않음은 일찍 예견하여 대비하는 데 있다.

不困在於早慮, 不窮在於早豫.

참고 및 관련 자료

1.《鄧析子》轉辭篇

不用在早圖, 不窮在早稼.

603(16-124) 欲人勿知
남이 알지 못하게 하려면

남이 알지 못하게 하려면 그 일을 하지 않는 것보다 확실한
게 없고, 남이 듣지 못하게 하는 데는 말을 하지 않는 것보다 나은 게
없다.

欲人勿知, 莫若勿爲;
欲人勿聞, 莫如勿言.

604(16-125) 非所言勿言
해서는 안 될 말

하지 말아야 할 말을 하지 않으면 그 환난을 피할 수 있고, 하지 말아야 할 행동을 하지 않으면 그 위험을 피할 수 있다.

취하지 않아야 할 것을 취하지 않으면 남의 비방을 피할 수 있고, 다투지 말아야 할 것을 다투지 않으면 그 성토^{聲討}를 피할 수 있다.

非所言勿言, 以避其患;
非所爲勿爲, 以避其危.
非所取勿取, 以避其詭;
非所爭勿爭, 以避其聲.

【참고 및 관련 자료】

1. 《鄧析子》 轉辭篇

非所宜言, 勿言. 勿爲以避其危; 非所宜取, 勿取避其咎; 非所宜爭, 勿爭以避其聲.

605(16-126) 明者視於冥冥
명석한 자

명석한 자는 어두운 데에서도 보고, 일이 아직 나타나지 않았을 때 모책을 세운다.

총명한 자는 소리가 없을 때에 이미 듣고, 사려가 깊은 자는 아직 드러나지 않았을 때를 경계한다.

明者視於冥冥, 謀於未形,

聰者聽於無聲, 慮者戒於未成.

【謀於未形】《說苑疏證》에 "尾張氏纂注引太室曰: 謀於未形之上有脫文"이라
하였다.

606(16-127) 世之溷濁
세상이 혼돈스럽고 탁하나

세상이 혼돈스럽고 탁하나 나 홀로 맑고, 모든 사람이 다 취하였으나 나 홀로 깨어 있다.

世之溷濁而我獨淸, 衆人皆醉而我獨醒.

참고 및 관련 자료

1.《楚辭》漁父

屈原曰, 擧世皆濁我獨淸, 衆人皆醉我獨醒.

2.《史記》屈原列傳

屈原曰, 擧世混濁而我獨淸, 衆人皆醉而我獨醒.

607(16-128) 乖離之咎
괴리된 허물

괴리乖離된 허물들 어디서나 생겨나네. 훼패毁敗의 단서가 이로
부터 시작되네.

　강하江河가 크다 하나 개미굴에 의해 터지고, 산이 높다 하나 작은
곳이 허물어지면서 크게 내려앉네!

　　乖離之咎, 無不生也,
　　毁敗之端, 從此興也.
　　江河大潰從蟻穴, 山以小阤而大崩!

참고 및 관련 자료

1.《韓非子》喩老篇
千丈之隄以螻蟻之穴潰, 百尺之室以突隙之烟焚.

608(16-129) 淫亂之漸
음란은 느리게 시작하나

음란은 느리게 시작하나, 그 변화는 흥성하여 수水·화火·금金·목木이 서로 물려 돌고 도네!

淫亂之漸, 其變爲興, 水火金木轉相勝!

609(16-130) 卑而正者可增
낮으나 바른 것

낮으면서 바르게 있는 것은 보탬을 받을 것이요, 높으면서 기대어 있는 것은 무너지고 만다.

화살처럼 곧은 자는 오히려 죽기 쉽지만, 먹줄처럼 곧은 자는 칭찬을 받는다.

卑而正者可增, 高而倚者且崩.

直如矢者死, 直如繩者稱.

> **참고 및 관련 자료**

1.《稱》(漢墓出土의 帛書 중 古佚書)

埤(卑)而正者增, 高而倚者備(崩).

610(16-131) 禍生於欲得
화의 발생

화禍는 무엇을 얻고자 하는 데에서 생기고, 복福은 스스로 그치는 데에서 생겨난다.

禍生於欲得, 福生於自禁.

611(16-132) 聖人以心導耳目
성인은 마음으로

성인은 마음으로 감지하여 귀와 눈을 인도하고, 소인은 귀와 눈으로 익혀 마음으로 전달한다.

聖人以心導耳目, 小人以耳目導心.

참고 및 관련 자료

1.《孔子家語》好生篇

孔子謂子路曰:「君子以心導耳目, 立義以爲勇; 小人以耳目導心, 不愻以爲勇. 故曰, 退之而不怨, 先之斯可從己.」

612(16-133) 爲人上者

남의 위에 오른 자

남의 윗자리가 된 자는 총명하지 못할까에 근심을 두고, 남의 아래 된 자는 자신이 충성되지 못할까에 근심을 두라.

爲人上者, 患在不明;
爲人下者, 患在不忠.

613(16-134) 人知糞田
밭에 거름은 줄 줄 알면서

사람은 밭에 거름은 줄 줄 알면서 자기 마음에 거름 줄 줄은 모른다. 몸과 행동은 단정히 하여 현재를 온전히 해야 한다.

人知糞田, 莫知糞心;
端身正行, 全以至今.

(참고 및 관련 자료)

1. 본 《說苑》 建本篇 083(3-12)

孟子曰:「人知糞其田, 莫知糞其心.」糞田莫過利苗得粟, 糞心易行而得其所欲. 何謂糞心? 博學多聞; 何謂易行? 一性止淫也.

614(16-135) 見亡知存
서리가 내리면

망하는 것을 보면 남아 있을 것이 무엇인지 알 수 있고, 서리가
내리면 얼음이 얼 것을 안다.

見亡知存, 見霜知冰.

1. 《周易》坤卦 初六

初六, 履霜見冰至. 象曰, 履霜見冰, 陰始凝也, 馴致其道, 至堅冰也.

615(16-136) 廣大在好利

광대한 것

광대한 것은 화합을 좋아하는 데 있고, 공경은 어버이를 섬기는 데에 있다.

廣大在好利, 恭敬在事親.

【好利】 의미가 제대로 통하지 않는다. 《說苑疏證》에는 "好利義不可通, 桃源藏說苑考云利當作和"라 하였다. '利'는 '和'와 같은 쓰임새로 보기도 한다. 王念孫의 《說文疏證》에는 "利者, 義之和也"라 하였다.

616(16-137) 因時易以爲仁
때에 순응하면

때에 잘 순응하면 인仁을 쉽게 행할 수 있고, 도를 잘 순응하면
사람을 쉽게 통달시킬 수 있다.

因時易以爲仁, 因道易以達人.

617(16-138) 營於利者多患
이익에 매달려

이익에 매달려 급급하면 환난을 만나기 쉽고, 가볍고 경솔하게
응낙을 하게 되면 믿음이 줄어들게 된다.

營於利者多患, 輕諾者寡信.

618(16-139) 欲賢者莫如下人
어질게 되고자 하면

어질게 되고자 하면 남의 아래에 처하는 것보다 쉬운 것이 없고, 재물을 탐하는 것은 몸을 온전히 하는 것만 못하다.

　재물은 의를 높이는 것만 못하고, 권세는 덕을 후하게 하는 것만 못하다.

　欲賢者莫如下人, 貪財者莫如全身.
　財不如義高, 勢不如德尊.

【賢】《說苑疏證》에 "貴原作賢, 從拾補改"라 하여 '貴'자로도 보고 있다.
【義高】'義가 높아지면 재물이 저절로 따르고, 덕을 후하게 베풀면 권세가 저절로 높아진다'는 뜻.

619(16-140) 父不能愛無益之子
아버지일지라도

아버지일지라도 무익한 자식을 사랑할 수 없고, 임금일지라도 따르지 않는 백성을 사랑할 수 없다.

마찬가지로 임금일지라도 공이 없는 신하에게 상을 내릴 수 없고, 신하일지라도 덕 없는 임금을 위해 헛되이 죽을 수는 없다.

父不能愛無益之子, 君不能愛不軌之民,
君不能賞無功之臣, 臣不能死無德之君.

참고 및 관련 자료

1.《淮南子》主術訓

是故君不能賞無功之臣, 臣亦不能死無德之君. 君德不下流於民, 而欲用之, 如鞭蹶
馬矣. 是猶不待雨, 而求熟稼, 必不可之數也.

620(16-141) 問善御者莫如馬
          마부가 말을 잘 모는지는

마부가 말을 잘 모는지는의 질문에는 말만큼 잘 아는 게
없고, 임금이 그 나라를 잘 다스리는지는 백성만큼 잘 아는 이가 없다.

問善御者莫如馬, 問善治者莫如民.

【問】 '묻다, 물어서 알아내다'의 뜻으로 새김.

621(16-142) 以卑爲尊
낮은 것을 높은 것으로 여기고

낮은 것을 높은 것으로 여기고, 굽히는 것으로써 펴는 것을 삼아야 한다.

성인이 이렇게 함으로 해서 하늘로부터 법도法道를 받는 것이다.

以卑爲尊, 以屈爲伸.

聖人所因, 上法於天.

군자는 덕을 실행함으로써

군자는 덕을 행함으로써 자기 몸을 온전히 하고, 소인은 탐욕을 행함으로써 자기 몸을 망친다.

君子行德, 以全其身;

小人行貪, 以亡其身.

623(16-144) 相勸以禮
서로 예로써 권면하고

서로 예로써 권면勸勉하고 서로 인으로써 강조하면, 그 몸에는 도를 얻고 남으로부터는 칭찬을 얻는다.

相勸以禮, 相强以仁,
得道於身, 得譽於人.

624(16-145) 知命者不怨天

명을 아는 자

명을 아는 자는 하늘을 원망하지 않고, 자기 자신을 아는 자는 남을 원망하지 않는다.

知命者不怨天, 知己者不怨人.

【참고 및 관련 자료】

1. 《論語》 憲問篇

子曰: 不怨天, 不尤人. 下學而上達, 知我者其天乎.

625(16-146) 人而不愛
사람으로서 사랑이 없으면

사람으로서 사랑이 없으면 인을 행할 수 없고, 사랑을 받으면서 공교工巧함이 없으면 믿음이 없게 된다.

人而不愛, 則不能仁;
佞而不巧, 則不能信.

참고 및 관련 자료

1. 문장이 순통하지 않다. 《說苑疏證》에 '句有舛誤'라 하였다.

626(16-147) 善言毋及身
　　　　　착한 말을 하되

착한 말을 하되 자신에게 보답이 오기를 바라지 말며, 악한
말을 하되 남에게 그것이 미치지 않게 하라.

善言毋及身, 言惡毋及人.

627(16-148) 上清而無欲

윗사람이 청빈하고

윗사람이 청빈하고 욕심 없이 하면, 아랫사람도 바르고 백성은 순박해진다.

上清而無欲, 則下正而民樸.

628(16-149) 來事可追也
다가올 일은

다가올 일은 가히 좇아갈 수 있지만, 지나간 일은 더 이상 어쩔 수 없다.

來事可追也, 往事不可及.

참고 및 관련 자료

1. 《論語》微子篇

楚狂接輿歌而過孔子曰:「鳳兮鳳兮! 何德之衰? 往者不可諫, 來者猶可追. 已而, 已而! 今之從政者殆而!」孔子下, 欲與之言. 趨而辟之, 不得與之言.

2. 《莊子》人間世篇

孔子適楚, 楚狂接輿遊其門曰:「鳳兮鳳兮, 何如德之衰也! 來世不可待, 往世不可追也. 天下有道, 聖人成焉; 天下無道, 聖人生焉. 方今之時, 僅免刑焉. 福輕乎羽, 莫之知載; 禍重乎地, 莫之知避. 已乎已乎, 臨人以德! 殆乎殆乎, 畫地而趨! 迷陽迷陽, 無傷吾行! 郤曲郤曲, 無傷吾足!」

629(16-150)　無思慮之心
　　　　　사려하는 마음이 없으면

사려하는 마음이 없으면 달성할 수 없고, 서로 말을 나누지 않으면 즐거움을 맛볼 수 없다.

　　無思慮之心, 則不達;
　　無談說之辭, 則不樂.

참고 및 관련 자료

1.《莊子》徐无鬼篇

知士无思慮之變則不樂, 辯士无談說之序則不樂, 察士无凌誶之事則不樂, 皆囿於物者也.

630(16-151)　善不可以僞來
선은 거짓으로 한다고 해서

선은 거짓으로 한다고 해서 다가오는 것이 아니며, 악은 사양한
다고 해서 떠나보낼 수 있는 것이 아니다.

善不可以僞來, 惡不可以辭去.

631(16-152) 近市無賈
너무 가까운 시장에서는

너무 가까운 시장에서는 물건을 사기 어렵고, 농토만 있는 곳에는 빈 들이 없으며, 선한 사람은 나그네를 거역하지 못한다.

近市無賈, 在田無野, 善不逆旅.

> 참고 및 관련 자료

1. 《大戴禮記》 曾子制言(上)

近市無賈, 在田無野, 行不據旅.

632(16-153) 非仁義剛武

인과 의가 아니면

인과 의, 그리고 굳센 무력이 없으면 천하를 평정할 수 없다.

非仁義剛武, 無以定天下.

633(16-154) 水倍源則川竭
물이 그 근원을 배반하면

물이 그 근원을 배반하면 냇물이 마르고, 사람이 믿음을 배반하면 이름을 현달시킬 수 없다.

水倍源則川竭, 人倍信則名不達.

634(16-155) 義勝患則吉
의로써 환난을 이기면

의義로써 환난을 이기면 길하고, 환난이 의를 이기면 멸망한다.

義勝患則吉, 患勝義則滅.

635(16-156)　五聖之謀
다섯 성현의 지모

　　다섯 성현의 지모智謀**로도** 때를 만남만 같지 못하고, 아무리
뛰어난 달변·지혜·총명·혜안이 있다 하더라도 세상을 잘 만남만 같지
못하다.

　　五聖之謀, 不如逢時;
　　辯智明慧, 不如遇世.

参고 및 관련 자료

1.《史記》佞幸列傳
諺曰:「力田不如逢年, 善仕不如遇合.」

636(16-157) 有鄙心者
비루한 마음을 가진 자

　비루한 마음을 가진 자에게는 형세의 편리한 기회가 주어
져서는 안 되고, 바탕이 우둔한 자에게는 날카로운 무기가 주어져서는
안 된다.

　有鄙心者, 不可授便勢;
　有愚質者, 不可予利器.

637(16-158) 多易多敗

쉽게 한 일 실패가 많고

쉽게 한 일 실패가 많고, 많이 한 말 실수가 많다.

多易多敗, 多言多失.

638(16-159) 冠履不同藏
갓과 신발

갓과 신발은 함께 갈무리하지 않고, 어진 이와 불초한 이는 같은 직위에 앉힐 수 없다.

冠履不同藏, 賢不肖不同位.

참고 및 관련 자료

1.《說苑》指武篇 464(15-13) 참조
2.《韓詩外傳》권9
鮑魚不與蘭茝同笥而藏, 桀紂不與堯舜同時而治.
3.《孔子家語》致思篇
薰猶不同器而藏, 堯舜不共國而治.

관직이 높은 자

관직이 높은 자는 근심도 깊고, 봉록이 많은 자는 책임도 크다.

官尊者憂深, 祿多者責大.

640(16-161)　積德無細
덕을 쌓음에는

덕을 쌓음에는 작다고 아니할 수 없으며, 원망을 쌓음에는 큰 것만이 보복이 있다고 여겨서는 안 된다.

크건 작건 반드시 응보가 있으니, 진실로 그것이 덕이냐 원망이냐의 형세에 따를 뿐이다.

積德無細, 積怨無大, 多少必報, 固其勢也.

641(16-162) 梟逢鳩
올빼미와 비둘기

올빼미[梟]**와 비둘기**[鳩]**가** 만났다.

비둘기가 물었다.

"그대는 장차 어디로 가려고 하는가?"

이에 올빼미가 이렇게 말하였다.

"나는 장차 동쪽으로 옮겨가려 한다."

비둘기가 다시 물었다.

"무슨 까닭인가?"

올빼미는 이렇게 말하였다.

"이 고을 사람들은 누구나 나의 울음소리를 싫어한다. 그래서 동쪽으로 옮겨가려는 것이다."

그러자 비둘기는 이렇게 말하였다.

"그대는 능히 그 울음소리를 바꿀 일이다. 그 울음소리를 바꾸지 않고는 동쪽으로 옮겨간 그대의 울음소리 또한 듣기 싫기는 마찬가지일 것이다."

梟逢鳩, 鳩曰:「子將安之?」

梟曰:「我將東徙.」

鳩曰:「何故?」

梟曰:「鄕人皆惡我鳴, 以故東徙.」

鳩曰:「子能更鳴, 可矣, 不能更鳴, 東徙猶惡子之聲.」

【梟】鵂鶹. 즉 올빼미. 그 울음소리가 매우 불쾌하게 들리는 것으로 여겼음.

참고 및 관련 자료

1. 曹植의 〈令禽惡鳥論〉은 이 고사를 이용하여 지은 문장이다.

642(16-163) 聖人之衣也
성인의 옷차림

성인의 옷 입음은 그 몸체에 맞추어 편안하게 할 뿐이며, 그의 음식은 배를 편안히 할 뿐이다.

적합한 옷과 적당한 식사는 입과 눈의 요구를 들어 주는 것이 아니다.

聖人之衣也, 便體以安身; 其食也, 安於腹. 適衣節食, 不聽口目.

643(16-164) 曾子曰鷹鷲以山爲卑
미끼의 무서움

증자曾子가 이렇게 말하였다.

"매[鷹]나 독수리[鷲]는 산도 낮다고 여겨 더 높은 나무 꼭대기에 둥지를 틀고, 큰 자라와 악어·물고기와 작은 자라 등은 깊은 못도 얕다고 여겨 그 밑바닥을 뚫고 굴을 만든다. 그러나 이런 것들을 끝내 잡아낼 수 있는 것은 바로 미끼이다. 따라서 군자가 이록利祿에 눈이 어둡지 않아야 그 몸을 망치지 않는다."

曾子曰:「鷹鷲以山爲卑, 而增巢其上; 黿鼉魚鱉以淵爲淺, 而穿穴其中. 卒其所以得者, 餌也. 君子苟不求利祿, 則不害其身.」

【曾子】曾參.
【利祿】구차스럽게 구하는 이익이나 관직을 말함.

참고 및 관련 자료

1. 《說苑》 敬愼篇 306(10-9) 참조

2. 《荀子》 法行篇

曾子疾, 曾元持足. 曾子曰:「元, 志之! 吾語汝. 夫魚鱉黿鼉猶以淵爲淺而堀其中,

鷹鳶猶以山爲卑而增巢其上, 及其得也, 必以餌. 故君子苟能無以利害義, 則恥辱亦
無由至矣.」

3.《**大戴禮記**》曾子疾病篇

鷹鶉以山爲卑而曾巢其上, 魚鼈黿鼉以淵爲淺而蹶穴其中, 卒其所以得之者, 餌也.
是故君子苟無以利害義, 則辱何由至哉?

644(16-165) 曾子曰狎甚則相簡也

친압함이 지나치면

증자曾子가 말하였다.

"친압親狎함이 지나치면 서로 간簡해지고, 엄숙함이 지나치면 친할 수가 없다. 그러므로 군자의 친압함은 서로 즐거움을 교환하는 것으로 족하고, 군자의 엄숙함은 예를 이루는 정도로 족해야 한다."

曾子曰:「狎甚則相簡也; 莊甚則不親. 是故君子之狎, 足以交懽, 莊足以成禮而已.」

【狎】서로 친하여 터놓고 즐김.
【簡】예절을 간략히 하여 허투루 대함.
【莊】장엄하고 엄숙하게 하는 것을 말한다.

> **참고 및 관련 자료**

1. 《孔子家語》 好生篇

曾子曰:「狎甚則相簡, 莊甚則不親. 是故君子之狎足以交歡, 其莊足以成禮.」孔子 聞斯言也. 曰:「二三子志之, 孰謂參也不知禮乎?」

645(16-166) 曾子曰入是國也
어느 한 나라에 들어갔을 때

증자曾子가 말하였다.

"어느 한 나라에 들어갔을 때, 그곳 여러 신하들로부터 말의 믿음을 얻으면 머물러도 된다. 또 군신들로부터 충성된 행동을 인정받으면 벼슬하는 것도 가하며, 백성에게 은택을 내리면 편안히 여겨도 좋다."

曾子曰:「入是國也, 言信乎群臣, 則留可也; 忠行乎羣臣, 則仕可也; 澤施乎百姓, 則安可也.」

참고 및 관련 자료

1.《孔子家語》致思篇

曾子曰:「入是國也, 言信於群臣, 則留可也; 行忠於卿大夫, 則仕可也; 澤施於百姓, 則富可也.」孔子曰:「參之言此, 可謂善安身矣.」

646(16-167) 口者關也
입은 관문

입은 관문關門이며, 혀는 기계이다. 부당한 말을 내뱉고 나면 네 필 말이 끄는 속도로도 뒤쫓을 수 없다.

입은 관문이며, 혀는 무기이다. 부당한 말을 내뱉고 나면 도리어 자기 자신을 해친다. 말이 이미 자기 입에서 나간 후면 다른 사람에게서 그치게 할 수 없고, 가까운 입에서 나왔지만 그 먼 곳에서도 그치게 할 수 없다.

무릇 언어와 행동은 군자의 추기樞機이다. 추기를 어떻게 발휘하느냐 하는 것이 영욕榮辱의 근본이다. 그러니 어찌 조심하지 않을 수 있으랴!

그 때문에 괴자우蒯子羽는 이렇게 말하였다.

"말은 활쏘기와 같다. 화살이 시위弦를 떠난 후이면 비록 잘못 쏘았다고 후회해도 따라잡을 수가 없다."

《시詩》에 말하였다.

"백규白珪의 흠은 갈아서 없앨 수 있지만, 이 말의 실수는 어쩔 수 없네."

口者關也, 舌者機也, 出言不當, 四馬不能追也.

口者關也, 舌者兵也, 出言不當, 反自傷也.

言出於己, 不可止於人, 行發於邇, 不可止於遠.

夫言行者, 君子之樞機. 樞機之發, 榮辱之本也, 可不愼乎!

故蒯子羽曰:「言猶射也, 栝旣離弦, 雖有所悔焉, 不可從而追已.」

詩曰:『白珪之玷, 尚可磨也, 斯言之玷, 不可爲也.』

【樞機】중추가 되는 기틀. 쇠뇌의 발사장치.

【蒯子羽】人名. 구체적으로는 알 수 없다.

【詩曰】《詩經》大雅 抑의 구절. '白珪'는 '白圭'로도 씀.

참고 및 관련 자료

1.《周易》繫辭(上)

言行君子之樞機. 樞機之發, 榮辱之主也. 言行, 君子之所以動天地也, 可不愼乎?

2.《文子》微明篇

言者禍也, 舌者機也, 出言不當, 駟馬不追.

3.《淮南子》人間訓

夫言出於口者, 不可止於人; 行發於邇者, 不可禁於遠. 事者, 難成而易敗也; 名者, 難立而易廢也.

4.《論語》先進篇

南容三復白圭, 孔子以其兄之子妻之.

5.《大戴禮記》衛將軍文子篇

獨居思仁, 公言言義, 其聞詩也. 一日三復白圭之玷; 是南宮縚之行也. 夫子信其仁, 以爲異姓.

647(16-168) 蠋欲類蠶
나비 애벌레

나비 애벌레[蠋]**는** 누에처럼 생겼고, 두렁허리[鱓]는 뱀처럼 생겼다. 누구든 뱀이나 나비 애벌레를 보면 섬뜩하게 여기지 않는 이가 없다. 그러나 여자들은 누에를 치고, 어부들은 두렁허리를 잡으면서도 싫어하지 않는 것은 무엇 때문인가? 바로 돈을 벌기 때문이다.

또 물고기 잡는 자는 물에 젖고, 사냥하는 자는 열심히 뛰어야 한다. 이는 즐거워서 하는 일이 아니라 일의 방법이 그렇기 때문이다.

蠋類蠶, 鱓欲類蛇. 人見蛇蠋, 莫不身灑.
然女工脩蠶, 漁者持鱓, 不惡何也? 欲得錢也.
逐魚者濡, 逐獸者趨, 非樂之也, 事之權也.

【蠋】 나비의 유충으로서 모양이 누에 비슷함.
【鱓】 鱔으로도 쓰며, 두렁허리과에 딸린 민물고기의 일종.
【蠋欲類蠶, 鱓欲類蛇】《說苑疏證》에 "兩類字上原衍欲字, 從劉氏斠補刪"이라 하였다.
【身濡】 몸에 물을 뿌리듯이 悚然함을 느끼는 것을 말한다.
【事之權也】 일의 형세. 權衡이 그렇다는 뜻.

1.《韓非子》說林(下)

鱣似蛇, 蠶似蠋. 人見蛇則驚駭, 見蠋則毛起. 漁者持鱣, 婦人拾蠶, 利之所在, 皆爲賁諸.

2.《韓非子》內儲說上

鱣似蛇, 蠶似蠋. 人見蛇則驚駭, 見蠋則毛起. 然而婦人拾蠶, 漁者握鱣, 利之所在, 則忘其所惡, 皆爲孟賁.

3.《呂氏春秋》精諭篇

求魚者濡, 爭獸者趨, 非樂之也.

4.《列子》說符篇·《文子》微明篇·《淮南子》道應訓

爭魚者濡, 逐獸者趨, 非樂之也.

648(16-169) 登高使人欲望

높은 곳에 오르면

높은 곳에 오르면 사람들은 멀리 바라보고 싶어하고, 깊은 연못에 임하면 그 물 속을 들여다보고 싶어한다.

왜 그런가? 이는 그가 처한 곳이 그렇기 때문이다.

또 말을 모는 자는 공손하게 하고, 활을 쏘는 자는 단정하게 한다.

어째서 그런가? 이는 그런 모양이 마땅하기 때문이다.

登高使人欲望, 臨淵使人欲窺, 何也? 處地然也.

御者使人恭, 射者使人端, 何也? 其形便也.

참고 및 관련 자료

1.《淮南子》說山訓

登高使人欲望, 臨深使人欲闚, 處地然也. 射者使人端, 釣者使人恭, 事使然也.

649(16-170) 民有五死
원인 다섯 가지

　사람이 죽는 원인은 다섯 가지가 있는데, 그 중 세 가지는 성인이 제거해 줄 수 있지만 두 가지는 성인도 어쩌지 못한다.

　즉 기갈飢渴로 죽는 것, 동한凍寒으로 죽는 것, 다섯 종류의 병기五兵에 걸려서 죽는 것은 모두 제거할 수 있다. 그러나 수명이 다하여 죽는 것, 옹저癰疽 같은 불치병으로 죽는 것은 어찌할 수 없다.

　기갈로 죽는 것은 먹지 못해 배가 차지 않았기 때문이요, 동한으로 죽는 것은 밖이 가운데를 이기기 때문이며, 다섯 가지 병기에 걸려드는 것은 덕이 충실하지 못하기 때문이다. 그러나 수명이 다하여 죽는 것은 세수歲數가 끝났기 때문이고, 옹저 같은 불치병에 걸리는 것은 혈기血氣가 다하여 생기는 것이다.

　그러므로 밖으로 음사가 나타나는 경우는 주로 원망과 남을 탓하는 데에서 비롯되어, 이처럼 원망과 탓이 많은 사람은 질병이 발생하게 된다.

　따라서 청정무위淸淨無爲하여야 혈기가 평온을 얻게 된다.

　民有五死, 聖人能去其三. 不能除其二.

　飢渴死者, 可去也; 凍寒死者, 可去也; 罹五兵死者, 可去也. 壽命死者, 不可去也; 癰疽死者, 不可去也. 飢渴死者, 中不充也;

凍寒死者, 外勝中也; 罹五兵死者, 德不忠也. 壽命死者, 歲數
終也; 癰疽死者, 血氣窮也. 故曰, 中不正, 外淫作. 外淫作者,
多怨怪, 多怨怪者, 疾病生, 故淸淨無爲, 血氣乃平.

【五兵】 다섯 가지 병기·흉기·무기. 그러나 여기서는 전쟁을 만나 수를 누리지
　못하고 죽음을 말한다. 《孔子家語》에는 세 가지를 들고 있다.
【癰疽】 瘡病의 일종. 암과 같은 불치병.
【外集中】 밖의 寒氣가 안의 熱氣를 이김을 뜻한다.
【淸淨無爲】 맑고 깨끗이 하여 作爲를 없앰. 道家의 사상.
【淫】 衍文. 〈四部備要本〉에는 실려 있지 않다.

참고 및 관련 자료

1. 《孔子家語》 五儀解篇

哀公問於孔子曰:「智者壽乎? 仁者壽乎?」孔子對曰:「然! 人有三死, 而非其命也,
行己自取也. 夫寢處不時, 飮食不節, 逸勞過度者, 疾共殺之; 居下位而上干其君,
嗜欲無厭而求不止者, 刑共殺之; 以少犯衆, 以弱侮强, 忿怒不類, 動不量力者, 兵共
殺之. 此三者, 死非命也, 人自取之. 若夫智士仁人, 將身有節, 動靜以義, 喜怒以時,
無害其性, 雖得壽焉, 不亦可乎?」

650(16-171) 百行之本
백 가지 행동의 근본

백 가지 행동의 근본은 한 마디 말로부터 시작한다. 말이 맞으면 적도 물리칠 수 있고, 말이 맞으면 나라도 지켜낼 수가 있다.

메아리는 소리 없이 스스로 날 수 없고, 그림자는 굽은 본체를 곧게 할 수 없다.

만물은 반드시 그 닮은 것을 따르는 법이니, 이 때문에 군자는 자기 입에서 나오는 말을 조심하는 것이다.

百行之本, 一言也. 一言而適, 可以却敵; 一言而得, 可以保國. 響不能獨爲聲, 影不能倍曲爲直, 物必以其類及.

故君子愼言出己.

651(16-172) 負石赴淵

돌을 짊어지고 못에 뛰어드는 것은

돌을 짊어지고 깊은 못에 뛰어드는 것은 행동 중에
어려운 것이다. 그러나 신도적申屠狄이라는 자가 이를 실행하였지만
군자는 이를 훌륭하다고 여기지 않았다.

도척盜跖은 흉악하고 탐욕스러워 그 이름이 해와 달같이 모르는 사람
이 없다. 그 이름 또한 순舜·우禹와 같이 세상에 전하면서 사라지지
않는다. 그렇다고 군자가 그 이름을 귀히 여기지는 않는다.

負石赴淵, 行之難者也, 然申屠狄爲之, 君子不貴之也;
盜跖凶貪, 名如日月, 與舜禹並傳而不息, 而君子不貴.

【申屠狄】《荀子》에는 申徒狄으로 되어 있다. 人名. 무모한 용기가 있었던
인물.
【盜跖】古代의 강도.《莊子》盜跖篇 참조.

(참고 및 관련 자료)

1.《荀子》不苟篇

故懷負石而赴河, 是行之難爲者也, 而申徒狄之; 然而君子不貴者, 非禮義之中也.

2.《荀子》不苟篇

盜跖吟口, 名聲若日月, 與舜‧禹俱傳而不息, 然而君子不貴者, 非禮義之中也.

3.《韓詩外傳》卷3

夫負石而赴河, 此行之難爲者也, 而申徒狄能之. 君子不貴者, 非禮義之中也.

4.《韓詩外傳》卷3

盜跖吟口, 名聲若日月, 與舜‧禹俱傳而不息. 君子不貴者, 非禮義之中也.

652(16-173) 君子有五恥
군자의 다섯 가지 치욕

군자에게는 다섯 가지 수치가 있다.

아침에 조회에 나가 앉지도 않고 평상시에는 나라를 위한 의견도 내놓지 못하는 것, 자리만 차지하고 있으면서 그에 걸맞은 시정 방침을 내놓지 못하는 것, 말만 있고 실행은 없는 것, 이미 얻어 놓은 것을 다시 잃는 것. 땅에 여유가 있음에도 백성에게는 부족하게 하는 것, 이것이 군자가 수치스럽게 여기는 것이다.

君子有五恥: 朝不坐, 燕不議, 君子恥之; 居其位, 無其言, 君子恥之; 有其言, 無其行, 君子恥之; 旣得之, 又失之, 君子恥之; 地有餘而民不足, 君子恥之.

참고 및 관련 자료

1.《孔子家語》好生篇

孔子曰: 君子有三患; 未之聞, 患不得聞; 旣得聞之, 患弗得學; 旣得學之, 患不能行. 有其德而無其言, 君子恥之; 有其言而無其行, 君子恥之; 旣得之而又失之, 君子恥之; 地有餘而民不足; 君子恥之; 衆寡均而功倍己焉, 君子恥之.

2.《禮記》雜記篇(下)

君子有三患: 未之聞, 患弗得聞也; 旣聞之, 患弗得學也; 旣學之, 患弗能行也. 君子有五恥, 居其位, 無其言, 君子恥之; 有其言, 無其行, 君子恥之; 旣得之而又失之, 君子恥之; 地有餘而民不足, 君子恥之; 衆寡均而倍焉, 君子恥之.

653(16-174) 君子雖窮
군자가 비록 궁하다 해도

군자는 비록 궁하여도 망국지세亡國之勢에 처하지 않으며, 비록 가난하여도 난군지록亂君之祿은 받지 않는다. 난세에 높임을 받고 폭군에 동조하는 것을 군자는 수치로 여기기 때문이다.

보통 사람은 자신의 형세가 무너지는 것을 수치로 여기고, 군자는 의가 허물어지는 것을 욕辱으로 여긴다. 보통 사람은 이利를 중히 여기고, 청렴한 선비는 명예를 중히 여긴다.

君子雖窮, 不處亡國之勢, 雖貧, 不受亂君之祿. 尊乎亂世, 同乎暴君, 君子之恥也. 衆人以毀形爲恥, 君子以毀義爲辱, 衆人重利, 廉士重名.

참고 및 관련 자료

1. 본《說苑》雜言篇 689(17-1)를 참고할 것.

명철한 임금의 제도

명철한 임금의 제도는 상은 중히 여기고, 벌은 가볍게 시행한다. 또 음식을 배급할 때는 그 양을 장년壯年에 맞추고, 사람을 섬길 때는 노인을 표준으로 한다.

明君之制, 賞從重, 罰從輕. 食人以壯爲量, 事人以老爲程.

655(16-176) 君子之言
군자의 말

군자는 말은 적으나 실속이 있고, 소인은 말은 많으나 속이 비어 있다.

君子之言, 寡而實; 小人之言, 多而虛.

656(16-177) 君子之學也
군자의 학문

군자의 학문은 귀로 들어와서 마음에 저장하고 몸으로써 이를 실천한다.

君子之學也, 入於耳, 藏於心, 行之以身.

1.《荀子》勸學篇

君子之學也, 入乎耳, 箸乎心, 布乎四體, 形乎動靜.

657(16-178) 君子之治也
군자의 다스림

군자의 다스림은 처음에는 부족하게 보이는 것으로부터 시작하여, 끝에는 더 이상 따를 수 없는 데에서 그친다.

君子之治也, 始於不足見, 終於不可及也.

658(16-179) 君子慮福不及
군자의 복에 대한 걱정

군자는 복은 고루 미치지 못하면 어쩌나 걱정하고, 화는 1백 가지 중 하나라도 미치면 어쩌나 하고 염려한다.

君子慮福不及, 慮禍百之.

659(16-180) 君子擇人而取
　　　　군자의 사람 택함

군자는 사람을 택하여 취하되, 사람을 택하여 일을 주지는 않는다.

君子擇人而取, 不擇人而與.

660(16-181) 君子實如虛
군자는 충실할수록

군자는 충실할수록 빈 듯이 하고, 가졌으면서 없는 듯이 한다.

君子實如虛, 有如無.

참고 및 관련 자료

1.《史記》老子傳

吾聞之: 良賈深藏若虛, 君子盛德, 容貌若愚.

661(16-182) 君子有其備

군자의 대비

군자에게 대비함이 있으면 모든 것이 무사하게 된다.

君子有其備則無事.

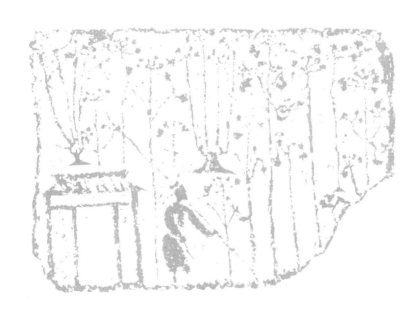

662(16-183) 君子不以愧食
군자의 음식

군자는 그 먹는 것을 부끄럽게 여기지 않으나, 욕된 것으로써 먹을
것을 얻지는 않는다.

君子不以愧食, 不以辱得.

663(16-184) 君子樂得其志
군자가 뜻을 얻으니

군자는 그 뜻을 얻는 것을 즐거워하고, 소인은 그 일을 얻는 것을
즐거워한다.

君子樂得其志, 小人樂得其事.

참고 및 관련 자료

1. 《禮記》樂記

樂者樂也. 君子樂得其道, 小人樂得其欲. 以道制欲, 則樂而不亂; 以欲忘道, 則惑而
不樂. 是故, 君子反情以和其志, 廣樂以成其教, 樂行, 而民鄕方, 可以觀德矣. 德者
性之端也. 樂者, 德之華也. 金石絲竹, 樂之器也. 詩言其志也, 歌詠其聲也, 舞動其
容也. 三者本於心, 然後樂氣從之. 是故情深而文明, 氣盛而化神. 和順積中而英華
發外, 唯樂不可以爲僞.

664(16-185) 子不以其所不愛
군자가 사랑하는 바

군자는 자신이 사랑하지 않는 바로써 사랑하는 바에 영향이 미치게
하지 않는다.

君子不以其所不愛, 及其所愛也.

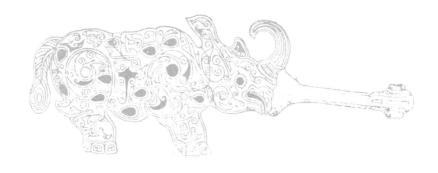

665(16-186) 君子有終身之憂
군자의 근심거리

군자는 종신토록 해야 할 근심거리는 있으나, 하루아침에 겪어야 할 환난은 없다. 도를 따라 실천하고 이치에 따라 말을 하여, 기쁠 때에 가벼이 굴지 않고, 화났을 때 남을 책난하지 않기 때문이다.

君子有終身之憂, 而無一朝之患, 順道而行, 循理而言, 喜不加易, 怒不加難.

참고 및 관련 자료

1.《禮記》檀弓(下)

故君子有終身之憂, 而無一朝之患.

2.《孟子》離婁(下)

是故君子有終身之憂, 無一朝之患也.

3.《韓詩外傳》卷7

正直者, 順道而行, 順理而言, 公平無私, 不爲安肆志, 不爲危易行. 昔者, 衛獻公出走, 反國, 及郊, 將班邑於從者而後入. 太史柳莊曰:「如皆守社稷, 則孰負羈縶而從? 如皆從, 則孰守社稷? 君反國而有私也, 無乃不可乎?」於是不班也. 柳莊正矣.

666(16-187) 君子之過
군자의 허물

군자의 과실은 일식日蝕·월식月蝕과 같이 사소하다. 그 밝음에 무슨 큰 손실이 있겠는가? 소인이 비록 훌륭한 일을 하고자 하나, 이는 개가 도둑을 보고 짖는 것이나 살쾡이가 밤에도 눈이 잘 보이는 것과 같다. 그것이 무어 그리 선에 도움이 되겠는가?

　君子之過, 猶日月之蝕也, 何害於明?
　小人之可也, 猶狗之吠盜, 狸之夜見, 何益於善?

참고 및 관련 자료

1.《淮南子》泰族訓

故君子之過也, 猶日月之蝕, 何害於明? 小人之可也, 猶狗之晝吠, 鴟之夜見, 何益於善?

667(16-188) 夫智者不妄爲
          지혜로운 자는

무릇 지혜로운 자는 망령되이 행동하지 않으며, 참 용기를
가진 자는 마구 사람을 죽이지 않는다.

夫智者, 不妄爲,
    勇者, 不妄殺.

1.《文子》上義篇

故智者不妄爲, 勇者不妄殺.

668(16-189)　君子比義
군자와 비유

　　군자는 모든 일을 의에 비유하여 기준을 삼고, 농부는 모든 것을
곡식에 비유하여 기준삼는다.

　　君子比義, 農夫比穀.

임금을 섬기면서 자신의 진언進言이 받아들여지지 않으면 그 작위를 사양하고, 그 의를 실천할 수 없으면 녹祿을 내놓아야 한다.

事君不得進其言, 則辭其爵;
   不得行其義, 則辭其祿.

670(16-191) 人皆知取之爲取也
가질 것은 가져야 한다

사람들은 모두 가질 것은 가져야 한다는 것은 알면서, 주는 것이
곧 취하는 것이라는 것은 알지 못한다.

人皆知取之爲取也, 不知與之爲取之.

참고 및 관련 자료

1.《老子》36장
將欲歙之, 必固張之, 將欲弱之, 必固强之, 將欲廢之, 必固擧之, 將欲奪之, 必固與之.
2.《史記》管仲列傳
故曰: 知與之爲取, 政之寶也.

671(16-192)　政有招寇
정벌은 적을 부르고

정벌은 적을 부르고, 행동은 수치를 자초할 때가 있다.
천하에 하지 않았는 데 스스로 찾아오는 일이란 아무것도 없다.

政有招寇, 行有招恥, 弗爲而自至, 天下未有.

【政】征과 같음. 정벌. 공격. 남에게 싸움을 거는 것.

672(16-193) 猛獸狐疑
맹수와 여우의 의심

사나운 짐승이나 여우가 의심을 품고 머뭇거리는 것은, 작은 벌이나 전갈이 독침을 쓰는 행동을 실천하는 것만 못하고, 높은 의론을 가졌으면서도 실행에 옮겨지지 않는 것은, 낮은 의견이지만 공을 세우는 것만 못하다.

猛獸狐疑, 不若蜂蠆之致毒也;
高議而不可及, 不若卑論之有功也.

참고 및 관련 자료

1.《史記》淮陰侯列傳

猛獸狐疑, 不若蜂蠆之致毒也; 高議而不可及, 不若卑論之有功也.

673(16-194) 秦信同姓以王
진나라가 망한 이유

진秦나라는 같은 성씨를 믿고 분봉分封하여 왕을 삼았다가, 쇠퇴하였을 때는 그 같은 성씨를 바꾸지 않았기 때문에 몸도 죽고 나라도 망쳤다.

그러므로 왕 된 자가 천하를 다스림은, 법을 어떻게 운용하느냐에 달려 있지, 같은 성씨라고 믿는 데에 달려 있는 것이 아니다.

秦信同姓以王, 至其衰也, 非易同姓也, 而身死國亡.
故王者之治天下, 在於行法, 不在於信同姓.

【秦】秦始皇이 천하를 통일하고 姓氏가 같은 이들을 위주로 다스렸다는 뜻.
진나라 성씨는 嬴氏. 그러나 이는 역사적인 사실로는 정확하지 않다.

674(16-195) 高山之巓無美木
높은 산꼭대기에

높은 산꼭대기에 큰 나무가 없는 것은, 많은 양기에 손상을 입기 때문이며, 큰 나무 아래에 좋은 풀이 자라지 못하는 것은, 많은 음기에 손상을 입기 때문이다.

高山之巓無美木, 傷於多陽也;

大樹之下無美草, 傷於多陰也.

참고 및 관련 자료

1.《鹽鐵論》輕重篇

御史曰:「水有猵獺而池魚勞, 國有强御而齊民消. 故茂林之下無豐草, 大塊之間無美苗. 夫理國之道, 除穢鋤豪, 然后百姓均平, 各安其宇. 張廷尉論定律令, 明法以繩天下, 誅奸猾, 絶幷兼之徒. 而强不凌弱, 衆不暴寡. 大夫君運籌策, 建國用, 籠天下鹽, 鐵諸利, 以排富商大賈, 買官贖罪, 損有余, 補不足, 以齊黎民. 是以兵革東西征伐, 賦斂不增而用足. 夫損益之事, 賢者所睹, 非衆人之所知也..」

675(16-196) 鍾子期死
종자기와 백아

종자기鍾子期가 죽자, 백아伯牙가 줄을 끊고 거문고를 부수었으니, 이는 세상에 거문고를 연주해도 들려 줄 상대가 없음을 알았기 때문이다.

또 혜시惠施가 죽자, 장자莊子는 깊은 명상에 잠겨 아무 말도 아니하였으니, 이는 세상에 더불어 말할 만한 상대가 없다고 여겼기 때문이다.

鍾子期死, 而伯牙絶絃破琴, 知世莫可爲鼓也;
惠施卒, 而莊子深暝不言, 見世莫可與語也.

【鍾子期】伯牙의 친구로 音에 대해서 잘 알았다.
【伯牙】거문고의 명수. 伯牙絶絃(伯牙絶弦)의 고사를 참조할 것.
【惠施】전국시대 名家의 인물로 莊子와 친하였으며, 魏 惠王의 相을 지내기도 하였다. 《莊子》天下篇에 그의 학술 이론이 실려 있다.
【莊子】莊周. 道家의 대표적인 인물. 《史記》老莊申韓列傳 참조.

1.《說苑》尊賢篇(8-8) 참조.

2.《淮南子》脩務訓

是故鍾子期死而伯牙絶絃破琴, 知世莫賞也; 惠施死而莊子寢說者, 見世莫可爲語者也.

3. 그 외에《韓詩外傳》·《列子》·《呂氏春秋》등 '伯牙絶絃'의 고사를 참조할 것.

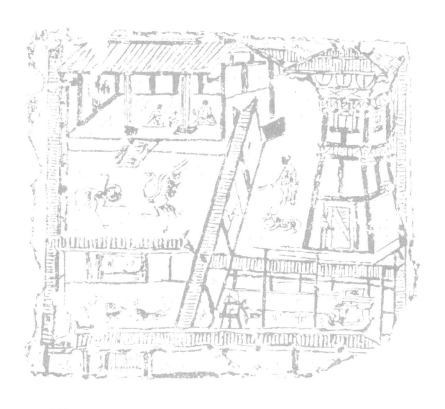

676(16-197) 修身者
수신이란

수신修身**이란** 지혜의 창고이며, 애시愛施란 인仁의 실마리이다. 취하고 주는 것은 의義의 부절符節이며, 치욕이란 용감한가의 여부를 결정하는 단서이고, 이름을 세운다고 하는 것은 행동의 최고점이다.

　修身者, 智之府也;
　愛施者, 仁之端也;
　取予者, 義之符也;
　恥辱者, 勇之決也;
　立名者, 行之極也.

참고 및 관련 자료

1.《文選》司馬遷〈報任少卿書〉

修身者, 智之府也; 愛施者, 仁之端也; 取予者, 義之符也; 恥辱者, 勇之決也; 立名者, 行之極也.

2.《漢書》司馬遷傳

僕聞之: 修身者智之府也, 愛施者仁之端也, 取予者義之符也, 恥辱者勇之決也, 立名者行之極也. 士有此五者, 然後可以託於世, 列於君子之林矣. 故禍莫憯於欲利, 悲莫痛於傷心, 行莫醜於辱先, 而詬莫大於宮刑. 刑餘之人, 無所比數, 非一世也, 所從來遠矣.

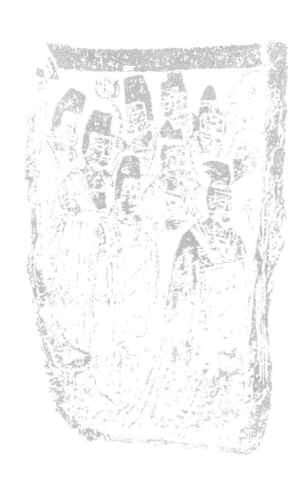

677(16-198) 進賢受上賞
어진 이를 추천하면

어진 이를 추천하면 최고의 상을 받아야 하고, 어진 이를 가로막으면 가장 큰 벌을 받아야 하는 것이 예로부터 내려오는 통의通義이다.
조정에서 작위를 내리는 일을 하고, 시정에서는 기시棄市된 자를 두고 의론하는 것이 예로부터 내려오는 통법通法이다.

進賢受上賞. 蔽賢蒙顯戮, 古之通義也;
爵人於朝, 論人於市, 古之通法也.

참고 및 관련 자료

1.《禮記》王制篇
爵人於朝, 與士共之; 刑人於市, 與衆棄之.

2.《漢書》武帝紀
且進賢受上賞, 蔽賢蒙顯戮, 古之道也. 其與中二千石·禮官·博士議不擧者罪.

678(16-199) 道微而明
도란 희미한 듯하나

　도란 희미한 듯하나 밝은 것이고, 담담한 듯하나 공이 있는 것이다. 도가 아닌 데도 얻고, 때가 아닌 데도 일을 일으키는 것을 '망성妄成'이라 한다. 얻으면 잃게 마련이고, 안정되면 다시 기울게 마련이다.

　道微而明, 淡而有功, 非道而得, 非時而生, 是謂妄成; 得而失之, 定而復傾.

679(16-200) 福者禍之門也
복은 화의 문

복이란 화의 문이며, 옳다는 것은 그르다는 것의 인도자引導者이고, 치治란 난亂의 선도자先導者이다. 일의 처음과 나중이 잘 정제整齊되어 있지 못한 데도 환난이 미치지 않는 경우란 이제껏 듣지 못하였다.

福者, 禍之門也; 是者, 非之尊也;

治者, 亂之先也. 事無終始而患不及者, 未之聞也.

【尊】 '導'의 오기. 《說苑疏證》에 "桃源藏說苑考云尊當作導"라 하였다.

참고 및 관련 자료

1. 《大學》

物有本末, 事有終始, 知所先後, 則近道矣.

680(16-201) 枝無忘其根

가지는 그 뿌리를 잊을 수 없고

가지는 그 뿌리를 잊을 수 없고, 덕을 입었을 때는 그 보답을 잊어서는 안 되며, 이로움을 보면 반드시 자신을 해칠 것이 아닌가를 염려해야 한다.

그러므로 군자는 이 세 가지를 정신에 머물게 하고 마음에 깃들게 해야, 그 길상吉祥이 후손에게까지 미치게 된다.

枝無忘其根, 德無忘其報, 見利必念害身.
故君子留精神寄心於三者, 吉祥及子孫矣.

681(16-202) 兩高不可重
두 가지의 높은 것

높은 것 두 가지는 함께 중시될 수 없고, 두 가지 다 큰 것은 한 곳에 용납될 수 없다. 또 두 가지 세력은 한 자리에 있을 수 없다. 두 가지 귀한 것은 한 쌍으로 존재할 수 없다.

무릇 같은 쌍이 함께 받아들여지면 반드시 그 공을 다투게 되어 있다.

따라서 군자는 기욕嗜欲을 절제하여 각각 그 족함을 지켜내기 때문에 능히 장구長久할 수 있는 것이다.

무릇 욕심을 절제하고 간언諫言을 받아들이며, 어진 이를 공경하여 경만輕慢하게 굴지 말 것이며, 어진 이로 하여금 마음껏 능력을 발휘하게 하되 어진 이를 천하게 대하지 말아야 한다. 임금 된 자가 이 세 가지를 능히 실천하면 그 나라는 반드시 강대해지고 그 백성들도 흩어지지 않을 것이다.

兩高不可重, 兩大不可容, 兩勢不可同, 兩貴不可雙. 夫重容同雙, 必爭其功. 故君子節嗜欲, 各守其足, 乃能長久.

夫節欲而聽諫, 敬賢而勿慢, 使能而勿賤, 爲人君能行此三者, 其國必强大, 而民不去散矣.

682(16-203) 默無過言
침묵하는 자

침묵하는 자는 말에 실수가 없고, 간곡히 생각하는 자는 일을 그르치지 않는다.

목마木馬는 뛸 수 없지만 먹을 것을 소비하지 않는다. 그러나 기기騏驥 같은 천리마가 하루에 1천 리를 달리면서 그 등에 채찍이 떠나지 않는다.

黙無過言, 愨無過事. 木馬不能行, 亦不費食;
騏驥日馳千里, 鞭箠不去其背.

683(16-204) 寸而度之
한 촌 단위로 재면

한 촌寸 **단위로** 재면, 한 장丈의 길이쯤에 이르러 차이가 있게 마련이며, 미세한 저울로 달아보면, 한 섬쯤 되면 반드시 착오가 있게 마련이다.

이를 한 섬 단위나 한 장 단위로 계산하면, 빠르고도 과실이 적을 것이다. 실을 한 올씩 세거나 쌀을 낱알로 세면, 번거롭기도 하고 정확하지도 않을 것이다. 따라서 크게 비교하면 쉽게 지혜를 얻을 수 있으나, 작은 문제를 말로만 곡변曲辯하면 지혜를 얻기 어렵다.

寸而度之, 至丈必差; 銖而稱之, 至石必過.

石稱丈量, 徑而寡失, 簡絲數米, 煩而不察.

故大較易爲智, 曲辯難爲慧.

참고 및 관련 자료

1. 《說苑》正諫篇(9-23) 참조

2. 《淮南子》泰族訓

寸而度之, 至丈必差; 銖而稱之, 至石必過. 石秤丈量, 徑而寡失; 簡絲數米, 煩而不察. 故大較易爲智, 曲辯難爲慧.

3.《文子》上仁篇

寸而度之, 至丈必差; 銖而稱之, 至石必過, 石稱丈量, 徑而寡失, 大較易爲智, 曲辯
難爲慧.

684(16-205) 吞舟之魚
배를 삼킬 정도의 큰 물고기

배를 삼킬 정도의 큰 물고기라도 제멋대로 하다가 물을 잃으면, 땅강아지와 개미에게조차도 제어를 당한다. 이는 그 자리를 떠났기 때문이다.

마찬가지로 원숭이도 나무를 잃으면, 여우나 담비 같은 작은 짐승에게도 잡히고 만다. 이는 그 장소가 잘못되었기 때문이다.

따라서 하늘을 오르는 뱀은 안개를 타야 오를 수 있고, 하늘에 오르는 용은 구름을 타야 오를 수 있으며, 원숭이는 나무를 타야 재주를 부릴 수 있고, 물고기는 물을 만나야 힘차게 헤엄친다.

이는 모두 자신의 자리를 얻었기 때문이다.

吞舟之魚, 蕩而失水, 制於螻蟻者, 離其居也; 猿猴失木, 禽於狐貉者, 非其處也. 騰蛇遊霧而升, 騰龍乘雲而擧, 猿得木而挺, 魚得水而鶩, 處地宜也.

참고 및 관련 자료

1. 《淮南子》 主術訓

吞舟之魚, 蕩而失水, 則制於螻蟻, 離其居也; 猨狄失木而禽於狐狸, 非其處也.

2. 《**淮南子**》主術訓

夫騰蛇游霧而動, 應龍乘雲而擧, 猨得木而捷, 魚得水而騖.

3. 《**韓詩外傳**》卷8

夫呑舟之魚大矣, 蕩而失水則爲螻蟻所制, 失其輔也.

685(16-206) 君子博學
군자는 널리 배우고 나서

군자는 널리 배우고 나서는 이를 익히지 못할까 걱정하며, 익히고 나서는 이를 실행에 옮기지 못할까 염려하며, 이를 실행한 후에는 남에게 양보하지 못할까 걱정한다.

君子博學, 患其不習;
旣習之, 患其不能行之;
旣能行之, 患其不能以讓也.

참고 및 관련 자료

1. 《禮記》 雜記(下)
君子有三患; 未之聞, 患弗得聞也; 旣聞之, 患弗得學也; 旣學之, 患弗能行也.

2. 《孔子家語》 好生篇
孔子曰: 君子有三患; 未之聞, 患不得聞; 旣得聞之, 患弗得學; 旣得學之, 患弗能行.

3. 본 《說苑》 652(16-173) 본문 및 참고란을 참조할 것.

686(16-207) 君子不羞學
배우는 것을 부끄러워하지 말라

군자는 배우는 것을 부끄러워하지 않으며, 묻는 것도 부끄러워하지
않는다. 남에게 묻는 것은 지식의 근본이며, 생각하고 헤아리는 것은
앎의 도道이다.

이 말은 남이 아는 것을 통해서 자기의 앎도 더하여지는 것을 귀하게
여긴다는 뜻이며, 자기 홀로 아는 것을 이용해서 지식을 얻는 것은
그렇게 귀하지 않다는 뜻이다.

君子不羞學, 不羞問. 問訊者, 知之本; 念慮者, 知之道也.
此言貴因人知而知之, 不貴獨自用其知而知之.

【因人知而知之】원문은 '因人知而加知之'이다.《說苑疏證》에 "知之上原有加字,
從桃源藏說苑考刪"이라 하였다.

687(16-208) 天地之道
천지의 도

천지天地의 도란 극에 달하면 돌아서게 되어 있고, 가득 차면 덜게 되어 있다.

오채五彩는 눈을 현란하게 하나 그 빛이 사라질 때가 있고, 무성한 나무와 풍성한 풀도 조락할 때가 있다.

만물은 성쇠盛衰가 있으니 어찌 한결같기만 할 수 있겠는가!

天地之道, 極則反, 滿則損, 五采曜眼, 有時而渝, 茂木豐草, 有時而落, 物有盛衰, 安得自若!

참고 및 관련 자료

1.《韓詩外傳》卷5

夫五色雖明, 有時而渝. 豐交之木, 有時而落. 物有成衰, 不得自若. 故三王之道, 周而復始, 窮則反本. 非務變而已. 將以止惡扶微, 絀繆淪非, 調和陰陽, 順萬物之宜也. 詩曰:『勉勉我王, 綱紀四方.』

2.《淮南子》泰族訓

天地之道, 極則反, 盈則損, 五色雖朗, 有時而渝, 茂木豐草, 有時而落. 物有隆殺, 不得自若. 故聖人事窮而更爲, 法弊而改制, 非樂變古易常也. 將以救敗扶衰, 黜淫濟非, 以調天地之氣, 順萬物之宜也. 聖人天覆, 地載, 日月照, 陰陽調, 四時化, 萬物不同, 無故無新, 無疏無親, 故能法天.

688(16-209) 民苦則不仁
백성이 고통을 당하면

백성이 고통을 당하면 인이 실행되지 못하고, 노고를 당하면 속임수가 생겨나고, 안정되고 평안하면 가르침이 행해지고, 위험에 빠지면 꾀만 늘어나게 된다.

또 극성하면 돌아서게 되고 가득 차면 덜게 되는 법이다.

그 때문에 군자는 가득 차거나 극한에 이르는 일을 하지 않는다.

民苦則不仁, 勞則詐生, 安平則敎, 危則謀, 極則反, 滿則損, 故君子弗滿弗極也.

> **참고 및 관련 자료**

1. 《呂氏春秋》 博志篇

冬與夏不能兩刑, 草與稼不能兩成, 新穀熟而陳穀虧, 凡有角者無上齒, 果實繁者木必庳, 用智褊者無遂功, 天之數也. 故天子不處全, 不處極, 不處盈. 全則必缺, 極則必反, 盈則必虧. 先王知物之不可兩大, 故擇務, 當而處之.

卷十七. 잡언편雜言篇

"잡언雜言"은 여러 가지 잡다한 이야기들의 모음이다.

모두 56장(689~744)이다.

689(17-1) 賢人君子者
억지로 합하려 들지 말라

　　현인군자賢人君子라 하는 자는, 성쇠盛衰의 시기에 통달하고 성패成敗의 단서에 명확하며, 치란治亂의 기강紀綱에 대해 명찰明察이 있고, 인지상정人之常情에 깊은 살핌이 있어 거취去就할 바에 대해 알고 있어야 한다.

　　그래서 비록 궁하더라도 나라가 망해 가는 형세에는 처하지 않으며, 아무리 가난해도 더러운 임금의 녹은 받지 않는 것이다. 이는 바로 태공太公이 나이 일흔이 되도록 스스로 겉으로 드러나지 않았고, 손숙오孫叔敖가 세 번 재상에서 쫓겨나고도 후회하지 않은 까닭이기도 하다.

　　어찌 그럴 수 있는가? 자기가 바라던 사람이 아니라 하였을 때는 억지로 합하려 들지 않았기 때문일 뿐이다.

　　태공이 한 번 주周나라에 합해지자, 그 후손이 7백 년의 후侯를 이어 갔고, 손숙오가 한 번 초나라에 등용되자, 그 후손이 10세世 동안 봉토를 이어갔다.

　　그러나 대부 문종文種은, 망해 가는 월越나라를 일으켜 패자를 만들어 주었건만, 월왕 구천勾踐 앞에서 죽음을 당해야 하였고, 이사李斯는 진秦나라에 큰 공을 쌓았건만, 마침내 오형五刑을 당하고 말았다.

　　태공太公과 손숙오孫叔敖, 문종文種과 이사李斯의 경우는 다같이 진충우군盡忠憂君하고 위신안국危身安國한 공로는 하나로되, 혹자는 봉후封侯가 그 후손에게까지 끊이지 않고, 또 혹자는 당대에 죽음을 당하고 사형을 당하니, 이는 바로 그들이 사모하였던 것이 달랐기 때문이다.

그래서 기자箕子는 나라를 버리고 거짓 미친 체하였으며, 범려范蠡는 월나라를 버리고 이름도 바꾸었고, 지과智過는 임금의 아우 자리를 버리고 자신의 성姓까지 고쳐 버렸다. 이는 모두가 먼 앞날과 미세한 기미機微를 볼 줄 알았고, 능히 부귀나 권세를 버림으로써 화禍의 싹을 미리 피할 수 있었던 사람들이다.

어진 사람은 부富와 권세를 버릴 수 있으므로, 화禍가 생겨나는 싹을 피할 수 있는 것이다. 무릇 난폭한 임금을 만나면, 누가 능히 그 묶인 몸으로 함께 환난을 치러야 할 운명에서 벗어날 수 있겠는가?

그러므로 어진 이는, 죽음을 두려워하는 것이 아니라 그 해를 피할 뿐이다.

목숨을 바쳤는데도 나라에 이익이 없다면, 이는 임금의 포악함을 밝히는 행동일 뿐이다.

왕자 비간比干은 주紂에 죽음을 당하였으나 그 주 임금의 행동을 바로잡지 못하였고, 오자서伍子胥는 오왕에게 죽음을 당하였으나 그 오나라의 망함을 막아 주지 못하였으니, 이 두 사람은 강직하게 간언 하다가 죽음만 당해 결국 임금의 포악함을 세상에 널리 알리기에만 족하였을 뿐으로, 처음 시작에 그 왕의 과실이 털끝만큼 작았을 때, 그것을 막아 주는 데는 아무런 이익이 되지 못하였다.

따라서 어진 이라면 자기 지혜를 감추고 자기 능력을 숨겨, 자신에게 맞는 상대를 기다린 연후에야 그와 합하는 것이다.

그러므로 말을 해도 들어 주지 않는 것이 없고, 행동에는 의심받을 일이 없으며, 임금과 신하가 함께 참여하도록 해야 종신토록 환난을 만나지 않게 된다.

그러나 지금은 그 때가 아닌데도 나서고, 그 사람이 아닌데도 합하여 곧바로 자기 뜻으로 해도 어쩌지 못하면서, 게다가 세상의 어지러움을 고민하고 임금의 위험을 근심하며, 값으로 따질 수 없는 귀한 몸을 가지고 꽉 막힌 길을 가고자 하고, 참훼하는 사람들 앞을 지나쳐 도량도 없는 임금을 만나 헤아릴 수도 없는 죄를 범하면서 천성天性을 손상시키고 있다면, 이 어찌 미혹迷惑한 일이 아니겠는가?

문신후文信侯 여불위呂不韋와 이사李斯를 천하 사람들은 모두 어질다고 한다. 나라를 위해 계책을 세우고, 미세한 것과 감추어진 것을 드러내어 밝혔으니, 정책에 과실이 없었다고 말할 수 있고, 전쟁에 이겨 공을 얻었으니, 그에게 대적할 상대가 없다고 할 수도 있다.

그러나 공이 지극히 크고 권세와 이익이 지극하면서도, 어진 이를 등용하지 않고 참훼하는 자를 들어 쓰는 오류를 범하였다. 스스로도 불초한 이를 써서는 안 된다는 걸 알면서도 어진 척 이를 배제하지 않았던 것이요, 또한 적을 제압하여 공을 세우고 터럭만큼의 위험도 놓치지 않고 잡아내어 환난과 피해를 제거할 줄 알면서도 큰 언덕을 볼 줄 몰랐으니, 이는 바로 자기 욕망을 쌓는 데 급급한 나머지 자기가 가장 싫어하는 곳으로 빠져드는 것을 몰랐던 까닭이다.

이것이 어찌 권세와 이익을 위한 미혹 때문이 아니겠는가!

《시詩》에는 이렇게 말하였다.

"사람은 하나만 알고 둘은 모른다."

이는 바로 이를 두고 한 말이다.

賢人君子者, 通乎盛衰之時, 明乎成敗之端, 察乎治亂之紀, 審乎人情. 知所去就, 故雖不窮處亡國之勢, 雖貧不受汙君之祿; 是以太公七十而不自達, 孫叔敖三去相而不自悔; 何則? 不強合非其人也.

太公一合於周而侯七百餘歲, 孫叔敖一合於楚而封十世; 大夫種存亡越而霸, 勾踐賜死於前; 李斯積功於秦, 而卒被五刑. 盡忠愛君, 危身安國, 其功一也; 或以封侯而不絕, 或以賜死而被刑; 所慕所由異也.

故箕子棄國而佯狂, 范蠡去越而易名, 智過去君弟而更姓,皆見遠識微, 而仁能去富勢, 以避萌生之禍者也. 夫暴亂之君, 孰能離繫以役其身, 而與于患乎哉? 故賢者, 非畏死避害而已也, 爲殺身無益而明主之暴也.

比干死紂, 而不能正其行, 子胥死吳, 而不能存其國; 二子者, 強諫而死, 適足明主之暴耳, 未始有益如秋毫之端也, 是以賢人, 閉其智, 塞其能, 待得其人, 然後合; 故言無不聽, 行無見疑, 君臣兩與, 終身無患. 今非得其時, 又無其人, 直私意不能已, 閔世之亂, 憂主之危; 以無貲之身, 涉蔽塞之路; 經乎讒人之前, 造無量之主, 犯不測之罪; 傷其天性, 豈不惑哉?

故文信侯·李斯, 天下所謂賢也, 爲國計揣微射隱, 所謂無過策也; 戰勝攻取, 所謂無强敵也. 積功甚大, 勢利甚高. 賢人不用, 讒人用事, 自知不用, 其仁不能去; 制敵積功, 不失秋毫; 避患去害, 不見丘山, 積其所欲, 以至其所惡, 豈不爲勢利惑哉?

詩云: 『人知其一, 莫知其他.』此之謂也.

【太公】姜太公. 呂尙. 太公은 齊나라에 封을 받아 西周·春秋 때까지 諸侯國으로 이어졌다.

【孫叔敖】춘추시대 楚莊王을 섬겼던 賢相. 蔿敖. 兩頭蛇의 고사로 유명하다.

【大夫文種】越王 勾踐(句踐)을 도와 吳나라를 멸망시키고 勾踐을 패자로 만들었다. 그러나 뒤에 勾踐의 미움을 받아 죽음을 당하였다.

【李斯】秦始皇을 도운 인물. 楚나라 上蔡人으로 荀子에게 帝王之術을 배워 秦나라에서 벼슬하였다. 秦始皇이 천하를 평정하자, 그를 丞相으로 삼고 封建을 폐하고 郡縣制를 실시하며 大篆을 고쳐 小篆으로 통일하게 하였다. 그러나 뒤에 二世(胡亥)가 들어서자, 趙高의 참훼를 입어 咸陽市에서 腰斬당하였다. 《史記》李斯列傳 참조.

【五刑】《漢書》刑法志에 "當三族者, 皆先黥劓. 斬左右趾, 笞殺之, 梟其首, 菹其

骨肉於市, 其誹謗詈詛者, 又先斷舌, 故謂之具五刑"이라 하였다.

【箕子】殷나라 紂의 庶兄. 紂의 폭정을 간언하다가 들어 주지 않자, 미친 사람
흉내를 내며 피해 버렸다.

【范蠡】춘추시대 文種과 함께 越王 勾踐을 도와 성공을 거두자 즉시 이름을
鴟夷子皮라 고치고, 越을 떠나 山東의 陶로 옮겨 다시 큰 부자가 되었다. 그의
둘째아들을 살려내려는 고사는 유명하다.《史記》越王句踐世家 참조.

【智過】전국시대 趙나라 사람으로 智伯의 家臣이었으나, 韓·魏·趙의 편을 들고
떠났다.

【比干】紂임금의 신하. 왕자. 紂에게 충성으로 간언하다가 죽음을 당하였다.

【伍子胥】吳王夫差의 신하. 楚나라 출신.《史記》伍子胥列傳 참조.

【文信侯】呂不韋를 말함. 秦始皇의 生父이다. 뒤에 秦나라에서 권세를 누렸으나
끝내 자살하였다.《呂氏春秋》를 남겼다.《史記》呂不韋傳 참조.

【揣微射隱】미세한 것을 揣測해 내고, 숨겨진 것을 밝혀냄을 말한다. '射'는
'은폐된 것을 알아맞히다'의 뜻. '석'으로 읽는다.

【詩云】《詩經》小雅 小旻의 구절. 원문은 "人知其一, 莫知其他"로 되어 있다.

690(17-2) 子石登吳山而四望
투합하였다가 죽은 사람들

자석子石이 오산吳山에 올라 사방을 바라보며 위연히 탄식하였다.

"아, 슬프다! 세상에는 사정에 밝으면서도 남의 마음에 투합하지 못하는 경우가 있고, 남에게 잘 투합되지만 사정에 밝지 못한 경우가 있다."

이 말에 제자들이 물었다.

"무슨 뜻입니까?"

자석은 이렇게 설명하였다.

"옛날 오왕 부차夫差는 오자서伍子胥의 진충극간盡忠極諫을 듣지 않고 오히려 그를 죽여서 눈알을 빼는 허물을 입혔고, 태재太宰 비嚭와 공손락公孫雒은 부차에게 투합하여 그의 욕망을 부추겨 오吳나라를 괴패懷敗시켰으나, 월왕으로 하여금 오나라를 치게 하여 결국 멸망의 길로 인도하였다. 그뿐 아니라 두 사람 모두 강호江湖에 던져져 죽거나, 그 머리가 월越나라 깃대에 매달렸다.

또 옛날 비중費仲과 악래惡來·교혁膠革은 긴 코와 큰 귀로 주紂에게 빌붙었고, 숭후崇侯 호虎는 주紂의 마음을 따라 그에게 투합되고자 노력하였다. 그러나 무왕武王이 주를 벌하자, 이 네 사람은 목야牧野에서 죽음을 당해 머리와 다리가 따로 분리되고 말았다. 그런가 하면 왕자 비간比干은 충성을 다하였으나 그 심장을 해부당하였다.

지금 사정을 밝히려고 하다가는 눈이 후벼 패이고 심장이 해부당하는 화가 미칠까 두렵고, 남의 마음에 투합하고자 하였다가는 머리와 다리가 따로 떨어지는 환난을 당할까 두렵다. 이로 말미암아 보건대 군자의 길이란 좁기만 하다. 특히 현명한 군주를 만나지 못하였을 때는 그 좁은 길 중에 위험이 길을 막고 있어 더 이상 빠져나갈 구멍조차 없게 된다."

　子石登吳山而西望, 喟然而歎息曰:「嗚呼悲哉! 世有明於事情, 不合於人心者; 有合於人心, 不明於事情者.」

　弟子問曰:「何謂也?」

　子石曰:「昔者, 吳王夫差不聽伍子胥, 盡忠極諫, 抉目而辜, 太宰嚭公孫雒, 偸合苟容, 以順夫差之志而伐吳. 二子沉身江湖, 頭懸越旗. 昔者, 費仲惡來革, 長鼻決耳, 崇侯虎順紂之心, 欲以合於意, 武王伐紂, 四子身死牧之野, 頭足異所, 比干盡忠剖心而死. 今欲明事情, 恐有抉目剖心之禍, 欲合人心, 恐有頭足異所之患. 由是觀之, 君子道狹耳. 誠不逢其明主, 狹道之中, 又將險危閉塞, 無可從出者.」

【子石】公孫龍子를 말한다. 춘추시대 楚나라 사람. 孔子 제자로 孔子보다 53세 적었다고 한다. 《史記》 仲尼弟子列傳에 "公孫龍字子石, 少孔子五十三歲"라 하였고, 索隱에 "……然莊子所云堅白之談, 則其人也"라 하였다. 즉 名家의 대표적인 인물로 '白馬非馬論'·'堅白異同' 등의 논리를 남겼다. 저작에 《公孫龍子》가 있다.

【吳山】吳나라 舊地에 있는 어떤 산인 듯하다.

【抉目而辜】伍子胥가 夫差에게 간언하였다가 도리어 틈이 벌어져 屬鏤之劍을 내려 죽이려 하자, 눈을 빼어 吳나라 동문에 걸어 越나라가 吳나라를 멸망시키는 것을 보게 해 달라 하였다. 《史記》 伍子胥列傳 참조.

【太宰嚭】吳王 夫差의 신하 太宰 伯嚭.

【公孫雒】吳王 夫差의 신하.《吳越春秋》에는 王孫雒이라 하였다.

【伐吳】本文의 '吳'는 '齊'의 오기. 夫差가 齊나라를 치느라 국내를 비운 사이 越王 勾踐이 來襲하여 吳나라를 멸망시켰다.《說苑疏證》에 "齊原誤作吳, 從拾補改"라 하였다.

【頭懸越旗】越이 吳를 멸하고, 太宰 伯嚭와 公孫雒도 함께 죽였다. 효수하여 월나라 깃발에 그 머리를 매단 것.

【費仲】殷나라 紂王의 신하.

【惡來】역시 紂王의 신하.

【膠鬲】원문은 鬲. 역시 紂王의 신하.《說苑疏證》에 "膠字原脫, 從劉氏斠補補"라 하였다.

【長鼻決耳】이는 잘못 삽입된 구절이 아닌가 한다.《說苑疏證》에 "句下原有長鼻決耳句, 似後人旁注而誤入正文. 今刪"이라 하였다.

【崇侯 虎】紂의 신하로 崇나라 侯인 虎. 虎는 이름.

【武王】周 武王. 姬發.

【牧野】武王이 紂를 멸한 전쟁터. 지금의 河南省 淇縣 근처라 한다.

【剖心而死】比干이 간언을 하자 紂가 이를 죽여, 聖人에게는 일곱 개의 구멍이 있다는 데 확인해 보자면서 심장을 해부했다고 한다.《史記》殷本紀 참조.

691(17-3) 祁射子見秦惠王
험담의 무서움

기사자祁射子가 진秦 혜왕惠王을 만나자 혜왕은 아주 기뻐하였다.
그러나 당고唐姑가 그의 험담을 늘어놓자, 그 뒤 기사자를 다시 만나서는
노기를 품은 채 그를 대접하는 것이었다. 이는 기사자의 유세가 달라진
것이 아니라, 혜왕이 들었던 말이 바뀌었기 때문이다.

  그러므로 치음徵音을 우음羽音으로 여기는 것은 그 현絃의 죄가 아니며,
단 것을 쓰다고 여기는 것도 그 맛의 잘못이 아니다.

  祁射子見秦惠王, 惠王說之, 於是唐姑讒之, 復見, 惠王懷怒
以待之. 非其說異也, 所聽者易也.

  故以徵爲羽, 非絃之罪也; 以甘爲苦, 非味之過也.

【祁射子】秦惠王 때의 유세객.《呂氏春秋》에는 '謝子'로 되어 있으며, 墨學을
  공부한 인물이라 하였다.
【秦 惠王】秦孝公(商鞅을 등용시켰던 왕)의 아들. 이름은 駟. 惠王・惠文王으로도
  불렸다. 재위 27년(B.C.337∼311).
【唐姑】《呂氏春秋》에는 '唐姑果'로 되어 있다. 惠文王의 신하.
【以徵爲羽】五音의 宮・商・角・徵・羽의 음조를 잘못 여김.
【絃】〈四庫全書本〉에는 '弦'으로 되어 있고 〈四部叢刊本〉에는 '絃'으로 되어 있다.

1.《呂氏春秋》去宥篇

東方之墨者謝子, 將西見秦惠王. 惠王問秦之墨者唐姑果. 唐姑果恐王之親謝子賢
於己也, 對曰:「謝子, 東方之辯士也, 其爲人甚險, 將奮於說以取少主也.」王因藏怒
以待之. 謝子至, 說王, 王弗聽. 謝子不說, 遂辭而行.

2.《淮南子》脩務訓에도 관련 내용이 실려있다.

692(17-4) 彌子瑕愛於衛君
사랑과 미움의 변화

미자하彌子瑕가 위衛나라 임금의 총애를 받고 있을 때였다. 당시 위나라의 법은 임금의 수레를 훔쳐 타면 발꿈치를 잘리는 형벌을 받게 되어 있었다. 그런데 미자하 어머니가 아프다는 소식을 듣고 어떤 이가 밤에 그에게로 가서 알리자, 미자하가 다급한 나머지 임금의 수레를 타고 그 어머니에게로 달려갔다. 임금이 이 소식을 듣고서 미자하를 어질게 여겨 이렇게 칭찬하였다.

"효자로다. 그 어머니를 위하여 월형刖刑의 죄도 두려워하지 않고 달려갈 정도이니!"

그런데 뒤에 임금이 동쪽 과수원에 놀이 갔을 때였다. 미자하가 복숭아를 먹다가 그 맛이 매우 달자, 다 먹지 아니하고 그 먹던 것을 임금에게 주었다. 임금이 이번에도 그를 칭찬하여 이렇게 말하였다.

"나를 이렇게 사랑하여 자신의 먹고 싶은 맛을 잊어야 할 정도로다!"

그러나 미자하의 그 곱던 얼굴도 추해지고, 결국 사랑도 해이해져서 그만 임금에게 죄를 짓고 말았다. 그때 임금은 옛일을 떠올리며 이렇게 뒤집어씌웠다.

"그래. 그놈은 사실 내 수레를 거짓으로 속여 훔쳐 탔던 거야. 또 제가 먹다 남긴 더러운 복숭아를 내게 먹였어."

그렇다. 미자하의 행동은 처음과 변함이 없건만 과거에는 어질다 칭찬받았다가, 나중에 죄를 얻고 만 것은 애증愛憎의 변화에서 생겨난 일이다.

彌子瑕愛於衛君, 衛國之法: 竊駕君車罪刖. 彌子瑕之母疾, 人聞, 夜往告之.

彌子瑕擅駕君車而出, 君聞之, 賢之曰:「孝哉! 爲母之故犯刖罪哉!」

君遊果園, 彌子瑕食桃而甘, 不盡而奉君, 君曰:「愛我而忘其口味.」

及彌子瑕色衰而愛弛, 得罪於君, 君曰:「是故嘗矯吾車, 又嘗食我以餘桃.」

故子瑕之行, 未必變初也, 前見賢, 後獲罪者, 愛憎之生變也.

【彌子瑕】 人名. 衛 靈公 때의 幸臣. 大夫.
【衛君】 구체적으로는 춘추시대 衛나라 靈公. 재위 42년(B.C.534~493).
【刖刑】 발꿈치를 자르는 형벌.

> 참고 및 관련 자료

1. 이 이야기는 널리 알려진 "愛憎之變"의 고사이다.

2. 《韓非子》說難篇

昔者, 彌子瑕有寵於衛君. 衛國之法, 竊駕君車者罪刖. 彌子瑕母病, 人間往夜告彌子, 彌子矯駕君車以出. 君聞而賢之曰:「孝哉, 爲母之故, 忘其刖罪.」異日, 與君遊於果園, 食桃而甘, 不盡, 以其半啗君, 君曰:「愛我哉, 忘其口味, 以啗寡人.」及彌子色衰愛弛, 得罪於君. 君曰:「是固嘗矯駕吾車, 又嘗啗我以餘桃.」故彌子之行未變於初也, 而以前之所以見賢, 而後獲罪者, 愛憎之變也.

3. 《史記》老莊申韓列傳(韓非子)

昔者, 彌子瑕見愛於衛君. 衛國之法, 竊駕君車者罪至刖. 旣而彌子之母病, 人聞, 往夜告之, 彌子矯駕君車而出, 君聞之而賢之曰:「孝哉, 爲母之故, 而犯刖罪.」與君

遊果園, 彌子食桃而甘, 不盡而奉君. 君曰:「愛我哉! 忘其口而念我.」及彌子色衰而
愛弛, 得罪於君. 君曰:「是嘗矯駕吾車, 又嘗食我以其餘桃.」故彌子之行未變於初也,
前見賢而後獲罪者, 愛憎之至變也.

693(17-5) 舜耕之時不能利其鄰人
순임금이 농사짓고 있을 때는

순舜임금이 한갓 농사짓고 있을 때에는 그 이웃에게조차 아무런 이득을 줄 수 없었다. 그러나 그가 천자가 되자, 천하가 모두 그의 은덕을 입게 되었다. 따라서 군자는 궁할 때는 스스로 자신을 잘 수양하고, 현달하면 천하에 도움이 되는 것이다.

舜임금 모습

舜耕之時不能利其鄰人, 及爲天子, 天下戴之. 故君子窮則善其身, 達則利於天下.

【舜】 고대 五帝의 하나. 姚姓. 나라이름은 虞. 효성이 지극하여 堯로부터 天下를 禪讓받았다. 《史記》 五帝本紀 참조.
【戴】 覆戴, 즉 '은혜를 蒙受하다'의 뜻이다.

1.《孟子》盡心篇(上)

古之人得志, 澤加於民, 不得志, 脩身見於世, 窮則獨善其身, 達則兼善天下.

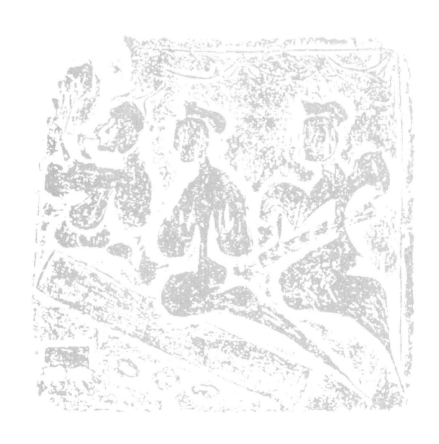

나를 도와 준 두 사람

공자孔子가 말하였다.

"계손씨季孫氏가 나에게 1천 종鍾의 많은 봉록을 내린 이후로 친구들이 더욱 몰려왔고, 남궁경숙南宮敬叔이 나에게 수레를 마련해 준 이후로는 나의 도가 더욱 실행되고 있다. 그러므로 도란 때를 만난 이후라야 소중함을 얻게 되고, 세력을 만난 이후라야 실행되는 것이다. 두 사람이 내려주지 않았더라면 나丘의 도가 하마터면 폐기될 뻔하였다."

孔子曰:「自季孫之賜我千鍾而友益親, 自南宮項叔之乘我車也, 而道加行. 故道有時而後重, 有勢而後行, 微夫二子之賜, 丘之道幾於廢也.」

【季孫氏】 춘추시대 魯나라의 權臣.
【鍾】 곡식을 계량하는 단위. 6斛 4斗를 1鍾이라 한다.
【南宮敬叔】 당시 魯나라의 大夫인 듯하다.

1. 《孔子家語》致思篇

孔子曰:「季孫之賜我粟千鍾也, 而交益親, 自南宮敬叔之乘我車也, 而道加行. 故道雖貴, 必有時而後重, 有勢而後行, 微夫子之賑財, 則丘之道殆將廢矣.」

695(17-7) 太公田不足以償種
태공이 농사지을 때에는

태공太公이 농사지을 때에는 그 종자조차 갚을 길이 없었고, 고기 잡을 때에는 그물값조차 갚을 길이 없었다. 그러나 천하를 다스릴 때에는 그 지혜가 남아돌 정도였다. 또 문공文公은 쌀을 뿌려 심었고, 증자曾子는 양을 타고 다녔다. 손숙오孫叔敖는 초楚나라 재상이 되어 3년이 지나도록 액軛이라는 것이 수레의 채 끝에 댄 횡목인 줄도 몰랐다.

이처럼 큰 일에 매달린 사람은 작은 일을 모를 수도 있는 법이다.

그러나 지백智伯은 주방장이 죽순을 넣지 않고 요리한 것까지 알 정도로 세심하였지만, 한韓·위魏가 자신을 배반하는 큰일은 알지 못하였다. 또 한단邯鄲 자양子陽이라는 사람은 과수원지기가 복숭아를 잃은 것은 알면서 자신이 망하는 것은 알지 못하였다.

이처럼 작은 것에 힘쓰는 자는 큰 것을 잊게 되는 법이다.

〈姜太公出關隱磻溪圖〉 明《封神演義》 삽화

太公田不足以償鍾, 漁不足以償網, 治天下有餘智. 文公種米, 曾子駕羊, 孫叔敖相楚, 三年不知軛在衡後, 務大者, 固忘小. 智伯廚人亡炙, 簂而知之, 韓魏反而不知; 邯鄲子陽園人亡桃而知之, 其亡也不知. 務小者, 亦忘大也.

【太公】姜太公·呂尙.

【文公種米】文公은 구체적으로 알 수 없다. 볍씨를 뿌려야 하는데, 쌀을 뿌려 심으면 벼가 나는 줄 잘못 알고 있었음.

【曾子駕羊】曾子는 曾參. 羊을 말처럼 탈 수 있는 것인 줄로 잘못 알고 있었다 함.

【孫叔敖】楚莊王 때의 名臣. 蔿敖.

【軛】수레의 채 끝에 댄 橫木. 즉 수레의 멍에.

【智伯】春秋 晉哀公 때의 權臣. 六卿의 하나로 가장 세력이 강하였으나, 趙襄子를 晉陽에서 水攻하다가 韓康子·魏桓子가 반기를 들어 망하였다.

【簂】요리에 쓰이는 식물. 혹 筍, 즉 竹筍이 아닌가 한다.

【邯鄲子陽】邯鄲은 원래 地名(뒤에 趙나라의 수도)이나 春秋 때 晉나라 大夫인 趙穿의 후대가 그곳에 봉을 받아 따로 성씨를 分立하였다. 魯定公 때에 衛侯의 공격을 받았고, 다시 그 뒤 趙軼에 의해 피살된 인물. 이름은 午.

참고 및 관련 자료

1.《淮南子》泰族訓

文公樹米, 曾子架羊, 猶之爲知也.

2.《新語》(陸賈) 輔政篇

故智者之所短, 不如愚者之所長, 文公種米, 曾子駕羊.

696(17-8) 淳于髡謂孟子
제사 고기

순우곤淳于髡이 맹자孟子에게 물었다.

"명실名實을 우선으로 여기는 것은 남을 위하는 일이요, 명실을 뒤로 하는 것은 자신을 위하는 일입니다. 선생님께서는 삼경三卿 중에 계시면서 명실이 상하에 보탬이 되지 아니한 채 떠나시니, 어진 이도 진실로 이와 같이 하십니까?"

맹자가 이렇게 설명하였다.

"낮은 지위에 있으면서도 자기의 어짊으로 불초한 자를 섬기지는 못하겠다고 나선 자는 백이伯夷요, 다섯 번은 탕湯 같은 성인에게, 다섯 번은 걸桀 같은 폭군에게 나아간 자는 이윤伊尹입니다. 또 더러운 임금이라 싫어하지도 않고, 작은 관직이라 사양하지도 않은 자는 유하혜柳下惠입니다.

이 세 사람은 그 도道는 같지 않지만, 그 취향하는 바는 하나입니다. 취향하는 바가 하나라는 뜻은 무엇입니까? 바로 인仁이라는 것입니다. 군자라면 역시 한 가지 인仁이면 되었지 그 길도 같아야 할 필요가 있겠습니까?"

순우곤이 다시 반박하였다.

"노魯 목공穆公 때에 공의자公儀子가 정치를 맡고, 자사子思와 자경子庚이 그 신하로 있었건만 노나라는 갈수록 삭약削弱해 갔습니다. 이런 일로 보면 현자賢者란 나라에 아무런 이익이 되지 않는 것 같습니다."

맹자는 다시 이렇게 말하였다.

"우虞나라는 백리해百里奚를 등용치 않아서 망하였지만, 진秦 목공穆公은 그 백리해를 등용시켜 패자가 되었습니다. 그러므로 어진 이를 쓰지 않으면 망하고 마는데, 깎여서 약해지는 일이 어찌 있겠습니까?"

순우곤이 다시 나섰다.

"옛날 왕표王豹가 기수淇水 가에 살게 되자 그 근처 하서河西 사람들이 그의 영향으로 노래를 잘 불렀고, 면구綿駒가 고당高堂에 살게 되자 제齊나라 오른쪽 지역 사람들이 역시 노래를 잘하였으며, 화주華舟·기량杞梁의 아내가 그 남편의 죽음을 슬퍼하여 울자 나라의 풍속이 변하고 말았습니다. 이처럼 안에 무엇인가를 가지고 있으면, 반드시 그것이 밖으로 어떤 형태를 보이게 마련입니다. 그런데 무슨 일인가를 하였다면서 그 공적은 없다고 하는 경우를 저髡는 아직 본 적이 없습니다. 이렇게 보면 현자賢者가 없는 것이지요. 어진 이가 있다면 저는 틀림없이 식별해 낼 수 있습니다."

맹자가 다시 말을 받았다.

"공자孔子께서는 노나라 사구司寇가 되었으나 충분한 대접은 받지 못하셨습니다. 제사에 참여하고도 그에게 번육膰肉이 돌아오지 않았습니다. 그러자 공자께서는 면관冕冠을 벗을 시간도 없이 떠나 버리신 것입니다. 옳지 못한 생각을 가진 자들은 공자의 이런 행동을 보고 고기 몇 점 때문에 그런 것이라 하였지요. 그러나 이를 잘 아는 자들은 공자께서 예禮라는 명분 때문에 그런 것이라 여겼습니다. 이는 공자께서 작은 죄과罪過이지만 떠나야 한다고 여긴 것이며, 구차스러운 일로 떠나고자 한 것이 아닙니다. 그러므로 군자의 하는 바를 보통사람들은 진실로 알아내지 못하는 것입니다."

淳于髡謂孟子曰:「先名實者, 爲人者也; 後名實者, 自爲者也. 夫子在三卿之中, 名實未加上下而去之, 仁者, 固如此乎?」

孟子曰:「居下位, 不以賢事不肖者, 伯夷也; 五就湯, 五就桀者, 伊尹也; 不惡汙君, 不辭小官者, 柳下惠也. 三子者 不同道, 其趣一也. 一者何也? 曰仁也. 君子亦仁而已, 何必同?」

曰:「魯穆公之時, 公儀子爲政, 子思, 子庚爲臣, 魯之削也滋甚. 若是乎賢者之無益於國也.」

曰:「虞不用百里奚而亡, 秦穆公用之而霸, 故不用賢則亡, 削何可得也.」

曰:「昔者, 王豹處於淇, 而河西善謳; 綿駒處於高唐, 而齊右善歌. 華丹杞梁之妻, 善哭其夫而變國俗. 有諸內必形於外; 爲其事, 無其功, 髠未睹也. 是故無賢者也, 有則髠必識之矣.」

曰:「孔子爲魯司寇而不用, 從祭膰肉不至, 不脫冕而行; 其不善者, 以爲爲肉也, 其善者, 以爲爲禮也. 乃孔子欲以微罪行, 不欲爲苟去, 故君子之所爲, 衆人固不得識也.」

【淳于髠】 전국시대 齊나라의 辯士, 策士. 《史記》滑稽列傳 및 《戰國策》齊策 등 참조.

【名·實】《孟子集注》에 "名, 聲譽也, 實, 事功也, 言以名實爲先而爲之者, 是有志於救民者也, 以名實爲後而不爲者, 是欲獨善其身者也"라 하였다.

【三卿】 古代의 중요한 직책. 즉 司徒·司馬·司空, 혹은 家宰·宗伯·司寇라도 한다.

【後名實者, 自爲者也】《孟子集注》에 "名實未加於上下, 言上未能正其君, 下未能濟其民也"라 하였다.

【伯夷】 殷나라 말기 孤竹國 墨胎初의 아들. 叔齊와 함께 文王을 찾았다가 武王이 殷을 치는 것을 보고 不義라 여겨, 首陽山에 들어가 採薇하다가 죽었다. 《史記》伯夷列傳 참조.

【伊尹】 湯임금을 도운 신하.

【柳下惠】展禽. 이름은 獲. 어진 이로 알려져 있다.

【魯穆公】전국시대 魯나라 군주. 魯悼公의 손자. 이름은 顯.

【公儀子】公儀休. 魯穆公의 賢相.

【子思】孔汲. 孔子의 손자. 魯穆公의 스승을 지냈다.

【子庚】魯 穆公의 신하.《孟子》에는 "子柳·子思爲臣"으로 되어 있다.

【削】《孟子集注》에 "削, 地見侵奪也. 髡譏孟子, 雖不去亦未必能有爲也"라 하였다.

【虞】춘추시대 나라 이름. 지금의 山東省 平陸縣.

【百里奚】字는 井伯. 원래 虞나라의 大夫였으나, 晉나라에 망해 포로가 되자 楚나라로 도망하였다. 秦穆公이 그의 어짊을 알고, 검은 염소 다섯 마리 가죽 값으로 사들였다. 그래서 五羔大夫(五羖大夫)라 불린다. 魯穆公이 이를 맞아 패자가 되었다.《史記》秦本紀 참조.

【秦 穆公】춘추오패의 하나. 재위 39년(B.C.659~621).

【王豹】춘추시대 衛나라 사람. 노래를 잘 불렀다.

【淇】물 이름. 지금의 河南省 林縣 동남쪽.

【河西】黃河의 서쪽. 淇水 근처.

【綿駒】춘추시대 齊나라 사람. 역시 노래를 잘하였다.

【高堂】齊나라 서쪽(오른쪽)에 있는 邑. 지금의 山東省 禹城縣.

【華舟·杞梁】華周라도 쓴다. 둘 모두 齊나라 사람으로 莒에서 戰死하자, 그들의 아내가 아주 슬프게 울었다 한다.《漢書》에는 華州로,《左傳》에는 華還으로 되어 있다. 본《說苑》의 立節·善說篇, 그리고《左傳》襄公 23年,《漢書》卷12,《孟子》告子(下),《戰國策》齊策 등 참조.

【髡必識之矣】《孟子集注》에 "髡以此譏孟子仕於齊無功, 未足爲賢也"라 함.

【膰肉】燔肉. 郊祭에 쓰였던 구운 고기. 祭祀 후 大夫들에게 나누어 주었다.

참고 및 관련 자료

1.《孟子》告子(下)

淳于髡曰:「先名實者, 爲人也; 後名實者, 自爲也. 夫子在三卿之中, 名實未加於上下而去之, 仁者固如此乎?」孟子曰:「居下位, 不以賢事不肖者, 伯夷也; 五就湯,五就桀者, 伊尹也; 不惡汚君, 不辭小官者, 柳下惠也. 三子者不同道, 其趨一也. 一者何也? 曰, 仁也. 君子亦仁而已矣, 何必同?」曰:「魯繆公之時, 公儀子爲政, 子柳・子思爲臣, 魯之削也滋甚, 若是乎, 賢者之無益於國也!」曰:「虞不用百里奚而亡, 秦穆公用之霸. 不用賢則亡, 削何可得與?」曰:「昔者王豹處於淇, 而河西善謳; 緜駒處於高唐, 而齊右善歌; 華周杞梁之妻善哭其夫而變國俗. 有諸内, 必形諸外. 爲其事而無其功者, 髡未嘗覩之也. 是故無賢者也; 有則髡必識之.」曰:「孔子爲魯司寇, 不用, 從而祭, 燔肉不至, 不稅冕而行. 不知者以爲爲肉也, 其知者以爲爲無禮也. 乃孔子則欲以微罪行, 不欲爲苟去. 君子之所爲, 衆人固不識也.」

2. 《韓詩外傳》卷6

孟子說齊宣王而不說. 淳于髡侍. 孟子曰:「今日說公之君, 公之君不說, 意者, 其未知善之爲善乎?」淳于髡曰:「夫子亦誠無善耳. 昔者, 瓠巴鼓瑟, 而潛魚出聽; 伯牙鼓琴而六馬仰秣. 魚馬猶知善之爲善, 而況人君者也?」孟子曰:「夫電雷之起也, 破竹折木, 震驚天下, 而不能使聾者卒有聞; 日月之明, 徧照天下, 而不能使盲者卒有見. 今公之君若此也.」淳于髡曰:「不然. 昔者, 揖封生高商, 齊人好歌; 杞梁之妻悲哭, 而人稱詠. 夫聲無細而不聞, 行無隱而不形. 夫子苟賢, 居魯而魯國之削, 何也?」孟子曰:「不用賢, 削固有也. 呑舟之魚不居潛澤; 度量之士不居汚世. 夫藝, 冬至必彫. 吾亦時矣.」詩曰:『不自我先, 不自我後.』非遭彫世者歟!

3. 《荀子》勸學篇

昔者, 瓠巴鼓瑟而流魚出聽, 伯牙鼓琴而六馬仰秣. 故聲無小而不聞, 行無隱而不形. 玉在山而草木潤, 淵出珠而崖不枯. 爲善不積邪, 安有不聞者乎?

4. 기타 참고자료

《愼子》外篇・《群書治要》

697(17-9) 梁相死
비어 있는 재상 자리

양梁**나라 재상이 죽자,** 혜시惠施가 양나라로 가려고 하수河水를 건너다가 너무 급히 굴어 그만 물에 빠지고 말았다. 노 젓던 자가 이를 구해 놓고 물었다.

"그대는 어디를 가려다 이런 일을 당하였소?"

혜시는 이렇게 대답하였다.

"양나라에 지금 재상 자리가 비어 있소. 내가 가서 재상이 되려 하오!"

뱃사공이 이렇게 비꼬았다.

"그대는 이 배의 좁은 공간도 제어하지 못해 물에 빠졌소. 내가 없었더라면 죽고 말았을 거요. 무슨 능력으로 양나라의 재상이 된단 말이오?"

그러자 혜시는 이렇게 말하였다.

"그대의 말처럼 이 작은 배 안에서의 일은 내가 그대만 못하오. 그러나 나라를 편안히 하고 사직을 온전히 하는 일에 있어서는, 그대는 나에 비하면 어둡고 몽매하기가 마치 아무것도 보이지 않는 개와 같소!"

梁相死, 惠子欲之梁, 渡河而遽墮水中, 船人救之.

船人曰:「子欲何之而遽也?」

曰:「梁無相, 吾欲往相之.」

船人曰:「子居船楫之間而困, 無我則子死矣, 子何能相梁乎?」

惠子曰:「子居艘楫之間則吾不如子; 至於安國家, 全社稷, 子之比我, 蒙蒙如未視之狗耳!」

【梁】魏나라의 별칭. 魏나라 도읍이 大梁(지금의 開封市)이어서 梁으로도 부름.
【惠施】전국시대 辯士. 宋나라 사람. 莊子와 同時代 人物.
【河水】黃河.

698(17-10) 西閭過東渡河
물에 빠진 선비

서려과西閭過가 동쪽으로 하수河水를 건너다가 물 한가운데에서 빠져 버렸다. 뱃사공이 다가가 그를 건져내며 물었다.

"지금 그대는 어디로 가려는 길입니까?"

"나는 지금 동쪽의 제후 왕들에게 유세를 하러 가는 길이오!"

뱃사공은 이 말에 입을 가리고 웃으면서 이렇게 말하였다.

"그대는 물 한가운데에서 빠져 스스로 헤엄쳐 나오지도 못하면서, 어찌 능히 제후들에게 유세를 할 수 있다는 말이오?"

그러자 서려과는 이렇게 말하였다.

"그대의 능한 바로써 서로에게 상처 주는 일은 없도록 하시오. 그대는 화씨벽和氏璧에 대한 이야기를 듣지 못하였소? 그 값이 천금이나 되지만, 이를 방추紡錘로 쓰게 되면 기와 조각이나 벽돌 조각만도 못하오. 또 수후지주隨侯之珠는 나라의 보배요, 그러나 이를 탄환彈丸으로 쓰면 진흙으로 만든 총알만도 못하오. 그런가 하면 기기騏驥와 녹이騄駬 같은 말은 형액衡軛을 갖춘 수레를 끌면 하루에 1천 리를 달려 지극히 빠르지만, 이들에게 쥐를 잡으라 시키면 오히려 1백 전錢이면 살 수 있는 삵쾡이만도 못하오. 또 간장干將과 막야鏌釾 같은 명검은 종을 쳐도 울리지 않고 물건을 베어도 느낌이 없을 정도이나 그 칼날은 다른 금속조차 베어 버리며 깃을 베듯이 쇠도끼도 자를 수 있소. 천하에 날카로운 칼이지요. 그러나 이 칼로 신을 수리하는 데에 쓴다면, 이는 두 전錢짜리 송곳만도 못하오.

지금 그대가 노와 삿대를 잡고 배를 몰아 이 넓은 물 속에 처하여 양후지파陽侯之波에 맞서 어떤 물결도 감당해 내는 것, 이것은 바로 그대만이 능히 할 수 있는 일이오. 그러나 그대에게 만약 동쪽으로 가서 제후와 왕들에게 유세를 하라 한다면, 한 나라의 임금만 만나도 그대는 몽매하기가 마치 아무것도 보지 못하는 개와 다를 바 없을 것이오!」

西閭過東渡河, 中流而溺, 船人接而出之, 問曰:「今者, 子欲安之?」

西閭過曰:「欲東說諸侯王.」

船人掩口而笑曰:「子渡河, 中流而溺, 不能自救, 安能說諸侯乎?」

西閭過曰:「無以子之所能相傷爲也. 子獨不聞和氏之璧乎? 價重千金, 然以之間紡, 曾不如瓦塼; 隨侯之珠, 國之寶也, 然用之彈, 曾不如泥丸; 騏驥騄駬, 倚衡負軛而趨, 一日千里, 此至疾也, 然使捕鼠, 曾不如百錢之狸; 干將鏌鋣拂鐘不錚, 試物不知揚刃, 離金斬羽契鐵斧, 此至利也, 然以之補履, 曾不如兩錢之錐. 今子持楫乘扁舟, 處廣水之中, 當陽侯之波, 而臨淵流, 適子所能耳. 若誠與子東說諸侯王, 見一國之主, 子之蒙蒙, 無異夫未視之狗耳!」

【西閭過】 전국시대의 策士. 遊說客으로 여겨진다.
【河水】 黃河.
【和氏璧】 초나라 사람 卞和가 樸玉을 얻어 임금에게 바쳤으나 이를 믿어 주지 않았다. 뒤에 이를 다듬어 천하의 뛰어난 璧을 얻었다. 전국시대에 張儀가 楚나라에 유세 가서 이를 훔쳤다고 오해를 받은 고사와 濂頗・藺相如의 '完璧歸趙' 등의 고사를 남겼다. 원전은 《韓非子》 卞和篇에 실려 있다.

【紡】옷감을 짤 때에 구멍 뚫은 돌을 매달아 날줄로 삼는 것.

【隨侯之珠】隨(漢水 동쪽의 작은 나라. 뒤에 隋로 씀)나라 侯가 얻었던 구슬. 隨侯가 어느 날 큰 뱀이 큰 상처를 입은 것을 보고 불쌍히 여겨 약을 발라 살려 주었더니, 그 뱀이 뒤에 큰 구슬을 물고 와서 보답하였다고 한다.《搜神記》 참조.

【騏驥騄駬】모두 고대의 千里馬・名馬. 周 穆王의 八駿馬의 이름이라도 한다.

【衡軛】수레의 앞뒤 橫木. '잘 만들어져 말이 끌기 좋게 된 수레'라는 뜻.

【干將・鏌鋣】鏌鋣는 莫邪라도 쓴다. 古代 칼을 잘 만들던 대장간 부부 이름. 이들이 만든 칼이 너무 훌륭하여 그 이름을 붙였다.

【陽侯之波】陽侯는 전설상 古代의 諸侯로서 죄를 짓고 스스로 물에 빠져 죽은 다음 水神(河神)이 되었다 한다.

【未視之狗】표현이 앞장(697)의 惠施의 말과 유사함. 지극히 원색적인 욕이다.

699(17-11) 甘茂使於齊
쓰임에 따라 다른 장단점

감무甘茂가 제齊나라에 사신으로 가면서 하수河水를 건너게 되었다. 뱃사공이 그에게 물었다.

"하수는 이곳과 저곳이 잠깐 끊겨 있는 짧은 간격입니다. 그대는 이런 곳도 스스로 건널 수 없으면서 능히 왕 된 자들에게 유세를 할 수 있겠습니까?"

감무는 이렇게 말하였다.

"그렇지 않소. 그대는 알지 못하오. 세상 만물은 각각 그 장단점이 있소. 조심하고 돈후敦厚하게 하여 임금을 섬기되 전쟁이 일어나지 않게 해야 하오.

기기騏驥와 녹이騄駬는 족히 1천 리를 달리지만, 그를 궁중에 가두어 두고 쥐를 잡으라 하면 삵괭이 새끼만도 못하오. 간장干將은 천하에 그 이름이 알려져 있지만 그 검으로 나무를 다듬게 하면 도끼만도 못하오. 지금 삿대를 잡고 이런 물을 오르내리는 것이라면 내 그대만 못하나, 천 승千乘의 임금이나 만 승萬乘의 군주를 설득시키는 일이라면 그대가 역시 나를 따를 수 없는 것이오!"

甘茂使於齊, 渡大河.

船人曰:「河水間耳, 君不能自渡, 能爲王者之說乎?」

甘茂曰:「不然, 汝不知也. 物各有短長, 謹愿敦厚, 可事主不
施用兵; 騏驥騄駬, 足及千里, 置之宮室, 使之捕鼠, 曾不如小狸;
干將爲利, 名聞天下, 匠以治木, 不如斤斧. 今持楫而上下隨流,
吾不如子; 說千乘之君, 萬乘之主, 子亦不如戊矣.」

【甘茂】전국시대 秦나라 下蔡人인 甘茂가 아닌가 한다. 그러나 '甘戊', '甘茂'
　　등으로 표기가 다르다.《史記》甘茂列傳 참조.
【騏驥·騄駬】698장 注 참조.
【干將】698장 注 참조.

1천 명을 옥에 가두면

지금 세상이 달라지면 사리事理도 바뀌어야 하며, 사리가 바뀌면 시세時勢도 변하여야 한다. 또 시세가 변하면 풍속도 바뀌게 마련이다. 그래서 군자는 먼저 그 토지를 잘 살펴보고 나서야 그에 맞는 도구를 이용하여 개척에 임하며, 그 풍속을 잘 살펴보고 나서야 그에 맞는 풍속을 제정하여 중의衆議를 총괄, 교화敎化를 결정한다.

어리석은 사람이 활쏘기를 배울 때에는 하늘만 향해 쏘기 때문에 그 화살이 다섯 걸음 안에 떨어지고 마는 것이며, 이를 모르면 다시 쏠 때도 역시 하늘만 향해 쏘게 된다. 세상이 변하였는데도 그 의견을 고치지 않는 것은, 비유컨대 마치 활쏘기를 배우는 어리석은 사람과 같다.

눈에 추호지말秋毫之末까지 보이는 자는 태산太山이 보이지 않으며, 귀로 청탁지조淸濁之調까지 듣는 자는 우레 소리가 들리지 않는 법이다. 무슨 이유인가? 오직 그 뜻한 바가 다르기 때문이다.

1백 명이 실을 풀고 있을 때는 아무리 단단한 실뭉치를 묶으려 해도 불가능하며 1천 명이 비방하여 옥에 갇히게 되면 아무리 곧은 법령이라도 먹혀들지 않으며, 1만 명이 모두 틀렸다고 하는 곳에는 훌륭한 선비라 자처할 수 있는 자가 없다.

今夫世異則事變, 事變則時移, 時移則俗易; 是以君子先相
其土地, 而裁其器, 觀其俗, 而和其風, 總衆議, 而定其敎. 愚人
有學遠射者, 參矢而發, 已射五步之內, 又復參矢而發; 世以易矣,
不更其儀, 譬如愚人之學遠射. 目察秋毫之末者, 視不能見泰山;
耳聽淸濁之調者, 不聞雷霆之聲. 何也? 唯其意有所移也. 百人
操觿, 不可爲固結; 千人謗獄, 不可爲直辭, 萬人比非, 不可爲
顯士.

【秋毫】 '털갈이하는 동물의 가을 털은 미세하고 가늘다'라는 뜻으로 그 끝이
  더욱 미세함을 말한다.
【耳聽淸濁之調】 청탁의 음조까지 구별해 냄을 말한다.

참고 및 관련 자료

1. 《淮南子》 說山訓

越人學遠射, 參天而發, 適在五步之內, 不易儀也. 世已變矣, 而守其故, 譬猶越人之
射也.

701(17-13) 麋鹿成羣
고라니와 사슴의 무리

고라니와 사슴이 무리를 이루면 호표虎豹도 피해 가고, 나는 새가 무리를 이루면 매나 독수리도 공격하지 못하며, 사람도 무리를 이루면 성인도 그들을 침범하지 못한다.

날아다니는 뱀은 안개와 이슬 속에 유영遊泳하여 풍우風雨를 타고 다니되, 1천 리가 아니면 그치지 않을 정도이다. 그렇지만 이 뱀이라도 저녁때에는 미꾸라지나 두렁허리의 굴속에 숨어서 자니 어찌 그렇겠는가? 이는 바로 그 마음을 쓰는 것이 전일專—하지 못하기 때문이다.

그러나 지렁이는 몸 속에 근육과 뼈의 강함도 없고 몸 밖에는 손톱이나 이빨의 예리함도 없건만 땅을 파서 황천黃泉을 마시고 위로는 굳은 흙조차 부드럽게 갈아낸다. 이는 어째서인가? 그 마음 쓰는 것이 전일하기 때문이다.

귀 밝은 자는 귀로 듣고, 눈 밝은 자는 눈으로 본다. 총명으로 형태를 알아차리면 인애仁愛가 드러나고 염치廉恥가 분별된다.

따라서 그 길이 아닌데도 가려고 들면 비록 수고를 다해도 이르지 못하며, 자기 가질 것이 아닌데도 구하려 들면 억지로 해도 얻지 못한다. 때문에 지혜로운 자는 할 일이 아니면 하지 않으며, 염직廉直한 자는 가질 것이 아니면 구하지 않는다. 그리하여 원대한 포부로 포용하고 그 이름은 빛나게 하는 것이다.

《시詩》에 "구하지 못할 것에 손해도 없으니 무슨 일을 한들 좋지 않으랴?"라 하였으니 바로 이를 두고 한 말이다.

麋鹿成羣, 虎豹避之; 飛鳥成列, 鷹鷙不擊; 衆人成聚, 聖人不犯.
騰蛇遊於霧露, 乘於風雨而行, 非千里不止; 然則暮託宿於鰌
鱣之穴, 所以然者, 何也? 用心不一也. 夫蚯蚓內無筋骨之強,
外無爪牙之利; 然下飮黃泉, 上墾晞土. 所以然者, 何也? 用心
一也. 聰者耳聞, 明者目見, 聰明形則仁愛者, 廉恥分矣. 故非其道
而行之, 雖勞不至; 非其有而求之, 雖强不得; 智者不爲非其事,
廉者不求非其有; 是以遠容而名章也.

詩云: 『不忮不求, 何用不臧.』 此之謂也.

【麋鹿】 고라니와 사슴.
【騰蛇】 용이 되려는 뱀.
【鰌鱣】 鰍鱔. 미꾸라지와 뱀장어.
【蚯蚓】 지렁이.
【詩云】《詩經》邶風 雄雉의 구절. 忮는 害, 臧은 好의 뜻.

> **참고 및 관련 자료**

1. 내용의 연결성이 적어 실제로는 세 단락으로 나누어 分章을 해야 옳을 듯하다.
즉 "麋鹿成群~聖人不犯", "騰蛇~用心一也", "聰者~끝"으로 나누어야 될 것으로
본다.

2.《荀子》勸學篇

蟺無爪牙之利, 筋骨之强, 上食埃土, 下飮黃泉, 用心一也; 蟹六跪而二螯, 非蛇·
蟺之穴無可寄托者, 用心躁也.

3.《韓詩外傳》卷1

傳曰: 聰者耳聞, 明者目見. 聰明則仁愛著而廉恥分矣. 故非其道而行之, 雖勞不至.
非其有而求之, 雖强不得. 故智者不爲非其事, 廉者不求非其有, 是以害遠而名彰也.
詩云: 『不忮不求, 何用不臧.』

4.《淮南子》說山訓

螾無筋骨之强, 爪牙之利, 上食晞堁, 下飮黃泉, 用心一也.

702(17-14) 楚昭王김孔子
선악은 분간하기가 어렵다

초楚 소왕昭王이 공자孔子를 모셔 장차 그에게 정치를 맡기고 서사書社 7백 리를 봉해 주고자 하였다. 그러자 자서子西가 초왕에게 말하였다.

"왕의 신하 중에 용병用兵에 자로子路만한 이가 있습니까? 제후에게 사신으로 보낼 만한 신하로서 재여宰予만한 이가 있습니까? 또 장관長官·오관五官 중에 자공子貢만한 이가 있습니까?

옛날 문왕文王은 풍酆 땅에 거하였고 무왕武王은 호鎬 땅에 거하여, 그 두 땅 사이는 불과 백 승乘의 땅밖에 되지 않았지만 윗사람을 쳐서 천자로 섰습니다. 그리하여 세상에서는 모두 그들을 성왕聖王이라 칭하고 있습니다. 그런데 지금 공자같이 어진 이로서 7백 리 땅의 서사까지 얻고 세 사람의 보좌까지 받는다면, 이는 우리 초나라에 이로울 것이 없습니다."

이에 초왕은 계획을 철회하고 말았다.

이렇게 보면 선악은 정말 분간하기가 어렵다. 성인도 오히려 의심을 받는데, 하물며 현자賢者에게 있어서랴!

이 때문에 현자와 성인은 때를 만나기 어렵고, 아첨은 언제나 흥성하게 마련이다. 그래서 천세千歲의 난亂은 있으나 백세百歲의 치治는 없는 것이니, 공자 같은 이가 의심을 받은 것은 그 어찌 통탄스러운 일이 아니겠는가!

楚昭王召孔子, 將使執政而封以書社七百.

子西謂楚王曰:「王之臣用兵有如子路者乎? 使諸侯有如宰予者乎? 長官五官有如子貢者乎? 昔文王處酆·武王處鎬, 酆鎬之間, 百乘之地, 伐上殺主, 立爲天子, 世皆曰聖. 王今以孔子之賢, 而有書社七百里之地, 而三子佐之, 非楚之利也.」

楚王遂止. 夫善惡之難分也, 聖人獨見疑, 而況於賢者乎! 是以賢聖罕合, 讒諛常興也. 故有千歲之亂, 而無百歲之治, 孔子之見疑. 豈不痛哉?

【楚昭王】춘추 말기 楚나라 군주. 재위 27년(B.C.515~489).
【書社】《史記》索隱에 '古者二十五家爲里, 里則各立社, 則書社者, 書其社之人名於籍. 蓋以七百里書社之人封孔子也'라 하였다.
【子西】당시 楚나라의 令尹. 楚 平王의 庶弟.
【子路】孔子 제자. 仲由.
【宰予】孔子 제자. 子我.
【子貢】孔子 제자. 端木賜.
【酆】豊, 지금의 陝西省 鄠縣
【鎬】鎬京. 周武王이 建都한 곳. 지금의 陝西省 長安縣.
【聖人猶見疑】《說苑疏證》에 "猶原作獨, 從拾補改"라 하였다.

참고 및 관련 자료

1.《史記》孔子世家

昭王將以書社地七百里封孔子. 楚令尹子西曰:「王之使使諸侯有如子貢者乎?」曰:「無有.」「王之輔相有如顏回者乎?」曰:「無有.」「王之將率有如子路者乎?」曰:「無有.」「王之官尹有如宰予者乎?」曰:「無有.」「且楚之祖封於周, 號爲子男五十里. 今孔丘述三五之法, 明周召之業, 王若用之, 則楚安得世世堂堂方數千里乎?

夫文王在豊, 武王在鎬, 百里之君卒王天下. 今孔丘得據土壤. 賢弟子爲佐, 非楚之
福也.」昭王乃止.

사람의 죽음 세 가지

노魯 애공哀公이 공자孔子에게 물었다.

"지혜로운 자는 오래 삽니까?"

공자는 이렇게 설명하였다.

"그렇습니다. 사람의 죽음은 세 가지가 있는데, 수명과 관계없이 죽는 것은 스스로 택해서 일어나는 일입니다. 무릇 잠자는 것을 조절하지 않고, 음식을 절제하지 않으며, 헛된 일에 빠져 과로하는 자는 온갖 질병이 찾아와 그를 죽게 하지요. 또 아랫자리에 있으면서 위로 임금에게 간섭하고, 기호와 욕심이 지나쳐 끝없이 구하는 자는 형벌이 모여들어 그를 죽게 합니다. 다음으로 적은 수이면서 많은 자를 침벌하고, 약하면서 강한 자를 모멸하며, 분노에 빠져 자기 힘을 헤아리지 못하는 자는 전쟁이 그를 죽게 하는 것입니다. 이 세 가지는 모두 수명과 관계없이 스스로 택하여 일어나는 결과입니다."

《시詩》에 "사람으로서 의표儀表가 없으니 죽지 않고 어쩌리오?"라 하였으니 이를 두고 한 말이다.

魯哀公問於孔子曰:「有智者壽乎?」

孔子曰:「然. 人有三死, 而非命也者, 人自取之. 夫寢處不時, 飮食不節, 佚勞過度者, 疾共殺之; 居下位而上忓其君, 嗜慾無度,

而求不止者, 刑共殺之; 少以犯衆, 弱以侮强, 忿怒不量力者,
兵共殺之. 此三死者, 非命也, 人自取之.」

詩云: 『人而無儀, 不死何爲?』此之謂也.

【魯哀公】춘추 말기 魯나라 군주.《左傳》哀公篇 참조.
【智者壽】《論語》雍也篇에는 "仁者壽"라 하였다. 즉 "子曰知者樂水, 仁者樂山,
　　知者動, 仁者靜, 知者樂, 仁者壽"라 하였다.
【詩云】《詩經》鄘風 相鼠의 구절. 儀는 儀表, 容貌와 擧止가 尊嚴함을 말한다.

> 참고 및 관련 자료

1.《韓詩外傳》卷1

哀公問孔子曰:「有智者壽乎?」孔子曰:「然. 人有三死而非命也者, 自取之也. 居處
不理, 飮食不節, 佚勞過度者, 病共殺之. 居下而好干上, 嗜欲無厭, 求索不止者,
刑共殺之. 少以敵衆, 弱以侮强, 忿不量力者, 兵共殺之. 故有三死而非命也者, 自取
之也.」詩曰:『人而無儀, 不死何爲?』

2.《孔子家語》五儀解

哀公問於孔子曰:「智者壽乎? 仁者壽乎?」孔子對曰:「然. 人有三死而非其命也,
行己自取也. 夫寢處不時, 飮食不節, 勞逸過度者, 疾共殺之. 居下位而上干其君,
嗜慾無厭而求不止者, 刑共殺之. 以少犯衆, 以弱侮强, 忿怒不類, 動不量力者兵共
殺之. 此三者死非命也, 人自取之. 若夫智士仁人, 將身有節, 動靜以義, 喜怒以時,
無害其性, 雖得壽焉, 不亦可乎?」

3.《文子》符言篇

老子曰:「人有三死, 非命亡焉. 飮食不節, 簡賤其身, 病共殺之. 樂得無己, 好求不止,
刑共殺之. 以寡犯衆, 以弱陵强兵共殺之.」

4.《稱》(漢墓 出土의 帛書. 古佚書)

天下有參(三)死, 忿不量力死, 耆(嗜)欲無窮死, 寡不辟(避)衆死.

704(17-16) 孔子遭難陳蔡之境
팔을 세 번 꺾어 봐야 양의가 된다

공자孔子가 진陳·채蔡의 국경 근처에서 재난을 당한 나머지, 그 양식마저 떨어져 제자들이 배를 곯고 있을 때였다. 그런데도 공자는 두 기둥 사이에서 노래를 부르고 있었다. 이에 자로子路가 들어가서 불평을 털어놓았다.

"선생님께서는 지금 이 지경에서도 노래를 부르시니 그것도 예禮입니까?"

공자는 대답도 없이 노래를 다 마친 다음 이렇게 말하였다.

"유由야! 군자가 음악을 좋아하는 것은 교만을 덜기 위함이며, 소인이 음악을 좋아하는 것은 두려움을 없애기 위함이다. 누가 이런 깊은 뜻을 알겠느냐? 너조차 나를 알지 못하면서 나를 따라다녀 무엇을 배우겠느냐?"

자로는 그래도 즐거운 마음이 들지 않아 방패를 들고 춤을 추다가 세 곡이 끝나자 나가 버렸다.

그로부터 7일이 되도록 공자는 여전히 음악을 그치지 않았다. 이에 자로가 다시 원망의 마음이 들어 공자를 뵙고 또 따져 물었다.

"선생님의 연주는 지금 이때에 맞는 것입니까?"

이번에도 공자는 대답을 않다가 그 음악이 끝나자 이렇게 말하였다.

"유由야! 옛날 제齊 환공桓公은 거莒에서 곤액을 치를 때 비로소 패자가 될 생각을 하였고, 구천勾踐은 회계산會稽山으로 쫓겨갔을 때 패자를 꿈꾸었으며, 진晉 문공文公은 여씨驪氏에게 핍박받을 때에 패자가 될 것을 결심하였다. 따라서 유폐幽閉를 당해 보지 않으면 그 생각이 원대하지 못하고, 그 몸이 제약을 받아 보지 않으면 지혜가 넓어지지 않는다. 어찌 너는 지혜롭다 하면서 이때를 찾아내지 못하고 불우하다고 여기느냐?"

그리고는 일어섰다.

이튿날 그 곤액困厄으로부터 풀려나게 되었다. 자공子貢이 수레 고삐를 잡고 몰면서 말하였다.

"친구들이여! 선생님을 따르다가 이런 곤란에 빠졌으니 어찌 잊을 수 있으리요!"

그러자 공자가 이렇게 말하였다.

"그것이 무슨 말이냐? 속담에 이렇게 이르지 않았느냐? '팔을 세 번 꺾어 봐야 양의良醫가 된다'라고. 무릇 진·채 사이에서의 일은 나에게는 큰 다행이었다. 그렇다면 너희들도 나를 따랐으니 모두 행복한 사람들이다.

내 들으니 남의 임금된 자가 곤경에 처해 보지 않으면 왕도를 이룰 수 없고, 선비로서 곤액을 겪어 보지 않으면 그 이름을 올릴 수 없다고 하였다.

옛날 탕湯은 여呂 땅에서 곤액을 당하였고, 문왕文王은 유리羑里에 유폐를 당하였으며, 진秦 목공穆公은 효산殽山에서 곤액을 당하였고, 제齊 환공桓公은 장작長勺에서 곤액을 당하였으며, 구천勾踐은 회계會稽까지 쫓겨 갔고, 진晉 문공文公은 여희麗姬에게 핍박을 받았다.

따라서 곤액이 도道를 낳는 일은, 찬 것이 따뜻한 것을 낳고 따뜻한 것이 찬 것을 낳게 하는 이치와 같다. 오직 현자賢者만이 이를 알 뿐이며, 말로 표현하기는 어렵다.

《역易》에 '곤困은 형통하고 곧게만 하면 대인大人에게는 길하여 허물이 없으리라. 그러나 말을 해도 믿어 주지 않는다'라 하였으니 바로 성인이 남에게 일러 주고 싶어도 어떻게 설명할 수 없음을 말한 것이니 정말 맞는 말이다."

孔子遭難陳蔡之境, 絶糧, 弟子皆有飢色, 孔子歌兩柱之間.

子路入見曰:「夫子之歌, 禮乎?」

孔子不應, 曲終而曰:「由, 君子好樂, 爲無驕也, 小人好樂, 爲無懾也, 其誰知之? 子不我知而從我者乎?」

子路不悅, 援干而舞, 三終而出.

及至七日, 孔子脩樂不休, 子路慍見曰:「夫子之修樂, 時乎?」

孔子不應, 樂終而曰:「由, 昔者, 齊桓霸心生于莒, 勾踐霸心生於會稽, 晉文霸心生於驪氏, 故居不幽, 則思不遠, 身不約, 則智不廣, 庸知而不遇之?」

于是興, 明日免於厄.

子貢執轡曰:「二三子, 從夫子而遇此難也, 其不可忘已!」

孔子曰:「惡是何也? 語不云乎? 三折肱而成良醫. 夫陳蔡之間, 丘之幸也. 二三子從丘者, 皆幸人也. 吾聞人君不困不成王, 列士不困不成行. 昔者, 湯困於呂, 文王困於羑里, 秦穆公困於殽, 齊桓困於長勺, 勾踐困於會稽, 晉文困於驪氏. 夫困之爲道, 從寒之及暖, 暖之及寒也, 惟賢者, 獨知而難言之也. 易曰:『困, 亨, 貞, 大人吉, 无咎. 有言不信.』聖人所與人難言, 信也.」

【陳】 지금의 河南省 開封縣 동쪽에서부터 安徽省 亳縣까지의 옛 陳나라 땅.

【蔡】 옛 蔡나라 땅. 지금의 河南省 上蔡縣이 그 중심이다.

【遭難陳蔡之境】 孔子가 제자들을 이끌고 가다가 길을 잃어 7일간 고통을 겪은 일. 많은 기록에 이 이야기는 널리 실려 있다.

【子路】 孔子의 제자. 仲由

【援干之舞】 授는 援의 잘못. 《說苑疏證》에 "援原作授, 從拾補改"라 하였다.

【齊桓霸心生于莒】 齊桓公은 莒 땅으로 가서 고통을 겪다가 돌아와 패자가 되었다. 《史記》 齊太公世家 참조.

【勾踐困於會稽】越王 勾踐은 吳나라에 패하여 會稽山까지 쫓겨갔다.《史記》
越王勾踐世家 참조.

【晉文霸心生於驪氏】晉文公의 아버지인 獻公이 驪姬를 맞이하자 분란이 일어
重耳(文公)가 19년간의 망명생활을 하였다.《史記》晉世家 참조.

【子貢】孔子의 제자. 端木賜.

【湯困於呂】湯임금이 呂 땅에서 곤액을 당한 일.

【文王困於羑里】西伯昌 文王이 紂에 의해 羑里에 갇힌 일.《史記》殷本紀
참조.

【秦穆公困於殽】秦穆公이 殽山 아래에서 晉 惠公에게 패배하였을 때, 그의
도망간 말을 잡아먹었던 자들이 나서서 구해 준 사건.《史記》秦本紀 및《說苑》(6)
復恩篇 165(6-10) 참조.

【齊桓困於長勺】齊桓公이 魯나라 땅인 長勺에서 曹劌에게 패한 일.

【易曰】《周易》困卦(澤水困)의 구절.

참고 및 관련 자료

1.《孔子家語》困誓篇

孔子遭厄於陳蔡之間, 絶糧七日, 弟子餒病, 孔子絃歌. 子路入見曰:「夫子之歌, 禮乎?」
孔子弗應. 曲終而曰:「由來! 吾語女, 君子好樂, 爲無驕也, 小人好樂, 爲無懾也,
其誰之子不我知而從我者乎?」子路悅, 援戚而舞, 三終而出. 明日, 免於厄, 子貢執轡,
曰:「二,三子從夫子而遭此難也, 其弗忘矣!」孔子曰:「善, 惡何也, 夫陳蔡之間,
丘之幸也, 二,三子從丘者, 皆幸也. 吾聞之, 君不困不成王, 烈士不困行不彰, 庸知
其非激憤厲志之始於是乎在.」

2.《荀子》宥坐篇

孔子曰:「由! 居! 吾語女. 昔晉公子重耳霸心生於曹, 越王句踐霸心生於會稽, 齊桓公
小白霸心生於莒. 故居不隱者思不遠, 身不佚者志不廣. 女庸知吾不得之桑落之下!」

3.《呂氏春秋》愼人篇

孔子窮於陳·蔡之間, 七日不嘗食, 藜羹不糝. 宰予備矣, 孔子弦歌於室, 顏回擇菜
於外. 子路與子貢相與而言曰:「夫子逐於魯, 削迹於衛, 伐樹於宋, 窮於陳·蔡,
殺夫子者無罪, 藉夫子者不禁, 夫子弦歌鼓舞, 未嘗絶音, 蓋君子之無所醜也若此乎?」

顏回無以對, 入以告孔子. 孔子愀然推琴, 喟然而歎曰:「由與賜, 小人也. 召, 吾語之.」
子路與子貢入. 子貢曰:「如此者可謂窮矣!」孔子曰:「是何言也? 君子達於道之謂達,
窮於道之謂窮. 今丘也拘仁義之道, 以遭亂世之患, 其所也, 何窮之謂? 故內省而不
疚於道, 臨難而不失其德. 大寒旣至, 霜雪旣降, 吾是以知松柏之茂也. 昔桓公得之莒,
文公得之曹, 越王得之會稽. 陳·蔡之阨, 於丘其幸乎!」孔子烈然返瑟而弦, 子路抗
然執干而舞. 子貢曰:「吾不知天之高也, 不知地之下也.」古之得道者, 窮亦樂, 達亦樂.
所樂非窮達也, 道得於此, 則窮達一也, 爲寒暑風雨之序矣. 故許由虞乎潁陽, 而共
伯得乎共首.

4.《莊子》讓王篇

孔子窮於陳蔡之間, 七日不火食, 藜羹不糁, 顏色甚憊, 而猶弦歌於室. 顏回擇菜於外,
子路子貢相與言曰:「夫子再逐於魯, 削迹於衛, 伐樹於宋, 窮於商周, 圍於陳蔡,
殺夫子者无罪, 藉夫子者无禁. 弦歌鼓琴, 未嘗絶音, 君子之无恥也若此乎?」顏回
无以應, 入告孔子. 孔子推琴喟然而歎曰:「由與賜, 細人也. 召而來, 吾語之.」子路
子貢入. 子路曰:「如此者可謂窮矣!」孔子曰:「是何言也! 君子通於道之謂通, 窮於
道之謂窮. 今丘抱仁義之道以遭亂世之患, 其何窮之爲! 故內省而不疚於道, 臨難
而不失其德, 大寒旣至, 霜雪旣降, 吾是以知松柏之茂也. 陳蔡之隘, 於丘其幸乎!」
孔子削然反琴而弦歌, 子路挖然執干而舞. 子貢曰:「吾不知天之高也, 地之下也.」
古之得道者, 窮亦樂, 通亦樂. 所樂非窮通也, 道德於此, 則窮通爲寒暑風雨之序矣.
故許由娛於潁陽而共伯得志乎丘首.

5.《莊子》山水篇

孔子窮於陳蔡之間, 七日不火食, 左據槁木, 石擊槁枝, 而歌焱氏之風, 有其具而无
其數, 有其聲而无宮角, 木聲與人聲, 犁然有當於人之心. 顏回端拱還目而窺之. 仲尼
恐其廣己而造大也, 愛己而造哀也, 曰:「回, 无受天損易, 无受人益難. 无始而非卒也,
人與天一也. 夫今之歌者其誰乎?」回曰:「敢問无受天損易.」仲尼曰:「飢渴寒暑,
窮桎不行, 天地之行也, 運物之泄也, 言與之偕逝之謂也. 爲人臣者, 不敢去之. 執臣
之道猶若是, 而況乎所以待天乎!」「何謂无受人益難?」仲尼曰:「始用四達, 爵祿並
至而不窮, 物之所利, 乃非己也, 吾命其在外者也. 不給視, 雖落其實, 棄之而走.
其畏人也, 而襲諸人間, 社稷存焉爾.」「何謂无始而非卒?」仲尼曰:「化其萬物而不
知其禪之者, 焉知其所終? 焉知其所始? 正而待之而已耳.」「何謂人與天一邪?」
仲尼曰:「有人, 天也; 有天, 亦天也. 人之不能有天, 性也, 聖人晏然體逝而終矣!」

705(17-17) 孔子困於陳蔡之間
이레를 굶은 공자와 제자들

공자孔子가 진채지간陳蔡之間에서 곤액을 당하여 다 낡은 집에서 아주 초라한 풀 자리를 깔고 견뎌야 했다. 이레 동안 먹지도 못해 명아주국조차 쌀가루를 넣지 않은 것이었고, 제자들은 굶주린 빛이 더욱 심하였다. 그런 속에서도 공자는 《시詩》·《서書》를 읽으며, 《예禮》 닦기를 쉬지 않는 것이었다. 자로子路가 참다못해 들어가 이렇게 간하였다.

"무릇 착한 일을 하는 자는 하늘이 이에게 복으로 보답해 주고, 옳지 못한 일을 하는 자는 하늘이 그에게 화를 내린다고 하였습니다. 지금 선생님께서는 덕을 쌓고 착한 일을 실행한 지가 오래 되었습니다. 아직도 빠뜨리신 것이 있어서일까요? 어째서 아직 숨겨진 채 드러나지 않을까요?"

공자가 이렇게 달래었다.

"유由야! 이리 오너라. 너는 모른다. 앉아라. 내 너에게 일러 주마. 너는 지혜로운 사람은 모르는 것이 없다고 여기느냐? 그렇다면 왕자王子 비간比干은 어째서 심장을 해부당하고 죽었겠느냐?

또 간언이라는 것은 반드시 채택되는 것이라 생각하느냐? 그렇다면 오자서伍子胥는 어째서 눈을 빼어 오吳나라 동문東門에 달아 달라 하였겠느냐?

청렴한 자는 반드시 등용된다고 여기느냐? 그렇다면 백이伯夷·숙제叔齊는 어째서 수양산首陽山 아래에서 굶어 죽었겠느냐?

孔子 「在陳絶糧」圖 石可(중국 현대)

충성된 자는 반드시 거용된다고 믿느냐? 그렇다면 포장鮑莊은 어찌
하여 살이 마르도록 가난하게 살았고, 형공자고荊公子高는 종신토록
현달하지 못하였으며, 포초鮑焦는 나무를 껴안고 서서 말라 죽었으며,
개자추介子推는 산 속으로 숨어 불에 타죽었겠느냐?

그러므로 군자 중에는 박학심모博學深謀하면서도 때를 만나지 못한
사람이 많은 법이다. 어찌 나만 그렇겠느냐?

어질고 어질지 못함은 재才요, 하고 아니하는 것은 인人이며, 만나고
못 만나는 것은 시時요, 죽고 사는 것은 명命이다. 재능이 있으면서
때를 만나지 못하면 비록 재才가 있다 해도 써 볼 기회가 없다. 때를
만나기만 한다면 무엇이 어렵겠느냐? 그러므로 순舜임금이 역산歷山
에서 농사를 짓고 강가에서 도자기를 구웠지만, 천자가 된 것은 바로
요堯임금을 만났기 때문이요, 부열傅說이 흙을 짊어져 나르는 일을
하다가도 판축板築의 노역에서 석방되어 천자를 돕게 된 것은 무정武丁을
만났기 때문이다.

또 이윤伊尹은 본래 유신씨有莘氏의 잉신媵臣으로 정저鼎俎를 짊어지고 오미五味의 음식을 만드는 천한 직책이었으나, 천자를 보좌하는 자리에 오르게 된 것은 성탕成湯이 있는 시대를 만났기 때문이다.

그런가 하면 여망呂望은 쉰 살이 되도록 극진棘津에서 밥장수를 하였고, 일흔이 되도록 조가朝歌에서 소 잡는 백정 노릇을 하다가 아흔 살에야 천자의 사師가 되었으니, 이는 바로 문왕文王을 만났기 때문이다.

그런가 하면 관이오管夷吾는 몸이 묶이고 눈이 가려져 죄수 수레에 갇혔지만, 그 수레에서 스스로 일어나 제나라의 중부仲父가 되었으니, 이는 제齊 환공桓公같은 이를 만났기에 가능하였던 것이다.

그리고 백리해百里奚는 스스로 다섯 마리의 양가죽에 팔려 초나라에서 양치기를 하였지만, 백씨伯氏가 이를 경대부卿大夫로 삼을 만하다고 여기게 된 것은 진秦 목공穆公을 만났기 때문이다.

심윤沈尹이 그 이름이 천하에 알려져 영윤令尹이 되었지만, 그 자리를 손숙오孫叔敖에게 양보하게 된 것은 초楚 장왕莊王과 같은 이를 만났기 때문이다.

그러나 오자서伍子胥는 먼저 많은 공을 세워 놓고도 뒤에 죽음을 당한 것은, 그의 지혜가 점점 쇠약해져서가 아니라 합려闔廬를 먼저 만나고 부차夫差를 나중에 만났기 때문이다.

무릇 천리마가 소금 수레에 매달려 곤액을 치러야 하는 것은, 그 말이 천리마의 형상을 갖추지 못해서가 아니라 세상이 그의 능력을 알아 주지 못하기 때문이다. 그 말을 왕량王良이나 조보造父로 하여금 부리게 하였다면 어찌 1천 리를 달리지 못하겠느냐? 지란芝蘭이 깊은 숲 속에 났더라도 사람이 없다고 해서 향기를 발하지 아니하는 것은 아니다.

그러므로 학자는 통달通達함을 위할 것이 아니라 궁한 경우에도 좌절하지 않으며, 근심이 있어도 그 뜻을 쇠약하게 하지 않는 일에 힘써야 한다. 이렇게 해야 화복禍福의 종시終始를 알아 마음에 미혹迷惑함이 없어지기 때문이다. 성인의 깊은 염려는 독지독견獨知獨見하여 순舜임금

역시 어질고 성스러운 분이었으나, 그가 남면南面하여 천하를 다스릴 수 있었던 것은 오직 요堯임금을 만났기 때문이다. 그러한 순舜임금으로 하여금 걸桀·주紂 같은 시대에 처하게 하였다면 능히 스스로 형륙刑戮으로부터 면하는 것만이 가한 일인데, 어찌 관직을 얻어 다스릴 수 있었겠느냐?

걸桀은 관룡방關龍逄을 죽였고, 주紂는 왕자 비간比干을 죽였다. 이때에 어찌 관룡방이 무지해서 그랬겠으며 비간이 자애롭지 않아서 그렇게 당하였겠느냐? 이는 걸·주의 무도한 세상이 그를 죽게 한 것이다. 그러므로 군자는 부지런히 배우고, 몸을 수양하며, 행동을 단정히 하여 모름지기 때를 기다려야 하느니라!"

孔子困於陳, 蔡之間, 居環堵之內, 席三經之席, 七日不食, 藜羹不糝, 弟子皆有飢色, 讀詩書治禮不休.

子路進諫曰:「凡人爲善者, 天報以福, 爲不善者, 天報以禍. 今先生積德行, 爲善久矣. 意者, 尚有遺行乎? 奚居隱也!」

孔子曰:「由, 來, 汝不知. 坐, 吾語汝. 子以夫知者, 無不知乎? 則王子比干何爲剖心而死? 以諫者, 爲必聽耶? 伍子胥何爲抉目於吳東門? 子以廉者, 爲必用乎? 伯夷·叔齊何爲餓死於首陽山之下? 子以忠者, 爲必用乎? 則鮑莊何爲而肉枯? 荊公子高終身不顯, 鮑焦抱木而立枯, 介子推登山焚死? 故夫君子博學深謀, 不遇時者, 衆矣, 豈獨丘哉! 賢不肖者, 才也, 爲不爲者, 人也, 遇不遇者, 時也, 死生者, 命也; 有其才不遇其時, 雖才不用, 苟遇其時, 何難之有! 故舜耕歷山, 而逃於河畔, 立爲天子, 則其遇堯也. 傅說負壤土, 釋板築, 而立佐天子, 則其遇武丁也. 伊尹, 有莘氏媵臣也, 負鼎俎調五味, 而佐天子, 則其遇成湯也. 呂望

行年五十賣食於棘津, 行年七十屠牛朝歌, 行年九十爲天子師,
則其遇文王也. 管夷吾束縛膠目, 居檻車中, 自車中起爲仲父,
則其遇齊桓公也. 百里奚自賣取五羊皮, 伯氏牧羊, 以爲卿大夫,
則其遇秦穆公也. 沈尹名聞天下, 以爲令尹, 而讓孫叔敖, 則其
遇楚莊王也. 伍子胥前多功, 後戮死, 非其智益衰也, 前遇闔廬,
後遇夫差也. 夫驥厄罷鹽車, 非無驥狀也, 夫世莫能知也; 使驥
得王良造父, 驥無千里之足乎? 芝蘭生深林, 非爲無人而不香.
故學者, 非爲通也, 爲窮而不困也, 憂不衰也, 此之禍福之始,
而心不惑也, 聖人之深念, 獨知獨見. 舜亦賢聖矣, 南面治天下,
惟其遇堯也; 使舜居桀紂之世, 能自免於刑戮固可也, 又何官
得治乎? 夫桀殺關龍逢, 而紂殺王子比干, 當是時, 豈關龍逢無知,
而比干無慧哉? 此桀紂無道之世然也. 故君子積學修身端行,
以須其時也.」

【環堵】 사방이 담으로 둘러싸인 허술한 집을 이른다. 陶淵明의 〈五柳先生傳〉에
    "環堵蕭然, 不蔽風日"이라 하였다.
【三經之席】 세 줄의 실로 엮은 자리. 보잘것없는 草席. 혹은 三經을 겨우 펴놓을
    만한 좁은 자리라도 한다.
【子路】 孔子 弟子. 仲由.
【王子 比干】 殷末 紂임금 때의 신하. 紂가 그를 죽이면서 '聖人에게는 일곱
    개의 구멍이 있다던데 어디 보자'하고 심장을 해부했다 한다.
【抉目於吳東門】 吳王 夫差가 伍子胥에게 사형을 내리자 '내 눈을 빼어 吳나라
    동문에 걸어 오나라가 망하는 것을 보게 해 달라'고 원한을 보였다.
【餓死於首陽山】《史記》伯夷列傳 참조.
【鮑莊】 人名. 자세히 알 수 없다.
【荊公子高】 葉公子高인 沈諸梁을 가리킨다.《新書》卷4(072) 참조.

【鮑焦】 周나라 때의 隱士.

【介子推】 晉文公의 망명생활을 따라 다녔으나 끝내 벼슬을 얻지 못하고 죽었다.
'寒食'의 故事를 남겼다.《說苑》復恩篇 159(6-4) 참조.

【歷山】 지금의 山東省 歷城縣.

【傅說】 殷나라 高宗(武丁)의 현신. 高宗이 꿈속에서 그를 보고 성 쌓는 노예
중에 이를 찾아냄.《史記》殷本紀에 "武丁夜夢得聖人, 名曰說, 以夢所見視群臣
百吏, 皆非也, 於是乃使百工營求之野, 得說於傅險中, 是時說爲胥靡, 築於傅險,
見於武丁, 武丁曰是也, 得而與之語, 果聖人, 擧以爲相, 殷國大治, 故遂以傅險姓之,
號曰傅說"이라 하였다.

【武丁】 殷나라 中興의 高宗.

【伊尹】 湯임금의 賢相.

【有莘氏】 지금의 山東省 曹縣 근처에 살던 집단 氏族 이름.

【滕臣】 여자를 시집보낼 때 딸려 보내는 남자 종.

【鼎俎】 솥과 도마. 조리기구.

【呂望】 呂尙. 姜太公望. 子牙.

【棘津】 地名.

【朝歌】 地名. 원래 殷의 도읍이었던 곳. 지금의 河南省 淇縣 근처.

【文王】 西伯昌. 周 文王.

【管夷吾】 管仲.《史記》管子列傳 및 齊太公世家 참조.

【齊桓公】 춘추오패의 하나. 재위 43년(B.C.685~643).

【百里奚】 五羖大夫.《史記》秦本紀 참조.

【伯氏】 秦穆公을 가리킨다.

【秦穆公】 춘추오패의 하나. 재위 39년(B.C.659~621).

【沈尹】 楚나라 令尹으로 孫叔敖에게 令尹을 양보한 인물.《韓詩外傳》卷2(032)
참조.

【孫叔敖】 蔿敖. 楚莊王의 名相. '兩頭蛇'의 고사를 남긴 인물.

【楚莊王】 춘추 오패의 하나. 재위 23년(B.C.613~591).

【闔廬】 춘추 말기 吳나라 군주.

【夫差】 闔廬의 아들. 春秋 말기 吳나라 군주.

【王良】 춘추시대 晉나라 大夫. 無恤子良, 孫無政으로도 불리며 趙簡子의 마부.
말을 잘 다룸.

【造父】周穆王의 八駿馬를 잘 다룬 인물.

【憂不衰】"憂而志不衰"로 보기도 한다.《說苑疏證》에 "而志二字原脫, 從拾補補"라 하였다.

【關龍逄】夏桀 때의 충신. 關龍逢으로도 쓴다.

참고 및 관련 자료

1.《論語》衛靈公篇

衛靈公問陳於孔子. 孔子對曰:「俎豆之事, 則嘗聞之矣; 軍旅之事, 未之學也.」明日遂行. 在陳絶糧, 從者病, 莫能興. 子路慍見曰:「君子亦有窮乎?」子曰:「君子固窮, 小人窮斯濫矣.」

2.《荀子》宥坐篇

孔子南適楚, 厄於陳蔡之間, 七日不火食, 藜羹不糂, 弟子皆有飢色. 子路進問之曰:「由聞之: 爲善者天報之以福, 爲不善者天報之以禍, 今夫子累德積義, 懷美, 行之日久矣, 奚居之隱也?」孔子曰:「由不識, 吾語汝. 女以知者爲必用邪? 王子比干不見剖心乎! 女以忠者爲必用邪? 關龍逄不見刑乎! 女以諫者爲必用邪? 吳子胥不磔姑蘇東門外乎! 夫遇不遇者, 時也; 賢不肖者, 材也; 君子博學深謀不遇時者多矣! 由是觀之, 不遇世者衆矣! 何獨丘哉? 且夫芷蘭生於深林, 非以無人而不芳. 君子之學, 非爲通也, 爲窮而不困, 憂而意不衰也, 知禍福終始而心不惑也. 夫賢不肖者, 材也; 爲不爲者, 人也; 遇不遇者, 時也; 死生者, 命也. 今有其人不遇其時, 雖賢, 其能行乎? 苟遇其時, 何難之有? 故君子博學深謀, 修身端行以俟其時.」

3.《韓詩外傳》卷7

孔子困於陳蔡之間, 卽三經之席, 七日不食, 藜羹不糝, 弟子有飢色, 讀詩書, 習禮樂不休. 子路進諫曰:「爲善者, 天報之以福, 爲不善者, 天報之以禍. 今夫子積德累仁, 爲善久矣, 意者尙有遺行乎, 奚居之隱也?」孔子曰:「由來! 汝小人也, 未講於論也. 居, 吾語汝. 子以知者爲無罪乎, 則王子比干何爲刳心而死? 子以義者爲聽乎, 則伍子胥何爲抉目而懸吳東門? 子以廉者爲用乎, 則伯夷叔齊何爲餓於首陽之山? 子以忠者爲用乎, 則鮑叔何爲而不用, 葉公子高終身不仕, 鮑焦抱木而立, 子推登山而燔? 故君子博學深謀, 不遇時者衆矣. 豈獨丘哉? 賢不肖者, 材也; 遇不遇者時也. 今無有時, 賢安所用哉? 故虞舜耕於歷山之陽, 立爲天子, 其遇堯也. 傅說負土而版築,以爲大夫, 其遇武丁也. 伊尹故有莘氏僮也, 負鼎操俎調五味, 而立爲相, 其遇湯也. 呂望行年五十, 賣食棘津, 年七十屠於朝歌, 九十乃爲天子師, 則遇文王也. 管夷吾束縛自檻車, 以爲仲父, 則遇齊桓公也. 百里奚自賣五羊之皮, 爲秦伯牧牛, 舉爲大夫, 則遇秦繆公也. 虞丘名聞於天下, 以爲令尹, 讓於孫叔敖, 則遇楚莊王也. 伍子胥前功多, 後戮死, 非知有盛衰也, 前遇闔閭, 後遇夫差也. 夫驥罷鹽車, 此非無形容也, 莫知之也. 使驥不得伯樂, 安得千里之足? 造父亦無千里之手矣. 夫蘭茝生於茂林之中, 深山之間, 不爲人莫見之故不芬. 夫學者非爲通也. 爲窮而不困, 憂而志不衰, 先知禍福之終始而心無惑焉. 故聖人隱居深念, 獨聞獨見. 夫舜亦賢聖矣, 南面而治天下, 惟其遇堯也. 使舜居桀紂之世, 能自免於刑戮之中, 則爲善矣, 亦何位之有? 桀殺關龍逢, 紂殺王子比干, 當此之時, 豈關龍逢無知, 而王子比干不慧乎哉? 此皆不遇時也. 故君子務學, 脩身端行而須其時者也. 子無惑焉.」 詩曰:『鶴鳴九皋, 聲聞於天.』

4.《孔子家語》在厄篇

楚昭王聘孔子, 孔子往拜禮焉. 路出於陳蔡, 陳蔡相與謀曰:「孔子聖賢, 其所刺譏, 皆中諸侯之病, 若用於楚, 則陳蔡危矣.」 遂使徒兵距孔子. 孔子不得行, 絕糧七日, 外無所通, 藜羹不充, 從者皆病. 孔子愈慷慨講誦, 絃歌不衰, 乃召子路而問焉, 曰: 「詩云:『匪兕匪虎, 率彼曠野.』吾道非乎? 奚爲至於此?」子路慍, 作色而對曰:「君子無所困. 意者夫子未仁與? 人之弗吾信也; 意者夫子未智與? 人之弗吾行也. 且由也, 昔者聞諸夫子曰:『爲善者天報之以福, 爲不善者天報之以禍.』今夫子積德懷義, 行之久矣, 奚居之窮也?」子曰:「由, 未之識也, 吾語汝. 汝以仁者爲必信也? 則伯夷叔齊不餓死首陽; 汝以智者爲必用也? 則王子比干不見剖心; 汝以忠者爲必報也? 則關龍逢不見刑; 汝以諫者爲必聽也? 則伍子胥不見殺. 夫遇不遇者, 時也; 賢不肖者, 才也. 君子博學深謀而不遇時者衆矣, 何獨丘哉! 且芝蘭生於深林, 不以無人而不芳, 君子修道立德, 不爲窮困而改節, 爲之者人也, 生死者命也.」

5.《史記》孔子世家

孔子遷于蔡三歲, 吳伐陳. 楚救陳, 軍于城父. 聞孔子在陳蔡之間, 楚使人聘孔子. 孔子將往拜禮, 陳蔡大夫謀曰:「孔子賢者, 所刺譏皆中諸侯之疾. 今者久留陳蔡之間, 諸大夫所設皆非仲尼之意. 今楚, 大國也, 來聘孔子. 孔子用於楚, 則陳蔡用事大夫危矣.」於是乃相與發徒役圍孔子於野. 不得行, 絕糧. 從者病, 莫能興. 孔子講誦弦歌不衰. 子路慍見曰:「君子亦有窮乎?」孔子曰:「君子固窮, 小人窮斯濫矣.」

6. 《十八史略》卷一

楚使人聘之, 陳蔡大夫謀曰:「孔子用於楚, 則陳蔡危矣.」相與發徒, 圍之於野. 孔子曰:「詩云:『匪兕匪虎, 率彼曠野』, 吾道非邪? 吾何爲於是?」子貢曰:「夫子道至大, 天下莫能容.」顏回曰:「不容何病? 然後見君子.」楚昭王興師迎之, 乃得至楚, 將封以書社地七百里, 令尹子西不可.

706(17-18) 孔子之宋匡簡子將殺陽虎
양호를 닮은 공자

공자孔子가 송宋나라로 가면서 광匡 땅을 지나게 되었다. 그런데 마침 광간자匡簡子가 양호陽虎를 죽이려던 차에, 공자가 양호를 닮아 공자를 양호인 줄 알고 병사들이 공자가 묵고 있던 집을 에워싸 버렸다. 자로子路가 노하여 창을 들고 나서서 그들과 싸우려고 하였다.

이에 공자가 이렇게 만류하였다.

"인의仁義를 배웠다면서 어찌 속됨을 벗지 못하느냐?《시詩》·《서書》를 익혀두지 않고 《서書》·《악樂》을 잘 닦지 않은 것, 이것이 나의 과실이다. 내가 만약 양호를 닮았다면 이는 나의 죄가 아니라 운명일 뿐이다. 유由야! 노래를 부르렴. 내가 너에게 화답和答하마!"

이리하여 자로가 노래를 부르고 공자가 답가를 불렀다. 세 곡을 마치자 군대들이 스스로 물러가고 말았다.

孔子之宋, 匡簡子將殺陽虎, 孔子似之. 甲士以圍孔子之舍, 子路怒, 奮戟將下鬪.

孔子止之, 曰:「何仁義之不免俗也? 夫詩書之不習, 禮樂之不修也, 是丘之過也. 若似陽虎, 則非丘之罪也, 命也夫. 由, 歌, 予和汝.」

子路歌, 孔子和之, 三終而甲罷.

【宋】國나라 이름. 지금의 河南省 商丘縣. 원래 殷의 후예.

【匡】地名. 衛나라 땅. 지금의 河南省 長垣縣 근처.

【匡簡子】匡 땅의 諸侯.

【陽虎】원래 魯나라 季氏의 家臣. 字는 貨.《論語》陽貨篇의 人物.

【子路】孔子의 弟子. 仲由.

【詩·書·禮·樂】孔子가 교재로 쓴 經書. 뒤에《春秋》·《周易》과 더불어 六經
으로 불렸으며《樂》은 실제 문서로 남아 있지 않아 이를 제외한 나머지 다섯을
五經이라 한다.

참고 및 관련 자료

1.《論語》子罕篇

子畏於匡, 曰:「文王旣沒, 文不在玆乎? 天之將喪斯文也, 後死者不得與於斯文也;
天之未喪斯文也, 匡人其如予何?」

2.《史記》孔子世家

將適陳, 過匡, 顔刻爲僕, 以其策指之曰:「昔吾入此, 由彼缺也.」匡人聞之, 以爲魯
之陽虎. 陽虎嘗暴匡人, 匡人於是遂止孔子. 孔子狀類陽虎, 拘焉五日. 顔淵後, 子曰:
「吾以汝爲死矣.」顔淵曰:「子在, 回何敢死!」匡人拘孔子益急, 弟子懼. 孔子曰:
「文王旣沒, 文不在玆乎? 天之將喪斯文也, 後死者不得與于斯文也. 天之未喪斯文也,
匡人其如予何!」孔子使從者爲甯武子臣於衛, 然後得去.

3.《韓詩外傳》卷6

孔子行, 簡子將殺陽虎, 孔子似之, 帶甲以圍孔子舍. 子路慍怒, 奮戟將下. 孔子止之
曰:「由! 何仁義之寡裕也. 夫詩書之不習. 禮樂之不講, 是丘之罪也. 若我非陽虎而
以我爲陽虎, 則非丘之罪也. 命也夫! 歌, 予和若.」子路歌, 孔子和之, 三終而圍罷.

4.《孔子家語》困誓篇

孔子之宋, 匡人簡子以甲士圍之. 子路怒, 奮戟將與戰, 孔子止之, 曰:「惡有脩仁義
而不免世俗之惡者乎? 夫詩書之不講, 禮樂之不習, 是丘之過也. 若以述先王好古
法而爲咎者, 則非丘之罪也. 命也夫! 由歌, 予和汝.」子路彈琴而歌, 孔子和之,
曲三終, 匡人解甲而罷.

5. 《十八史略》 卷1

適衛, 將適陳, 過匡, 匡人嘗爲陽虎所暴, 孔子貌類陽虎, 止之. 旣免反于衛, 醜靈公所爲, 去之.

6. 《孔子集語》 事譜(下)

孔子行, 簡子將殺陽虎, 孔子似之, 帶甲以圍孔子舍, 子路慍怒, 奮戟將下, 孔子止之, 曰:「由. 何仁義之寡裕也! 夫詩書之不習, 禮樂之不講, 是丘之罪也. 若吾非陽虎, 而以我爲陽虎, 則非丘之罪也, 命也! 我歌, 子和若.」子路歌, 孔子和之, 三終而圍罷.

7. 기타 참고자료

《莊子》外物篇, 秋水篇·《琴操》孔子厄篇

707(17-19) 孔子曰不觀於高岸
선비로서 조심해야 할 세 가지

공자孔子가 말하였다.

"높은 절벽을 내려다보지 않으면 어찌 추락할 근심이 있겠으며, 깊은 물가에 가까이 가지 않으면 어찌 물에 빠질 염려가 있겠으며, 바닷가에서 노닐지 않으면 어찌 풍파의 근심이 있겠는가? 그런 위험을 당하는 자는 모두가 그런 곳에 갔기 때문이 아니겠는가? 선비로서 이 세 가지만 조심하면 남에게 폐를 끼치지 않을 것이다."

孔子曰:「不觀於高岸, 何以知顚墜之患; 不臨深淵, 何以知沒溺之患; 不觀於海上, 何以知風波之患? 失之者, 其不在此乎? 士愼三者, 無累於人.」

参고 및 관련 자료

1.《孔子家語》困誓篇

孔子曰: 不觀高崖, 何以知顚墜之患; 不臨深泉, 何以知沒溺之患; 不觀巨海, 何以知風波之患. 失之者其不在此乎? 士愼此三者, 則無累於身矣.

708(17-20) 曾子曰響不辭聲
메아리와 거울

증자曾子가 말하였다.

"메아리는 소리를 거절하지 않으며 거울은 모습 비추기를 사양하지 않는다. 군자는 하나를 바르게 하면 만물이 모두 이루어진다.

행동은 그림자를 위해서 하는 것이 아니건만 그림자가 이를 따라하고, 소리는 메아리를 위해서 내는 것이 아니건만 메아리는 소리를 따라 생겨난다. 그러므로 군자는 공이 이루어지면 그 이름이 따르게 마련이다."

曾子曰:「響不辭聲, 鑑不辭形, 君子正一而萬物皆成. 夫行非爲影也, 而影隨之; 呼非爲響也, 而響和之. 故君子功先成而名隨之.」

【曾子】曾參. 孔子의 제자.
【響不辭聲, 鑑不辭形】"서로가 不可分의 관계에 있다"는 뜻.

709(17-21) 子夏問仲尼
네 사람이 나를 섬기는 이유

자하子夏가 중니仲尼에게 여쭈었다.
"안연顏淵의 사람됨은 어떻습니까?"
공자가 대답하였다.
"회回(안회)는 믿음이 있지. 나보다도 낫지."
자하가 다시 여쭈었다.
"그럼, 자공子貢의 사람됨은 어떻습니까?"
공자가 대답하였다.
"사賜(자공)는 민첩하지. 그도 나보다 낫지!"
자하가 다시 여쭈었다.
"다음으로 자로子路는 어떻습니까?"
공자가 평하였다.
"유由(자로)는 용기가 있지. 그것도 나보다 낫지!"
자하가 다시 여쭈었다.
"그러면 자장子張은 어떻습니까?"
"사師(자사)는 장중莊重하기가 나보다 낫지!"
이에 자하는 자리를 피해 앉으며 다시 물었다.
"그렇다면 그 네 사람이 무엇 때문에 선생님을 모십니까?"

顔子(顔回, 子淵, 顔淵)《三才圖會》

공자는 이렇게 설명하였다.

"앉아라! 내가 너에게 일러 주마. 안회는 믿음에는 능하나 반복함이
모자라고, 자공은 민첩하나 능히 굽힐 줄 모르며, 자로는 용맹하나
겁 먹을 줄 모르고, 자장은 장엄하나 동화同和할 줄 모른다. 그런즉
이 네 사람의 장점을 다 갖춘다는 것은 나도 하기 어렵다."

무릇 지극히 성스러운 선비란 반드시 진퇴의 이익과 굴신屈伸의 용처
用處를 잘 살피는 자이다.

子夏問仲尼曰:「顔淵之爲人也, 何若?」

曰:「回之信, 賢於丘也.」

曰:「子貢之爲人也, 何若?」

曰:「賜之敏, 賢於丘也.」

曰:「子路之爲人也, 何若?」

曰:「由之勇, 賢於丘也.」

曰:「子張之爲人, 何若?」

曰:「師之莊, 賢於丘也.」

於是子夏避席而問曰:「然則四者, 何爲事先生?」

曰:「坐, 吾語汝. 回能信而不能反, 賜能敏而不能屈, 由能勇
而不能怯, 師能莊而不能同. 兼此四子者, 丘不爲也. 夫所謂至
聖之士, 必見進退之利, 屈伸之用者也.」

【子夏】 孔子 제자. 卜商, 子游와 더불어 文學에 뛰어났다 한다.

【仲尼】 孔子. 孔丘.

【顔淵】 顔回. 魯나라 출신. 孔子가 가장 아꼈던 인물.

【子貢】 端木賜. 衛나라 출신. 《史記》에는 端沐賜.

【子路】 仲由. 政事에 뛰어났다고 한다.

【子張】 孫師. 陳나라 출신. 孔子보다 48세나 어렸다고 한다. 이상 孔子 弟子들은
《史記》 仲尼弟子列傳과 《孔子家語》 七十二弟子解를 참조할 것.

【然則四者】 "然則四子者"로 보기도 한다. 《說苑疏證》에 "子字原脫, 從劉氏轂
補補"라 하였다.

【兼此四子者】 다음에 脫文이 있는 것이 아닌가 한다. 《說苑疏證》에 "劉氏轂補云
兼此四子者下, 疑有脫文"이라 하였다.

참고 및 관련 자료

1. 《列子》 仲尼篇

子夏問孔子曰:「顔回之爲人奚若?」子曰:「回之仁, 賢於丘也.」曰:「子貢之爲人奚若?」
子曰:「賜之辨, 賢於丘也.」曰:「子路爲人奚若?」子曰:「由之勇, 賢於丘也.」曰:
「子張之爲人奚若?」曰:「師之莊, 賢於丘也.」子夏避席而問曰:「然則四子者何爲
事夫子?」曰:「居, 吾語汝. 夫回能仁而不能反, 賜能辨而不能訥, 由能勇而不能怯,
師能莊而不能同. 兼四子之有以易吾, 吾弗許也. 此其所以事吾而不貳也.」

2. 《淮南子》 人間訓

人或問孔子曰:「顔回何如人也?」曰:「仁人也, 丘弗如也.」「子貢何如人也?」曰:
「辯人也, 丘弗如也.」「子路何如人也?」曰:「勇人也, 丘弗如也.」賓曰:「三人皆賢夫子,

而爲夫子役, 何也?」夫子曰:「丘能仁且忍, 辯且訥, 勇且怯. 以三子之能易丘一道, 丘弗爲也.」

3.《孔子家語》六本篇

子夏問於孔子曰:「顏回之爲人奚若?」子曰:「回之信, 賢於丘.」曰:「子貢之爲人奚若?」子曰:「賜之敏, 賢於丘.」曰:「子路之爲人奚若?」子曰:「由之勇, 賢於丘.」曰:「子張之爲人奚若?」子曰:「師之莊賢於丘.」子夏避席而問曰:「然則四子何爲事先生?」子曰:「居, 吾語汝. 夫回能信而不能反, 賜能敏而不能詘, 由能勇而不能怯, 師能莊而不能同, 兼四子者之有以易, 吾弗與也, 此其所以事吾而弗貳也.」

양의의 문전에는 환자가 모이고

동곽자혜東郭子惠가 자공子貢에게 물었다.

"그대 선생님 문하門下에는 어찌 그리 잡다한 사람들이 모입니까?"

자공은 이렇게 설명하였다.

"무릇 은괄隱括 곁에는 굽은 나무가 많으며, 양의良醫의 문전에는 환자가 모이고, 숫돌 옆에는 날이 무디어진 칼이 많은 법입니다. 이 때문에 찾아오는 자가 많아 복잡한 것입니다."

《시詩》에 '무성한 저 버들매미 울음 요란하고, 깊고 깊은 저 연못가 갈대들이 우거지네!'라 하였으니 큰 인물 곁에는 용납하지 못할 것이 없다는 뜻이다.

東郭子惠問於子貢曰:「夫子之門, 何其雜也?」

子貢曰:「夫隱括之旁多枉木, 良醫之門多疾人, 砥礪之旁多頑鈍. 夫子脩道以俟天下, 來者不止, 是以雜也.」

詩云:『菀彼柳斯, 鳴蜩嘒嘒; 有漼者淵, 莞葦淠淠.』

言大者之旁, 無所不容.

【東郭之惠】인명.《荀子》에는 '南郭惠子'로,《尚書大傳》에는 '東郭子思'로 되어 있다.

【子貢】공자의 弟子. 端木賜.

【隱括】'檃栝'로도 쓰며, 굽은 나무를 바르게 펴는 공구.

【詩云】《詩經》小雅 小弁의 구절.

참고 및 관련 자료

1. 《荀子》法行篇

南郭惠子問於子貢曰:「夫子之門何其雜也?」子貢曰:「君子正身以俟, 欲來者不距, 欲去者不止. 且夫良醫之門多病人, 檃栝之側多枉木, 是以雜也.」

2. 《尙書大傳》略說

東郭子思問於子貢曰:「夫子之門何其雜也?」子貢曰:「夫檃栝之傍多枉木, 良醫之門多疾人, 砥礪之旁多頑鈍.」夫子聞之曰:「修道以俟天下, 來者不止, 是以雜也.」

711(17-23) 昔者南瑕子過程太子
도롱뇽탕

옛날 **남하자**南瑕子가 정태자程太子를 찾아갔다. 그러자 태자太子가 그에게 도롱뇽으로 탕을 끓여 주는 것이었다.

남하자가 이를 보고서 말하였다.

"제가 듣기로 군자는 도롱뇽을 먹지 않는다고 하였습니다!"

그러자 정태자는 이렇게 말하였다.

"그대가 군자요, 아니면 군자가 아니요? 그대는 무엇을 목적으로 삼고 있소?"

남하자가 이렇게 말하였다.

"제가 듣기로 군자가 위를 비교하여 배우면 덕을 넓히게 되고, 아래를 따라 배우면 그 행동이 협소해진다고 하였습니다.(또 선에 비유하면 스스로 나아가는 계단이 되고) 악에 비유하면 스스로 퇴보하는 근원이 됩니다. 《시詩》에 이르기를 '높은 산은 우러러볼 것이요, 훌륭한 행동은 이를 본받아야 하리라'라 하였으니, 내 어찌 군자에 비유할 수가 있겠습니까마는 군자 되기에 뜻을 두고 이를 지향할 뿐이지요!"

공자孔子는 이렇게 말하였다.

"어진 이를 보면 그와 같아지려고 노력하고, 어질지 못한 이를 보면 스스로 반성하여 살필지니라."

昔者, 南瑕子過程太子, 太子爲烹鯢魚.

南瑕子曰:「吾聞君子不食鯢魚.」

程太子曰:「乃君子否? 子何事焉?」

南瑕子曰:「吾聞君子上比, 所以廣德也, 下比, 所以狹行也, 於惡自退之原也. 詩云:『高山仰止, 景行行止.』吾豈敢自以爲君子哉? 志向之而已.」

孔子曰:「見賢思齊焉, 見不賢而內自省.」

【南瑕子】人名. 구체적으로는 알 수 없으나,《韓詩外傳》에는 '南假子'로 되어 있다.

【程太子】'程本子', 즉 '子華子'가 아닌가 한다. 〈四庫全書本〉과 〈四部備要本〉에는 모두 '程太子'로 되어 있으나,《說苑疏證》과《韓詩外傳》에는 '程本子'로 되어 있고, 賴炎元의 注에 "程本(子), 春秋晉國人, 博學善持論, 名聞於諸侯, 自號程子, 後改稱子華子, 著有子華子"라 하였다.

【太子】'本子'의 오기.

【鯢魚】도롱뇽. 山椒魚.

【於惡自退之原也】"比於善, 自進之階也, 比於惡, 自退之原也"로 고쳐야 할 것으로 보인다.(《韓詩外傳》 참조) 한편《說苑疏證》에는 "比於善自進之階也比九字原脫, 從拾補補"라 하였다. 그러나 〈四庫全書本〉과 〈四部備要本〉에는 이 구절이 실려 있지 않다.

【詩云】《詩經》小雅 車舝의 구절

【孔子曰】《論語》里仁篇의 구절

참고 및 관련 자료

1.《韓詩外傳》卷7

傳曰: 南假子過程本子, 本子爲之烹鱷魚. 南假子曰:「吾聞君子不食鱷魚.」本子曰:

「此乃君子不食也, 我何與焉?」假子曰:「夫高比所以廣德也, 下比所以狹行也. 比於善者, 自進之階; 比於惡者, 自退之原也. 且詩不云乎:『高山仰止, 景行行止.』吾豈自比君子哉? 志慕之而已矣.」

712(17-24) 孔子觀於呂梁
여량의 폭포

공자孔子가 여량呂梁에서 마흔 길이나 되는 폭포와 그 소용돌이치는 물줄기가 90리나 이어짐을 구경하고 있었다. 그곳은 물살이 세어 물고기나 자라도 헤엄쳐 건너지 못하며, 큰 자라와 악어조차도 감히 살지 못하는 그런 곳이었다. 그런데 한 사나이가 그 물을 헤엄쳐 건너오려고 하는 것이었다. 공자는 사람을 시켜 그 가까이 언덕으로 가서 그를 이렇게 저지시키도록 하였다.

"이 폭포는 마흔 길이나 되고, 그 물줄기 또한 90리나 되어 물고기나 자라도 건너지 못하며, 큰 자라와 악어조차도 살지 못하오. 건너기 어려울 것이오."

그러나 그 사나이는 조금도 개의치 않고 헤엄쳐 건너 이곳으로 올라오는 것이었다. 공자가 그에게 물었다.

"수영 솜씨가 뛰어난 것입니까, 아니면 따로 무슨 도술道術이 있는 것입니까? 능히 그런 물에 들어갔다가 다시 나올 수 있는 방법이 무엇입니까?"

그 사나이는 이렇게 대답하는 것이었다.

"제가 처음 물에 들어갈 때는 충실과 자신감을 가지고 시작하지요. 그리고 물에서 나올 때도 역시 충실과 자신감으로 합니다. 충과 신으로 내 몸을 파류波流에 맡기는 것이지, 감히 사사로운 생각으로 하는 것이 아니기에 제가 능히 물에 들어갔다가 다시 나올 수 있는 것입니다."

공자는 제자들에게 이렇게 말하였다.

"물도 오히려 충과 신으로 대하면 오랫동안 띄워 주어 그 몸에 친해져 오는데 하물며 사람에게 있어서랴?"

孔子觀於呂梁, 懸水四十仞, 環流九十里, 魚鼈不能過, 黿鼉不敢居; 有一丈夫, 方將涉之.

孔子使人並崖而止之曰:「此懸水四十仞, 圜流九十里, 魚鼈不敢過, 黿鼉不敢居, 意者, 難可濟也!」

丈夫不以錯意, 遂渡而出.

孔子問:「子巧乎? 且有道術乎? 所以能入而出者何也?」

丈夫對曰:「始吾入, 先以忠信, 吾之出也, 又從以忠信; 忠信錯吾軀於波流, 而吾不敢用私. 吾所以能入而復出也.」

孔子謂弟子曰:「水而尚可以忠信, 義久而身親之, 況於人乎?」

【呂梁】 泗水와 呂縣을 지나서 폭포를 이루는 곳. 지금의 江蘇省 銅山縣 동남쪽에 있는 물.
【懸水】 懸河, 즉 폭포.

참고 및 관련 자료

1.《列子》說符篇

孔子觀於呂梁, 懸水三十仞, 流沫三十里, 黿鼉魚鼈之所不能游也, 見一丈夫游之. 以爲有苦而欲死者也, 使弟子幷流而承之. 數百步而出. 被髮行歌, 而游於棠行. 孔子從而問之, 曰:「呂梁懸水三十仞, 流沫三十里, 黿鼉魚鼈所不能游, 向吾見子道之. 以爲有苦而欲死者, 使弟子幷流將承子. 子出而被髮行歌, 吾以子爲鬼也. 察子, 則人也. 請問蹈水有道乎?」曰:「亡, 吾無道. 吾始乎故, 長乎性, 性乎命, 與齎俱入,與汩偕出. 從水之道而不爲私焉, 此吾所以道之也.」孔子曰:「何謂始乎故, 長乎性, 性乎命也?」曰:「吾生於陵而安於陵, 故也; 長於水而安於水, 性也; 不知吾所以然而然, 命也.」

2.《莊子》達生篇

孔子觀於呂梁, 縣水三千仞, 流沫四十里, 黿鼉魚鱉之所不能游也. 見一丈夫游之, 以爲有苦而欲死也, 使弟子並流而拯之. 數百步而出, 被髮行歌, 而游於塘下. 孔子從而問焉, 曰:「吾以子爲鬼, 察子則人也. 請問蹈水有道乎?」曰:「亡. 吾無道, 吾始乎故, 長乎性, 成乎命. 與齊俱入, 與汩偕出, 從水之道而不爲私焉, 此吾所以蹈之也.」孔子曰:「何謂始乎故, 長乎性, 成乎命?」曰:「吾生於陵, 而安於陵, 故也; 長於水而安於水, 性也; 不知吾所以然而然, 命也..」

3.《列子》說符篇

孔子自衛反魯, 息駕乎河梁而觀焉. 有懸水三十仞, 圜流九十里, 魚鱉弗能游, 黿鼉弗能居. 有一丈夫方將厲之. 孔子使人並涯止之曰:「此懸水三十仞, 圜流九十里, 魚鱉弗能游, 黿鼉弗能居也. 意者難可以濟乎?」丈夫不以錯意, 遂度而出. 孔子問之曰:「巧乎? 有道術乎? 所以能入而出者何也?」丈夫對曰:「始吾之入也, 先以忠信, 及吾之出也, 又從以忠信. 忠信錯吾軀於波流, 而吾不敢用私. 所以能入而復出者, 以此也.」孔子謂弟子曰:「二三子識之, 水且猶可以忠信誠身親之, 而況人乎?」

4.《孔子家語》致思篇

孔子自衛反魯, 息駕於河梁而觀焉. 有懸水三十仞, 圜流九十里, 魚鼈不能導, 黿鼉不能居. 有一丈夫方將厲之. 孔子使人並涯止之, 曰:「此懸水三十仞, 圜流九十里, 魚鼈黿鼉不能居也, 意者難可濟也.」丈夫不以措意, 遂度而出. 孔子問之曰:「子巧乎? 有道術乎? 所以能入而出者何也?」丈夫對曰:「始吾之入也, 先以忠信, 及吾之出也, 又從以忠信. 忠信措吾軀於波流, 而吾不敢以用私, 所以能入而復出也.」孔子謂弟子曰:「二三子識之, 水且猶可以忠信成身親之, 而況於人乎?」

713(17-25) 子路盛服而見孔子
자로의 화려한 복장

자로子路가 옷을 화려하게 차려입고 공자孔子 앞에 나타나자 공자가 물었다.

"유由야! 이렇게 옷을 잘 차려입은 이유가 있느냐? 옛날 강수江水가 민산岷山에서 발원할 때, 그 시작은 많아야 남상濫觴에 불과하였다. 그러나 강나루에 이르면 배를 이용하지 않거나 바람 부는 날을 피하지 않고는 쉽게 건널 수 없는 큰물이 된다. 이는 그 물이 아래로 흐르면서 여러 냇물을 받아들였기 때문이 아니겠느냐? 그런데 지금 너의 의복이 이렇게 화려하고 얼굴빛은 자신감이 넘치니, 천하에 누가 감히 너에게 무슨 권고를 해 주려 들겠느냐?"

이 말에 자로는 얼른 달려 나가 옷을 갈아입고 들어와 아무 일 없었다는 듯이 있었다. 이에 공자가 다시 자로에게 이렇게 일러 주었다.

"유由야! 기억하려무나. 내가 너에게 말해 주마. 말을 부풀리는 자는 부화浮華한 자요, 행동에 분奮을 내는 자는 자신을 자랑하기 좋아하는 자이다. 또 자신이 생김과 지혜가 있다고 해서 능력 있다고 여기는 자는 소인이다. 그러므로 군자는 아는 것은 안다고 하고 모르는 것은 모른다고 하는 것이니 이것이 곧 말의 요체이다. 그리고 능한 것을 능하다 하고 능하지 못한 것을 능하지 못하다고 하니 이것이 곧 행동의 지선至善이다.

말의 요체를 터득하면 지혜가 생기고, 행동의 지선을 터득하면 인仁이 생긴다. 이렇게 하여 지혜와 인을 함께 갖추게 된다면 그밖에 무엇이 더 필요하겠느냐?

　　유야! 《시詩》에 '탕湯임금 태어나신 그 시기 늦지 않게 맞추셨고, 성스러운 그 교화 해 돋듯 하네!'라 하였으니 이를 두고 한 말이니라."

　　子路盛服而見孔子.

　　孔子曰:「由, 是襜襜者, 何也? 昔者, 江水出於岷山; 其始也, 大足以濫觴, 及至江之津也, 不方舟, 不避風, 不可渡也, 非唯下流衆川之多乎? 今若衣服甚盛, 顔色充盛, 天下誰肯加若者哉?」

　　子路趨而出, 改服而入, 蓋自如也.

　　孔子曰:「由, 記之, 吾語若: 賁於言者, 華也, 奮於行者, 伐也. 夫色智而有能者, 小人也. 故君子知之爲知之, 不知爲不知, 言之要也; 能之爲能, 不能爲不能, 行之至也. 言要則知, 行要則仁; 旣知且仁, 夫有何加矣哉? 由, 詩曰:『湯降不遲, 聖敬日躋』. 此之謂也.」

【子路】孔子 제자. 仲由.

【岷山】河水의 발원이 되는 산. 《韓詩外傳》에는 '濆'으로 되어 있다.

【濫觴】江水의 근원도 '잔 하나에 넘칠 정도의 적은 양의 물'이라는 뜻. 지금 우리가 쓰고 있는 말은 이곳이 그 원전이다.

【知之爲知之, 不知爲不知】《論語》爲政篇에 "子曰, 由, 誨女知之乎, 知之爲知之, 不知爲不知, 是知也"라 하였다.

【行要則仁】"行至則仁"으로 보아야 한다. 《說苑疏證》에 "至原作要, 從孫詒讓札逐改"라 하였다.

【詩曰】《詩經》商頌 長發의 구절.

1. 《荀子》子道篇

子路盛服見孔子, 孔子曰:「由, 是裾裾何也? 昔者江出於岷山, 其始出也, 其可以濫觴,
及其至江之津也, 不放舟, 不避風, 則不可涉也, 非維下流多邪? 今女衣服既盛,
顏色充盈, 天下且孰肯諫女矣!」子路趨而出, 改服而入, 蓋猶若也. 孔子曰:「由志之,
吾語汝. 愼於言者不華, 愼於行者不伐. 色知而有能者, 小人也. 故君子知之曰知之,
不知曰不知, 言之要也; 能之曰能之, 不能曰不能, 行之至也. 言要則知, 行至則仁.
旣知且仁, 夫惡有不足矣哉!」

2. 《韓詩外傳》卷3

傳曰:「子路盛服以見孔子, 孔子曰:「由, 疏疏者何也? 昔者江出於濆, 其始出也,
不足以濫觴. 及其至乎江之津也, 不方舟, 不避風, 不可渡也. 非其下流衆川之多歟?
今汝衣服甚盛, 顏色充滿, 天下有誰加汝哉?」子路趨出, 改服而入, 蓋揖如也. 孔子
曰:「由志之, 吾語汝. 夫愼於言者不謹, 愼於行者不伐. 色知而有長者, 小人也.
故君子知之爲知之, 不知爲不知, 言之要也; 能之爲能之, 不能爲不能, 行之要也.
言要則知, 行要則仁. 旣知且仁, 又何加哉? 詩曰:『湯降不遲, 聖敬日躋.』」

3. 《孔子家語》三恕篇

子路盛服見於孔子, 子曰:「由, 是倨倨者何也? 夫江始出於岷山, 其源可以濫觴,
及其至於江津, 不舫舟, 不避風, 則不可以涉, 非唯下流水多邪? 今爾衣服既盛,
顏色充盈, 天下且孰肯以非告汝乎?」子路趨而出, 改服而入, 蓋自若也. 子曰:「由,
志之, 吾告汝. 奮於言者華, 奮於行者伐. 夫色智而有能者, 小人也. 故君子知之曰之,
言之要也; 不能曰不能, 行之至也. 言要則智, 行至則仁, 旣仁且智, 惡不足哉!」

4. 《孔子集語》五性篇

傳曰: 子路盛服以見孔子. 孔子曰:「由, 疏疏者何也? 昔者, 江於汶, 其始出也,
不足以濫觴; 及其至乎江之津也, 不方舟, 不避風, 不可渡也, 非其衆川之多歟! 今汝
衣服其盛, 顏色充滿, 天下有誰加汝哉!」子路趨出, 改服而入, 蓋揖如也. 孔子曰:
「由志之, 吾語汝; 夫愼於言者不謹, 愼於行者不伐. 色知而有長者, 小人也. 故君子
知之爲知之, 不知爲不知, 言之要也; 能之爲能之, 不能爲不能, 行之要也. 言要則知,
行要則仁, 旣知且仁, 又何加哉!」

714(17-26) 子路問孔子
군자의 근심

자로子路가 공자孔子에게 여쭈었다.

"군자에게도 근심이 있습니까?"

공자가 대답하였다.

"없다. 군자는 자기 행동을 잘 닦았으나 얻지 못해도 그렇게 뜻을 둔 것만으로도 즐겁게 여기며, 얻게 되면 지혜롭다고 즐거워한다. 그래서 평생이 즐겁고 하루라도 근심스러운 날이 없다. 소인은 그렇지 않다. 얻지 못하면 못 얻은 것을 근심하고, 얻고 나면 잃을까 걱정한다. 그래서 평생 근심만 있고 하루도 즐거운 날이 없다."

子路問孔子曰:「君子亦有憂乎?」

孔子曰:「無也. 君子之脩其行未得, 則樂其意; 已得, 又樂其知. 是以有終生之樂, 無一日之憂. 小人則不然, 其未之得, 則憂不得, 旣已得之, 又恐失之. 是以有終身之憂, 無一日之樂也.」

【子路】仲由. 孔子의 제자.

【知】《說苑疏證》에는 "治原作知, 從劉氏斠補改"라 하여 '治'로 되어 있다.

1.《荀子》子道篇

子路問於孔子曰:「君子亦有憂乎?」孔子曰:「君子, 其未得也則樂其意; 旣已得之, 又樂其治. 是以有終身之樂, 無一日之憂. 小人者, 其未得也, 則憂不得; 旣已得之, 又恐失之. 是以有終身之憂, 無一日之樂也.」

2.《孔子家語》在厄篇

子路問於孔子曰:「君子亦有憂乎?」子曰:「無也. 君子之脩行也, 其未得之, 則樂其意; 旣得之, 又樂其治. 是以有終身之樂, 無一日之憂. 小人則不然, 其未得也, 患弗得之; 旣得之, 又恐失之. 是以有終身之憂, 無一日樂也.」

715(17-27) 孔子見榮啓期
세 가지 즐거움

공자孔子가 영계기榮啓期를 만났더니, 그는 사슴가죽의 천한 옷을 입은 채 거문고를 타면서 노래를 부르고 있었다. 공자가 물었다.

"선생에게는 어떤 즐거움이 있습니까?"

그는 이렇게 대답하였다.

"나에게는 즐거움이 아주 많지요! 하늘이 만물을 내릴 때에 오직 인간만이 가장 귀하다고 하였소. 그런데 나는 이미 인간으로 태어났소. 이것이 그 첫 번째 즐거움이오. 그리고 또 그 중에 남자를 귀하다고 하였소. 그런데 나는 이미 남자로 태어났으니 이것이 그 두 번째 즐거움이오. 또 세상의 많은 사람 중에는 태어나서 강보襁褓를 채 벗어나지 못한 채 죽은 자도 많소. 그러나 나는 이미 아흔 다섯 살이나 살았소. 이것이 그 세 번째 즐거움이지요.

무릇 가난이란 선비라면 누구에게나 있는 것, 또 죽음이란 사람이라면 누구나 맞이할 종착점이지요. 늘 상도常道로 그 종점을 기다리고 있으니 어찌 근심이 있겠습니까?"

〈榮啓奇問答孔子圖〉(銅鏡)

孔子見榮啓期, 衣鹿皮裘, 鼓瑟而歌.

孔子問曰:「先生何樂也?」

對曰:「吾樂甚多. 天生萬物, 唯人爲貴, 吾旣已得爲人, 是一樂也. 人以男爲貴, 吾旣已得爲男, 是二樂也. 人生不免襁褓, 吾年已九十五, 是三樂也. 夫貧者, 士之常也, 死者, 民之終也, 處常待終, 當何憂乎?」

【榮啓期】춘추시대 高士로 '榮聲期', '榮益啓', '榮啓奇' 등으로도 쓴다.
【襁褓】아기를 싸서 보호하는 포대기.
【常道】여기서는 "가난하지만 천지자연의 섭리를 믿고 편안히 여긴다"는 뜻.

┌─────────────────┐
│ 참고 및 관련 자료 │
└─────────────────┘

1.《列子》天瑞篇

孔子遊於太山, 見榮啓期行乎郕之野, 鹿裘帶索, 鼓琴而歌. 孔子問曰:「先生所以樂, 何也?」對曰:「吾樂甚多, 天生萬物, 唯人爲貴, 而吾得爲人, 是一樂也; 男女之別, 男尊女卑, 故以男爲貴, 吾旣得爲男矣, 是二樂也; 人生有不見日月, 不免襁褓者, 吾旣已行年九十矣, 是三樂也. 貧者, 士之常也; 死者, 人之終也. 處常得終, 當何憂哉?」孔子曰:「善乎, 能自寬者也.」

2.《孔子家語》六本篇

孔子遊於泰山, 見榮聲期行乎郕之野, 鹿裘帶索, 鼓琴而歌. 孔子問曰:「先生所以爲樂者, 何也?」期對曰:「吾樂甚多, 而至者三. 天生萬物, 唯人爲貴, 吾旣得爲人, 是一樂也; 男女之別, 男尊女卑, 故人以男爲貴, 吾旣得爲男, 是二樂也; 人生有不見日月, 不免襁褓者, 吾旣以行年九十五矣, 是三樂也. 貧者, 士之常, 死者, 人之終. 處常得終, 當何憂哉!」孔子曰:「善哉! 能自寬者也.」

3.《太平御覽》383에 引用된《新序》

孔子見宋榮啓期, 老白首, 衣弊服, 鼓琴自樂. 孔子問曰:「先生老而窮, 何樂也?」

啓期曰:「吾有三樂. 萬物以人爲貴, 吾得爲人, 一樂也; 人生以男爲貴, 吾得爲男, 二樂也; 人生命有傷夭, 吾年九十歲, 是三樂也. 貧者, 士之常; 死者, 人之終. 居常以守終, 何不樂乎?」

4.《高士傳》卷上

榮啓期者, 不知何許人也. 鹿裘帶索, 鼓琴而歌. 孔子遊于泰山, 見而問之曰:「先生何樂也?」對曰:「吾樂甚多. 天生萬物, 唯人爲貴, 吾得爲人矣, 是一樂也. 男女之別, 男尊女卑, 故以男爲貴, 吾旣得爲男矣, 是二樂也. 人生有不見日月, 不免襁褓者, 吾旣已行年九十矣, 是三樂也. 貧者士之常也, 死者民之終也, 居常以待終, 何不樂也?」『榮公何族, 弗美身隅. 揚歌咸野, 撫絃而嬉. 淸言自寬, 披吐宣尼. 契天符命, 孤引東墟.』

실천하지 못하고 있는 세 가지

증자曾子가 말하였다.

"나는 선생님으로부터 세 가지 말씀을 들었는데 아직까지 실행에 옮기지 못하고 있다. 선생님은 남의 선한 일 하나를 보면 그의 잘못된 점 백 가지를 잊으신다. 이것이 선생님께서 남이 쉽게 자신을 섬길 수 있도록 하는 이유이다.

또 선생님께서는 남의 잘하는 일을 보면 자신도 이미 이를 갖추고 있는 듯이 즐거워하신다. 이 때문에 선생님은 남과 다투지 않는다.

그리고 남의 훌륭한 일을 들으면 몸소 이를 행한 연후에야 인도하신다. 이는 선생님께서 몸소 애쓰시는 것이다. 그래서 선생님께서 말씀하신 능히 힘쓰는 일, 다투지 않는 일, 남이 쉽게 섬길 수 있도록 해 주는 일, 나는 이 세 가지를 배우고도 아직 실행에 옮기지 못하고 있다."

曾子曰:「吾聞夫子之三言, 未之能行也. 夫子見人之一善, 而忘其百非, 是夫子之易事也. 夫子見人有善, 若已有之, 是夫子之不爭也. 聞善必躬親行之, 然後道之, 是夫子之能勞也. 夫子之能勞也, 夫子之不爭也, 夫子之易事也, 吾學夫子之三言, 而未能行.」

【曾子】曾參, 孔子 제자.
【易事】'일을 쉽게 처리하여 남과 잘 어울림'을 말한다.

참고 및 관련 자료

1.《孔子家語》六本篇

曾子侍, 曰:「參昔常聞夫子之三言, 而未之能行也. 夫子見人之一善而忘其百非,
是夫子之易事也; 見人之有善, 若己有之, 是夫子之不爭也; 聞善必躬行之, 然後導之,
是夫子之能勞也. 學夫子之三言而未能行, 以自知終不及二子者也.」

717(17-29) 孔子曰回
네 가지 군자의 도

공자孔子가 말하였다.

"회回야, 너에게는 네 가지 군자의 도가 있구나! 자기가 실천하지 못한 데 대해서는 강하게 반성하고, 남의 충간을 받아들이는 데는 약하며, 봉록을 받는 일은 두려워하고, 자기 몸을 깨끗이 갖는 일에는 조심성이 있구나!"

孔子曰:「回, 若有君子之道四: 强於行己, 弱於受諫, 怵於待祿, 愼於持身!」

【回】顔回. 顔淵. 孔子의 제자.
【君子之道四】"만약 군자의 도 가운데에 네 가지를 고른다면 다음과 같은 것이다"라 해석할 수도 있음.

(참고 및 관련 자료)

1.《孔子家語》六本篇

孔子曰:「回, 有君子之道四焉. 彊於行義, 弱於受諫, 怵於待祿, 愼於治身.」

718(17-30) 仲尼曰史鰌
사추가 지닌 세 가지 군자의 도

중니仲尼가 말하였다.

"사추史鰌는 세 가지 군자의 도를 지니고 있다. 즉 벼슬을 하지 않으면서도 윗사람을 공경할 줄 알고, 제사를 지내지 않으면서도 능히 귀신을 공경하며, 자기는 곧으면서도 능히 남에게는 굽힐 줄 안다."

仲尼曰:「史鰌有君子之道三: 不仕而敬上, 不祀而敬鬼, 直能曲於人.」

【仲尼】孔子. 孔丘.
【史鰌】史魚. 字는 子魚. '尸諫'으로 유명한 衛나라 大夫. 史鰍로도 씀.

참고 및 관련 자료

1.《孔子家語》六本篇
史鰌有男子之道三焉: 不仕而敬上, 不祀而敬鬼, 直己而曲人.

719(17-31) 孔子曰丘死之後
내가 죽은 후

공자孔子가 말하였다.

"내가 죽은 후면 상商은 날로 그 학문이 늘어날 것이나, 사賜는 도리어 그 학문이 줄어들 것이다. 상은 자기보다 어진 이와 함께 처하기를 좋아하고, 사는 자기만 못한 자를 비평하기 좋아하기 때문이다."

孔子曰:「丘死之後, 商也日益, 賜也日損; 商也, 好與賢己者處, 賜也好說不如己者.」

【丘】 孔子의 이름. 仲尼. 孔丘.
【商】 子夏, 卜商. 孔子의 제자.
【賜】 子貢, 端木賜. 孔子의 제자.

■ 참고 및 관련 자료

1.《孔子家語》六本篇
孔子曰:「吾死之後, 則商也日益, 賜也日損.」曾子曰:「何謂也?」子曰:「商也, 好與賢己者處, 賜也, 好說不若己者.」

720(17-32) 孔子將行無蓋
공자의 외출과 우산

공자孔子가 외출을 하려는데 우산이 없었다.

제자가 일러드렸다.

"자하子夏에게 우산이 있습니다. 이를 이용하면 될 것입니다."

그러자 공자가 이렇게 말하였다.

"자하는 그 사람됨이 재물에는 아주 약하다. 내 듣기로 사람과 사귈 때에 그 장점은 늘 추켜 주고 그 단점은 고쳐 주도록 하여야 그 사귐이 능히 오래간다고 하였다."

孔子將行, 無蓋.

弟子曰:「子夏有蓋, 可以行.」

孔子曰:「商之爲人也, 甚短於財. 吾聞; 與人交者. 推其長者, 違其短者, 故能久長矣.」

【蓋】 우산. 일산. 《孔子家語》에 "雨而無蓋"라 하였다.

【子夏】 孔子의 제자. 卜商.

【商】 子夏의 이름.

1. 《孔子家語》 致思篇

孔子將行, 雨而無蓋. 門人曰:「商也有之.」孔子曰:「商之爲人也, 甚吝於財. 吾聞與
人交, 推其長者, 違其短者, 故能久也.」

721(17-33) 子路行
자로가 길을 떠나면서

자로子路가 길을 떠나면서 중니仲尼에게 인사를 하러 와 이렇게 여쭈었다.

"감히 여쭙건대 새로운 사귐에 서로 친히 하고자 하면 어떻게 하여야 합니까? 또 어떻게 하여야 말은 적게 하고 실천을 바르게 할 수 있습니까? 그리고 어떻게 하여야 길이 선비를 잘 대접하여 잘못됨이 없게 할 수 있습니까?"

중니는 이렇게 일러 주었다.

"새로운 사귐에 친히 하고자 할 때는 바로 충忠으로 해야 하느니라. 또 말은 적고 실행을 바르게 하려면 신信이 있어야겠지. 그리고 길이 선비를 잘 대우하여 죄를 짓지 않으려면 예禮를 키우면 되느니라!"

子路行, 辭於仲尼曰:「敢問新交取親, 若何? 言寡可行, 若何? 長爲善士而無犯若 若何?」

仲尼曰:「新交取親, 其忠乎! 言寡可行, 其信乎! 長爲善士而無犯, 其禮乎!」

【子路】孔子 제자. 仲由.
【仲尼】孔子.

1.《孔子家語》子路初見篇

敢問:「親交取親若何? 言寡可行若何? 長爲善士而無犯若何?」孔子曰:「汝所問也,
在五者中矣. 親交取親, 其忠也; 言寡可行, 其信也; 長爲善士而無犯, 其禮也.」

722(17-34) 子路將行
조심해야 할 다섯 가지

자로子路가 먼길을 떠나면서 중니仲尼에게 인사를 하러 오자 중니가 물었다.

"너에게 수레를 주랴, 아니면 좋은 말을 해 주랴?"

이에 자로가 말하였다.

"좋은 말씀을 해 주십시오."

중니는 이렇게 일러 주었다.

"스스로 강해지지 않으면 멀리까지 갈 수 없고, 노력하지 않으면 공을 이룰 수 없으며, 충심으로 하지 않으면 남이 친해 오지 않는다. 또 믿음이 없이는 같은 일을 반복할 수 없고, 공경히 하지 않으면 예禮를 갖출 수 없다. 이 다섯 가지만 조심하면 장구長久히 갈 수 있느니라."

子路將行, 辭於仲尼, 曰:「贈汝以車乎? 以言乎?」

子路曰:「請以言.」

仲尼曰:「不强不遠, 不勞無功, 不忠無親, 不信無復, 不恭無禮. 愼此五者, 可以長久矣.」

【子路】仲由. 孔子 제자.
【仲尼】孔子.

참고 및 관련 자료

1.《孔子家語》子路初見篇

子路將行, 辭於孔子, 子曰:「贈汝以車乎? 贈汝以言乎?」子路曰:「請以言.」孔子曰:
「不强不達, 不勞無功, 不忠無親, 不信無復, 不恭失禮, 愼此五者而已.」子路曰:
「由請終身奉之.」

723(17-35) 曾子從孔子於齊
재물보다는 말 한 마디

증자曾子가 공자孔子를 따라 제齊나라에 갔더니, 제齊 경공景公이 하경下卿의 예로써 증자를 대우하였다. 증자는 이를 굳이 사양하였다. 장차 제나라를 떠나게 되었을 때, 안자晏子가 환송을 하면서 이렇게 말하였다.

"내가 듣기로 군자가 사람을 환송할 때 재물을 주는 것은, 좋은 말을 한 마디 해 주는 것만 못하다고 하더이다. 지금 여기 3년 묵은 좋은 난초 줄기가 있는데, 이를 사슴고기를 절이는 속에 담가두었소. 이것이 잘 숙성하면 말 한 마리와 바꿀 수 있을 만큼 비싼 값이 됩니다. 이는 결코 난초 줄기가 본디부터 그렇게 비싸기 때문이 아닙니다. 원컨대 그대는 어디에 담가야 하는지를 자세히 알아두시오. 또 이미 담글 곳을 얻었으면 그 담글 대상을 찾아야겠지요.

내가 들으니 군자가 평소에 반드시 그 처할 곳을 택하는 것은 바로 좋은 선비를 가려서 어울리고자 함이요, 살 곳을 가려서 사는 것은 훌륭한 선비를 찾고자 하는 것이라 하였습니다. 훌륭한 선비를 가려서 어울리면 자신의 인품을 닦을 수 있기 때문이지요. 또 듣기로 인지상정을 뒤집어 자신의 성격을 옮기는 것은 욕심 때문이라 하였습니다. 그러니 조심하지 않을 수 없는 일이겠지요!"

曾子從孔子於齊, 齊景公以下卿禮聘曾子, 曾子固辭, 將行.
晏子送之, 曰:「吾聞君子贈人以財, 不若以言. 今夫蘭本三年,
湛之以鹿醢, 旣成, 則易以匹馬, 非蘭本美也. 願子詳其所湛.
旣得所湛, 亦求所湛. 吾聞君子居必擇處, 遊必擇士. 居必擇處,
所以求士也; 遊必擇士, 所以修道也. 吾聞反常移性者, 欲也,
故不可不愼也.」

【曾子】 曾參. 孔子의 弟子.
【齊景公】 춘추 후기 齊나라 군주. 재위 58년(B.C.547~490).
【下卿】 卿. 大夫의 다음 단계.
【晏子】 晏嬰. 晏平仲. 齊景公의 재상. 《史記》 管晏列傳 참조.
【今夫蘭本~非蘭本美也】 《說苑疏證》에는 이 구절에 脫誤가 있는 것이 아닌가
 여겨 "以上五句疑有脫誤"라 하였다.

참고 및 관련 자료

1. 《晏子春秋》 内篇 雜上

曾子將行, 晏子送之曰:「君子贈人以軒, 不若以言. 吾請以言之, 以軒乎?」曾子曰:
「請以言」晏子曰:「今夫車輪, 山之直木也, 良匠揉之, 其圓中規, 雖有槁暴, 不復嬴矣,
故君子愼隱揉. 和氏之璧, 井里之困也, 良工修之, 則爲存國之寶, 故君子愼所修.
今夫蘭本, 三年而成, 湛之苦酒, 則君子不近, 庶人不佩; 湛之麋醢, 而賈匹馬矣.
非蘭本美也, 所湛然也. 願之必求所湛. 嬰聞之, 君子居必擇鄰, 遊必就士, 擇居所
以求士, 求士所以辟患也. 嬰聞泪常移質, 習俗移性, 不可不愼也.」

2. 《荀子》 大略篇

曾子行, 晏子從於郊. 曰:「嬰聞之, 君子贈人以言, 庶人贈人以財. 嬰貧無財, 請假於
君子, 贈吾子以言. 乘輿之輪, 太山之木也, 示諸檃栝, 三月五月, 爲幬菜, 敝而不反
其常. 君子之檃栝不可不謹也, 愼! 蘭茝·稿本, 漸於密醴, 一佩易之. 正君漸於香酒,
可讒而得也. 君子之所漸不可不愼也.」

3. 《孔子家語》六本篇

曾子從孔子之齊, 齊景公以下卿之禮聘曾子, 曾子固辭, 將行, 晏子送之, 曰:「吾聞之,
君子遺人以財, 不若善言. 今夫蘭本三年, 湛之以鹿醢, 旣成噉之, 則易之匹馬. 非蘭
之本性也, 所以湛者善矣, 願子詳其所湛者. 夫君子居必擇處, 遊必擇方, 仕必擇君.
擇君所以求仕, 擇方所以修道. 遷風移俗者, 嗜慾移性, 可不愼乎!」

사람의 성정이란

공자孔子가 말하였다.

"대개 사람들의 성정性情이란 여유가 있으면 사치를 부리고, 부족하면 지나치게 검색儉索하며, 금하는 것이 없으면 방종하게 굴고, 제한을 두지 않으면 놓치는 것이 많으며, 욕심대로 하라 하면 모든 것을 깨뜨리고 만다.

그러나 음식에는 적당한 양이 있어야 하고, 의복에는 절제가 있어야 하며, 주거에는 제한이 있어야 하고, 가축을 기를 때에도 제한된 숫자가 있어야 하며, 수레와 그릇도 한계가 있어야 한다. 그래야 혼란混亂의 근원을 막을 수 있다. 따라서 도량度量을 명확히 하지 않을 수 없고 선한 길로 가려는 욕망은 잘 들어 주지 않으면 안 된다."

孔子曰:「中人之情, 有餘則侈, 不足則儉, 無禁則淫, 無度則失, 縱欲則敗. 飲食有量, 衣服有節, 宮室有度, 畜聚有數, 車器有限, 以防亂之源也. 故夫度量不可不明也, 善欲不可不聽也.」

1.《孔子家語》六本篇

孔子曰:「中人之情也, 有餘則侈, 不足則儉, 無禁則淫, 無度則逸, 從欲而敗. 是故鞭朴之子, 不從父之敎, 刑戮之民, 不從君之令, 此言疾之難忍, 急之難行也. 故君子不急斷, 不急制. 使飮食有量, 衣服有節. 宮室有度, 畜積有數, 車器有限, 所以防亂之原也. 夫度量不可不明, 是中人所由之令.」

725(17-37) 孔子曰巧而好度必工
총애를 독차지하고 나면

공자孔子가 말하였다.

"공교工巧하면서 법도까지 좋아하면 반드시 공교한 것을 만들어 낼 수 있고, 용기가 있으면서 동화同化하기를 좋아하면 반드시 승리할 수 있으며, 지식이 있으면서 도모하기를 좋아하면 반드시 성공을 거둘 수 있다. 그러나 어리석은 자는 이에 거꾸로 하고 있다. 무릇 중요한 자리에 처하면 총애를 독차지하려 들고, 어떤 일을 전임專任하면 어진 이를 질투한다. 이것이 곧 어리석은 자의 성정性情이다. 뜻을 얻었다고 교만하게 굴고 옛 원한을 가벼이 여기니, 이렇게 하면 높은 자리에 있으면 반드시 위험하게 되고, 임무가 중하면 이를 이겨내지 못하여 무너지며, 총애를 독차지하고 나면 욕辱을 당하게 된다."

孔子曰:「巧而好度, 必工, 勇而好同, 必勝, 知而好謀, 必成; 愚者反是, 夫處重擅寵, 專事妬賢, 愚者之情也. 志驕傲而輕舊怨, 是以尊位則必危, 任重則必崩, 擅寵則必辱.」

【志驕傲而輕舊怨】이 구절 앞에 한 구절이 탈락된 것이 아닌가 여기고 있다. 《說苑疏證》에 "志驕上疑脫一句"라 하였다.

1.《荀子》仲尼篇

孔子曰:「巧而好度, 必節; 勇而好同, 必勝; 知而好謙, 必賢.」此之謂也. 愚者反是.
處重擅權, 則好專事而妬賢能, 抑有功而擠有罪, 志驕盈而輕舊怨. 以吝嗇而不行施,
道乎上爲重, 招權於下以妨害人, 雖欲無危, 得乎哉? 是以位尊則必危, 任重則必廢,
擅寵則必辱, 可立而待也, 可炊而儳也. 是何也? 則墮之者衆而持之者寡矣.

2.《孔子家語》六本篇

孔子曰:「巧而好度必攻, 勇而好問必勝, 智而好謀必成; 以愚者反之. 是以非其人,
告之弗聽, 非其地, 樹之弗生, 得其人, 如聚沙而雨之; 非其人, 如會聾而鼓之. 夫處
重擅寵, 專事妬賢, 愚者之情也, 位高則危, 任重則崩, 可立而待.」

726(17-38) 孔子曰鞭扑之子
매질을 당하는 아이는

공자孔子가 말하였다.

"매질을 당하는 아이는 오히려 부모의 가르침을 따르지 않고, 형벌로만 겁을 먹은 백성들은 임금의 정치를 따르지 않는다.

명령이 급할수록 실행은 어려운 것이다. 그러므로 군자는 무슨 일이든 급히 결단을 하지 않으며, 임의로 사람을 부리지 않는다. 이는 난亂의 근원으로 여기기 때문이다."

孔子曰:「鞭扑之子, 不從父之教; 刑戮之民, 不從君之政, 言疾之難行. 故君子不急斷, 不意使, 以爲亂源.」

【鞭扑之子】鞭은 채찍, 扑은 撲과 같다. 매질과 구타를 당하는 아이.
【不意使】朱駿聲은 '意'字 앞에 脫字가 있는 것으로 여겼다.《說苑疏證》에 "朱駿聲校記云意上有脫字"라 하였다.

1.《孔子家語》六本篇

孔子曰:「中人之情也, 有餘則侈, 不足則儉; 無禁則淫, 無度則逸, 縱欲則敗. 是故鞭扑之子, 不從父之敎; 形戮之民, 不從君之令. 此言疾之難忍, 急之難行也. 故君子不急斷, 不急制, 使飮食有量, 衣服有節, 宮室有度, 畜積有數, 車器有限, 所以防亂之原也. 夫度量部可明, 是中人所由之令.」

727(17-39) 孔子曰終日言
종일 말을 해도

공자孔子가 말하였다.

"종일 말을 해도 스스로에게 근심을 끼치지 않고, 종일 어떤 행동을 해도 스스로에게 환난을 남기지 않는 것, 이는 오직 지혜로운 자라야 가능한 일이다.

그러므로 두려워하여 조심하는 것은 환난을 제거하기 위한 태도이며, 공경히 하는 것은 난難을 넘어가기 위한 방법이다.

종신토록 이런 태도와 행동으로 살다가도 한 마디의 잘못된 말로 모든 것을 어그러뜨릴 수 있으니 가히 조심치 않을 수 있으랴!"

孔子曰:「終日言不遺己之憂, 終日行不遺己之患, 唯智者有之. 故恐懼所以除患也, 恭敬所以越難也; 終身爲之, 一言敗之, 可不愼乎!」

참고 및 관련 자료

1. 《孔子家語》 六本篇

夫終日言, 不遺己之憂, 終日行, 不遺己之患, 唯智者能之. 故自修者, 必恐懼以除患, 恭儉以避難者也. 終身爲善, 一言則敗之, 可不愼乎!

2.《孔子家語》子路初見篇

孔蔑問行己之道. 子曰:「知而弗爲, 莫如勿知; 親而弗信, 莫如勿親. 樂之方至, 樂而勿驕; 患之將至, 思而勿憂.」孔蔑曰:「行己乎?」子曰:「攻其所不能, 補其所不備. 毋以其所不能疑人, 毋以其所能驕人. 終日言無遺己之憂, 終日行, 不遺己之患, 唯智者有之.」

728(17-40) 孔子曰以富貴爲人下者
부귀할수록 남의 아래에

공자孔子가 말하였다.

"부귀하면서 남의 아래에 처할 수 있는 자라면 누군들 그와 함께 하지 않을 자 있겠으며, 부귀하면서 남을 공경하고 사랑하는 자라면 누군들 그와 친하려 들지 않겠는가? 여러 사람의 말을 거스르지 않아야 지혜로운 말이라 할 수 있고, 여러 사람이 그를 향해 모여들면 때를 아는 자라 이를 수 있다."

孔子曰:「以富貴爲人下者, 何人不與? 以富貴敬愛人者, 何人不親? 衆言不逆, 可謂知言矣, 衆嚮之, 可謂知時矣.」

【衆嚮之】《說苑疏證》에는 이 구절에 脫字가 있다고 하였다. 즉 "句有脫字"라 하였다.

참고 및 관련 자료

1. 《孔子家語》六本篇

孔子曰:「以富貴而下人, 何人不尊? 以富貴而愛人, 何人不親? 發言不逆, 可謂知言矣; 言而衆嚮之, 可謂知時矣. 是故以富而能富人者, 欲貧不可得也; 以貴而能貴人者, 欲賤不可得也; 以達而能達人者, 欲窮不可得也..」

729(17-41) 孔子曰夫富而能富人者
부유하면서

공자孔子가 말하였다.

"무릇 부유하면서 능히 남을 부유하게 해 주는 자는 가난하고자 해도 가난해 질 수가 없고, 귀하면서 능히 남도 귀하게 해 주는 자는 천하고자 해도 천해질 수가 없으며, 현달하면서 능히 남까지 현달하게 해 주는 자는 궁해지고자 해도 궁해질 수가 없다."

孔子曰:「夫富而能富人者, 欲貧而不可得也; 貴而能貴人者, 欲賤而不可得也; 達而能達人者, 欲窮而不可得也.」

참고 및 관련 자료

1.《孔子家語》六本篇

孔子曰:「以富貴而下人, 何人不尊? 以富貴而愛人, 何人不親? 發言不逆, 可謂知言矣; 言而衆嚮之, 可謂知時矣. 是故以富而能富人者, 欲貧不可得也; 以貴而能貴人者, 欲賤不可得也; 以達而能達人者, 欲窮不可得也.」

2.《論語》雍也篇

"夫仁者, 己欲立而立人, 己欲達而達人."

730(17-42) 仲尼曰非其地而樹之
심을 자리가 아닌 곳

중니仲尼가 말하였다.

"그 땅이 아닌 곳에는 심어 보았자 자랄 수가 없으며, 그 사람이 아니면 말을 해 주었자 듣지 않는다. 말을 들을 사람을 얻으면 마치 모래를 쌓아둔 곳에 비가 내리듯이 술술 적셔들지만, 그 사람이 아닌 경우에는 귀먹은 이를 모아두고 북을 치는 것과 같다."

仲尼曰:「非其地, 而樹之, 不生也, 非其人, 而語之, 弗聽也; 得其人, 如聚沙而雨之, 非其人, 如聚聾而鼓之.」

참고 및 관련 자료

1.《孔子家語》六本篇

孔子曰:「巧而好度必攻, 勇而好問必勝, 智而好謀必成; 以愚者反之. 是以非其人, 告之弗聽, 非其地, 樹之弗生, 得其人, 如聚沙而雨之; 非其人, 如會聾而鼓之. 夫處重擅寵, 專事妬賢, 愚者之情也, 位高則危, 任重則崩, 可立而待.」

731(17-43) 孔子曰船非水不可行
배는 물을 만나지 못하면

공자孔子가 말하였다.

"배는 물을 만나지 못하면 운행할 수 없으나, 그 물이 배 안으로 들어오면 오히려 침몰하고 만다. 그래서 '군자는 근엄하게 하지 않으면 안 되고, 소인은 방비하지 않으면 안 된다'라 한 것이다."

孔子曰:「船非水不可行, 水入船中, 則其沒也, 故曰:『君子不可不嚴也, 小人不可不閉也』.」

【嚴】물이 들어오지 못하게 하듯이 근엄하게 함을 뜻한다.
【閉】'닫다. 물이 스며들지 않게 방비하다'의 뜻. 그러나 朱駿聲은 이 '閉'를 '閑'으로 보고 있다. 《說苑疏證》에 "閑原作閉, 從朱駿聲校記改"라 하였다.

참고 및 관련 자료

1. 《孔子家語》六本篇

孔子曰:「舟非水不行, 水入舟則沒; 君非民不治, 民犯上則傾. 是故『君子不得不嚴也, 小人不可不整一也』.」

732(17-44) 孔子曰依賢固不困
어짊에 의탁하면

공자孔子가 말하였다.

"어짊에 의탁하면 결코 곤액困厄에 빠지는 일이 없고, 부富에 의탁하면 결코 궁해지는 법이 없다. 마견馬蚿은 몸이 잘려도 기어갈 수 있는 까닭이 무엇인가? 바로 그를 보조하는 다리가 많기 때문이다."

孔子曰:「依賢固不困, 依富固不窮, 馬蚿斬而復行者何, 以輔足衆也.」

【馬蚿】노래기. 百足. 馬蚿. 여기서는 倍脚類의 節足動物의 벌레를 말한다. 몸의 일부를 잘라도 계속 살아 기어가는 벌레.

참고 및 관련 자료

1. 《孔子家語》六本篇

孔子聞之曰:「晏子之言, 君子哉! 依賢者固不困, 依富者, 固不窮. 馬蚿斬足而復行, 何也? 以其輔之者衆.」

자기 자식을 잘 모르겠거든

공자孔子가 말하였다.

"자기 자식에 대해서 잘 모르겠거든, 그가 사귀는 친구를 보라. 또 자기가 섬기는 임금에 대해서 잘 모르겠거든, 그가 부리는 신하를 보라."

또 이렇게 말하였다.

"훌륭한 사람과 함께 거하는 것은 마치 난초가 있는 방에 들어가 있는 것과 같아, 오래 있으면 그 향기를 맡지 못하는 것은 이미 그 향기에 젖어 있기 때문이다. 또 악인과 같이 거하는 것은 생선가게에 들어가 있는 것과 같아, 오래 있으면 그 냄새를 맡지 못하는 것은 이미 그 냄새에 젖어 있기 때문이다."

그러므로 붉은 단丹이 소장된 곳은 붉을 수밖에 없고, 검은 오색烏色을 소장한 곳은 검기 마련이다. 따라서 군자는 무엇을 소장할 것인가에 주의해야 한다.

孔子曰:「不知其子, 視其所友; 不知其君, 視其所使.」
又曰:「與善人居, 如入蘭芷之室, 久而不聞其香, 則與之化矣;
與惡人居, 如入鮑魚之肆, 久而不聞其臭, 亦與之化矣.」
故曰: 丹之所藏者赤, 烏之所藏者黑. 君子愼所藏.

1. 《孔子家語》 六本篇

不知其子, 視其父; 不知其人, 視其友; 不知其君, 視其所使. 不知其地, 視其草木.
故曰, 與善人居, 如入芝蘭之室, 久而不聞其香, 卽與之化矣; 與不善人居, 如入鮑魚
之肆, 久而不聞其臭, 亦與之化矣. 丹之所藏者赤, 漆之所藏者黑, 是以君子必愼其
所與處者焉.

2. 《韓詩外傳》 卷8

欲知其子, 視其母; 欲知其君, 視其所使.

3. 《說苑》 奉使篇 366(12-16) 참조.

故曰:「欲知其子, 視其友; 欲知其君, 視其所使.」

734(17-46) 子貢問曰君子見大水
군자가 큰물을 보면

자공子貢이 여쭈었다.

"군자는 큰물을 보면 반드시 관상觀賞한다는데 무슨 이유입니까?"

공자孔子가 말하였다.

"무릇 물이라 하는 것은 군자에게는 덕으로 비유된다. 그는 널리 시여施予하되 사사로움이 없어 덕과 같은 것이다. 그를 만나는 물건은 살아나니 인仁과 같은 것이다. 또 그 흐름이 낮은 데로, 스스로 굽은 대로 따라가서 그 지리에 순응하니 의義와 같은 것이며, 얕은 물은 흘러 움직이고 깊은 물은 그 깊이를 알 수 없으니 지智와 같으며, 1백 길이나 되는 절벽도 의심 없이 다가가니 용勇과 같은 것이다.

그런가 하면 약하지만 면면히 이어가서 천천히 도달하니 찰察과 같은 것이며, 나쁜 것을 만나도 사양하지 않고 받아 주니 포몽包蒙과 같으며, 청결치 못한 것을 받아들여 깨끗하게 해서 내보내니 이는 선화善化와 같고, 지극히 큰 양量도 평평하게 해 주니 이는 정正과 같은 것이며, 가득 채우고도 더 넘치기를 바라지 않으니 이는 도度와 같으며, 온갖 굴절을 헤치고 끝내 동쪽에 닿으니 이는 의意와 같은 것이다. 이 까닭으로 군자가 큰물을 보면 반드시 감상하는 것이다."

子貢問曰:「君子見大水必觀焉, 何也?」

孔子曰:「夫水者, 君子比德焉. 遍予而無私, 似德; 所及者生,似仁; 其流卑下句倨, 皆循其理, 似義; 淺者流行, 深者不測, 似智, 其赴百仞之谷不疑, 似勇; 綿弱而微達, 似察; 受惡不讓, 似包蒙; 不淸以入, 鮮潔以出, 似善化; 至量必平, 似正; 盈不求槪, 似度; 其萬折必東, 似意. 是以君子見大水觀焉爾也.」

【子貢】孔子 弟子. 端木賜.

【綿】《說苑疏證》에 '綽'으로 되어 "綽原誤作綿, 從拾補改"라 하였다.

【包蒙】蒙昧한 것조차 모두 포용함.

【善化】잘 敎化·化育·정화시킴.

【至量】《說苑疏證》에 '主量'으로 보아 "主原作至. 從拾補改"라 하였다.

【萬折必東】中國의 江河는 모두 서쪽에서 동쪽으로 흘러 바다에 들기 때문에 한 말.

참고 및 관련 자료

1. 《荀子》宥坐篇

孔子觀於東流之水. 子貢問於孔子曰:「君子之所以見大水必觀焉者, 是何?」孔子曰:「夫水, 徧與諸生而無爲也, 似德; 其流也, 埤下裾拘, 必循其理, 似義; 其洸洸乎不淈盡, 似道; 若有決行之, 其應佚若聲響, 其赴百仞之谷不懼, 似勇. 主量必平, 似法; 盈不求槪, 似正; 淖約微達, 似察; 以出以入, 以就鮮潔, 似善化; 其萬折也必東, 似志. 是故君子見大水必觀焉.」

2. 《孔子家語》三恕篇

孔子觀於東流之水. 子貢問曰:「君子所見大水必觀焉, 何也?」孔子對曰:「以其不息, 且遍與諸生而不爲也, 夫水有似乎德; 其流也, 則卑下倨邑必循其理, 此似義; 浩浩乎無屈盡之期, 此似道; 流行赴百仞之磎而不懼, 此似勇; 至量必平之, 此似法; 盛而不求槪, 此似正; 綽約微達, 此似察; 發源必東, 此似志; 以出以入, 萬物就以化潔, 此似善化也. 水之德有若此, 是故君子見必觀焉.」

3. 《大戴禮記》勸學篇

子貢曰:「君子見大川必觀, 何也?」孔子曰:「夫水者君子比德焉. 徧與之而無私,似德; 所及者生, 所不及者死, 似仁; 其流行庳下倨句, 皆循其理, 似義; 其赴百仞之谿不疑, 似勇; 淺者流行, 深淵不測, 似智; 弱約危通, 似察; 受惡不讓, 似貞苞裹; 不清以入, 鮮潔以出, 似善化; 出量必平, 似正; 盈不求概, 似度; 萬折必東, 似意. 是以見大川必觀焉.」

735(17-47) 夫智者何以樂水也
지혜로운 자가 물을 좋아하는 까닭

"무릇 지혜로운 자는 어째서 물을 좋아하는가?"

대답은 이러하다.

"샘물의 원천에서 궤궤히 흘러나와 밤낮을 끊이지 않고 흐르는 것이 마치 힘있는 자와 같고, 이치에 순응하되 작은 끊어짐도 없는 것은 마치 공평을 견지한 사람 같으며, 흐르되 낮은 곳으로 임하는 것은 예의를 가진 자와 같고, 천길 낭떠러지에 임해서도 의심치 않는 것은 용기 있는 자와 같으며, 장애를 만나도 청정淸正하게 기다리는 모습은 천명을 아는 자의 풍모와 같다.

또 깨끗하지 못한 것을 받아들여 깨끗이 한 다음 내보내는 것은 선화善化를 가진 자 같고, 모든 사람들이 그를 통해 공평을 얻고 만물이 그로 인해 정正해지며, 모든 생물이 그를 얻으면 살아나고 그를 잃으면 죽으니 바로 덕을 갖춘 자와 같고, 맑고 연연하나 그 깊이는 측량할 길 없으니 성인의 마음 속 같다. 천지지간을 통윤通潤시켜 국가가 이로써 이루어지니, 이는 바로 지혜로운 자가 물을 좋아하는 까닭이다.

《시詩》에 '반수 가에서 노닐고 싶어라. 이리저리 묘채茆菜를 뜯으면서! 노魯나라 임금께서도 여기에 오셔서 그 물가에서 술을 드시네!'라 하였으니, 이는 바로 물을 즐김을 두고 한 말이다."

"무릇 어진 자는 어째서 산을 좋아하는가?"

대답은 이러하다.

"무릇 산은 높고 높아 만민이 다 우러러보는 바이다. 초목이 거기서 자라며 만물이 그로부터 바로 선다. 또 날짐승들이 거기에 모여들고, 길짐승들이 거기에서 쉰다. 온갖 보물이 그 속에 저장되어 번식하고, 기이한 물건이 그 속에 숨겨져 있다. 이처럼 온갖 물건을 길러 주되 권태롭다 아니하며, 사방의 모든 것을 다 불러 모으되 제한을 두지 않는다. 구름을 일으켜 천지지간을 통기通氣시키며, 천지를 이로써 이루고 나라를 이로써 평안히 하니 이 때문에 인자는 산을 즐기는 것이다.

《시詩》에 '태산의 높고 높음이여, 노후魯侯가 이를 쳐다보도다'라 하였으니 이는 요산樂山을 두고 한 말이다."

「夫智者何以樂水也?」

曰:「泉源潰潰, 不釋晝夜, 其似力者; 循理而行, 不遺小間, 其似持平者; 動而之下, 其似有禮者; 赴千仞之壑而不疑, 其似勇者; 障防而淸, 其似知命者; 不淸以入, 鮮潔而出, 其似善化者; 衆人取平品類以正, 萬物得之則生, 失之則死, 其似有德者; 淑淑淵淵, 深不可測, 其似聖者. 通潤天地之間, 國家以成, 是知之所以樂水也. 詩云:『思樂泮水, 薄採其茆; 魯侯戻止, 在泮飮酒.』樂水之謂也.」

「夫仁者何以樂山也?」

曰:「夫山龍嵸纍嶵, 萬民之所觀仰. 草木生焉, 衆物立焉, 飛禽萃焉, 走獸休焉, 寶藏殖焉, 奇夫息焉, 育群物而不倦焉, 四方並取而不限焉. 出雲通氣於天地之間, 國家以成, 是仁者所以樂山也. 詩曰:『嶵太山巖巖, 魯侯是瞻.』樂山之謂矣.」

【智者樂水】 '智者'는 知者와 같음. 《論語》 雍也에 "子曰知者樂水, 仁者樂山, 知者 動, 仁者靜. 知者樂, 仁者壽"라 하였다.

【詩曰】 《詩經》 魯頌 泮水의 구절.

【仁者樂山】 《論語》 雍也篇의 구절.

【通氣於天地之間】 《說苑疏證》에 이 다음에 "天地以成"을 삽입하였고, 그 다음의 "國家以成"을 "國家以寧"으로 바꾸어 놓았다. 즉 "天地以成一句原脫, 寧原作成, 並從王太岳四庫全書考證補正"이라 하였다.

【詩曰】 《詩經》 魯頌 閟宮의 구절.

참고 및 관련 자료

1. 이 장의 내용은 공자가 어떤 제자(《尙書大傳》에는 子張으로 되어 있음)의 질문에 답한 것으로 보고 있다. 한편 내용으로 보아 2개의 장으로 분리함이 마땅할 듯하다.

2. 《韓詩外傳》 卷3

問者曰:「夫智者何以樂於水也?」曰:「夫水者緣理而行, 不遺小間, 似有智者; 動而之下, 似有禮者; 蹈深不疑, 似有勇者; 障防而淸, 似知命者; 歷險致遠, 卒成不毀, 似有德者. 天地以成, 群物以生, 國家以平, 品物以正. 此智者所以樂於水也. 詩曰: 『思樂泮水, 薄采其茆, 魯侯戾止, 在泮飮酒.』 樂水之謂也.」

3. 《韓詩外傳》 卷3

問者曰:「夫仁者何以樂於山也?」曰:「夫山者萬民之所瞻仰也. 草木生焉, 萬物植焉, 飛鳥集焉, 走獸休焉, 四方益取與焉. 出雲道風, 嵷乎天地之間. 天地以成, 國家以寧, 此仁者所以樂於山也. 詩曰: 『太山巖巖, 魯邦所瞻.』 樂山之謂也.」

4. 《尙書大傳》 略說篇

子張曰:「仁者何樂於山也?」孔子曰:「夫山者崒然高.」「崒然高則何樂焉?」「夫山, 草木生焉, 鳥獸蕃焉, 財用殖焉, 生財用而無私爲焉, 四方皆伐焉, 每無私予焉. 出雲風以通乎天地之間, 陰陽和合, 雨露之澤, 萬物以成, 百姓以饗, 此仁者之所以樂於山者也.」

736(17-48) 玉有六美
옥의 여섯 가지 아름다움

옥玉에는 여섯 가지 아름다움이 있어 군자들이 이를 귀히 여긴다. 바라보면 따뜻하고 윤기가 나며, 가까이하면 무늬가 맑고 깨끗하다. 그 소리가 가까이는 은은히 울려오고 멀리까지 들린다. 굽어 있으나 이를 굽힐 수는 없고, 속이 비어 있으나 약하지는 않다. 그런가 하면 깨끗이 각이 져 날카로우나, 사람을 다치게 하지는 않는다. 흠이 있으면 반드시 이를 밖에서 보이도록 한다. 이상이 곧 옥이 귀히 여김을 받는 아름다움들이다.

바라보았을 때 따뜻하고 윤기가 난다는 것은 군자에게는 덕德에 비유되고, 가까이하였을 때 무늬가 뚜렷하다는 것은 군자에게는 지智에 비유된다. 또 소리가 가까이는 느리나 멀리까지 들린다는 것은 군자의 의義에 비유되며, 굽어 있으되 굽혀지지 않는 것, 비어 있으되 약하지 않은 것은 군자의 용勇에 비유된다. 그리고 날카로우나 남을 해치지 않는 것은 군자의 인仁에 비유되며, 흠이 있으면 반드시 밖으로 드러내어 보이는 것은 군자의 정情에 비유된다.

玉有六美, 君子貴之: 望之溫潤, 近之栗理, 聲近徐而聞遠, 折而不撓, 闕而不荏, 廉而不劌, 有瑕必示之於外, 是以貴之. 望之溫潤者, 君子比德焉, 近之栗理者, 君子比智焉; 聲近徐而聞

遠者, 君子比義焉; 折而不撓, 闕而不荏者, 君子比勇焉; 廉而
不劌者, 君子比仁焉; 有瑕必見之於外者, 君子比情焉.

【溫潤】따뜻한 윤기가 있음을 뜻한다.
【栗理】무늬가 뚜렷함을 말한다. 쌍성연면어.
【廉】廉直하여 곧고 날카로움을 뜻한다.

참고 및 관련 자료

1.《管子》水地篇

夫玉之所貴者, 九德出焉. 夫玉溫潤以澤, 仁也; 鄰以理者, 知也; 堅而不蹙, 義也; 廉而不劌, 行也; 鮮而不垢, 潔也; 折而不撓, 勇也; 瑕適皆見, 精也; 茂華光澤, 並通而不相陵, 容也; 叩之, 其音淸搏徹遠, 純而不殺, 辭也. 是以人主貴之, 藏以爲賢, 剖以爲符瑞, 九德出焉.

2.《荀子》法行篇

子貢問於孔子曰:「君子之所以貴玉而賤珉者, 何也? 爲夫玉之少而珉之多邪?」孔子曰:「惡! 賜, 是何言也! 夫君子豈多而賤之, 少而貴之哉? 夫玉者, 君子比德焉. 溫潤而澤, 仁也; 栗而理, 知也; 堅剛而不屈, 義也; 廉而不劌, 行也; 折而不撓, 勇也; 瑕適並見, 情也; 扣之, 其聲淸揚而遠聞, 其止輟然, 辭也. 故雖有珉之雕雕, 不若玉之章章. 詩曰:『言念君子, 溫其如玉.』此之謂也.」

3.《禮記》聘義篇

子貢問於孔子曰:「敢問君子貴玉而賤碈者, 何也? 爲玉之寡而碈之多與?」孔子曰:「非爲碈之多, 故賤之也; 玉之寡, 故貴之也. 夫昔者君子比德於玉焉. 溫潤而澤, 仁也; 縝密以栗, 仁也; 廉而不劌, 義也; 垂之如隊, 禮也; 叩之, 其聲淸越以長, 其終詘然, 樂也; 瑕不掩瑜, 瑜不掩瑕, 忠也; 孚尹旁達, 信也; 氣如白虹, 天也; 精神見於山川, 地也; 圭璋特達, 德也; 天下莫不貴者, 道也. 詩云:『言念君子, 溫其如玉.』故君子貴之也.」

737(17-49) 道吾問之夫子
지식 많은 자

도오道吾가 선생님께 여쭈었다.

"지식이 많은 자와 지식이 없는 자, 어느 쪽이 더 훌륭한 자입니까?"

선생님은 이렇게 대답하였다.

"무지한 자는 죽은 사람에 속한다. 비록 죽지 않았다 해도 남에게 누累가 되는 일을 심히 많이 저지르게 된다. 그러나 지식이 많은 자는 훌륭하다. 그는 마음 씀씀이도 넓다. 그렇지만 지식이 많은 자가 남을 이롭게 하는 일에 나서면 훌륭하지만, 남을 해롭게 하는 일에 나선다면 훌륭하지 못하다."

도오가 말하였다.

"훌륭하옵니다!"

道吾問之夫子:「多所知, 無所知, 其身孰善者乎?」

對曰:「無知者, 死人屬也; 雖不死, 累人者, 必衆甚矣. 然多所知者好, 其用心也多; 所知者, 出於利人卽善矣, 出於害人卽不善也.」

道吾曰:「善哉!」

【道吾】人名. 구체적으로 알 수 없다.
【夫子】孔子를 가리키는 듯하나 확실치 않다.

1. 첫 문장 "道吾問之夫子" 및 전체 문장으로 보아 脫誤가 있거나 다른 문장의 일부가 분리된 듯하다.

738(17-50) 越石父曰不肖人
불초한 사람일수록

월석보越石父가 말하였다.

"불초한 사람일수록 스스로는 어진 줄 알고, 우둔한 자일수록 스스로는 많이 아는 줄 안다. 또 요행을 바라는 자는 모두가 마음과 말이 달리 표현되며, 남에게는 말을 하지 못하게 한다. 이는 비유컨대 목이 마른 후에야 우물을 파고 어려움에 임해서야 무기를 만드는 경우와 같아 비록 아무리 빨리 좇는다 해도 미치지 못한다."

越石父曰:「不肖人, 自賢也; 愚者, 自多也; 佞人者, 皆莫能相其心口以出之, 又謂人勿言也. 譬之猶渴而穿井, 臨難而後鑄兵, 雖疾從而不及也.」

【越石父】人名. '越石甫'로도 표기함. 齊나라의 賢士로 晏子가 대속하여 그의 食客이 된 인물. 《史記》 管晏列傳 및 《晏子春秋》 참조.

【 참고 및 관련 자료 】

1. 《晏子春秋》 內篇 雜上

晏子對曰:「不然. 夫愚者多悔, 不肖者自賢. 溺者不問墜, 迷者不問路. 溺而後問墜, 迷而後問路, 譬之猶臨難而遽鑄兵, 噎而遽掘井, 雖速亦無及己.」

739(17-51) 夫臨財忘貧
재물에 임해서는

무릇 **재물에 임해서는** 가난하였을 때를 잊을까 염려하고, 삶에 임해서는 죽음을 잊을까 염려하면 죄로부터 멀어질 수 있다. 무릇 군자는 말을 아끼고, 공작은 그 깃털을 아끼며, 호표虎豹는 그 발톱을 아끼니, 이는 모두가 자신의 몸을 돕는 것들이기 때문이다.

위를 향해 배우는 자는 그 녹祿을 잃지 않으며, 아래를 향해 배우는 자는 그 환난에서 벗어날 길이 없다. 이 까닭으로 군자는 사람을 가려 사귀고, 농부는 땅을 가려 농사를 짓는다.

군자는 사람을 심고 농부는 곡식을 심는다.

농사짓는 자가 종자를 가려 파종하면 풍년에 많은 곡식을 수확할 수 있듯이, 선비는 사람을 가려 심어야 좋은 시기에 반드시 녹을 얻을 수 있게 된다.

夫臨財忘貧, 臨生忘死, 可以遠罪矣. 夫君子愛口, 孔雀愛羽, 虎豹愛爪, 此皆所以治身法也. 上交者, 不失其祿, 下交者, 不離於患, 是以君子擇人與交, 農人擇田而田.

君子樹人, 農夫樹田; 田者擇種而種之, 豐年必得粟; 士擇人而樹之, 豐時必得祿矣.

【臨財忘貧, 臨生忘死】忘은 "잊을까 염려하다"의 뜻. 혹은 '빈한함에 대하여는
잊고 살다'의 뜻.
【下交】아래의 나쁜 행위를 배우는 것을 말한다.

740(17-52) 天下失道
천하에 도가 사라진 이후

천하에 도가 다 사라진 이후에야 인의仁義가 생겨나고, 나라의 다스림이 제대로 되지 않은 후에야 효자가 생겨난다. 또 백성의 다툼이 해결되지 않은 후에야 자혜慈惠가 생겨나고, 도道가 거역되고 시기가 반전된 후에야 권모權謀가 생겨난다.

天下失道, 而後仁義生焉, 國家不治, 而後孝子生焉, 民爭不分, 而後慈惠生焉, 道逆時反, 而後權謀生焉.

【國家不治, 而後孝子生焉】 '孝子'는 '忠孝'가 아닌가 한다. 《說苑疏證》에 "忠孝, 原作孝子, 從文廷式枝語改"라 하였다.

> ### 참고 및 관련 자료

1. 《老子》 38장
失道而後德, 失德而後仁, 失仁而後義, 失義而後禮.
2. 〈四庫本〉·〈四部本〉에는 본 장이 다음의 741, 742장과 계속 연결되어 있다.

741(17-53) 凡善之生也
선의 발생은

무릇 선善의 발생은 모두가 그 배운 바에 말미암는 것이다. 한 집안 내에는 반드시 주도主導하는 이가 있어야 하니, 바로 부모이다. 그래서 임금이 바르면 백성이 다스려지고, 부모가 바르면 그 자손이 효성스럽고 자애롭게 된다. 이 까닭으로 공자孔子의 집에는 아이들이 꾸짖음이라는 것을 몰랐고, 증자曾子의 집 아이들은 잘못된 길로 가는 것을 몰랐으니 이와 같이 된 이유는 태어나서 좋은 가르침을 받았기 때문이다.

凡善之生也, 皆學之所由. 一室之中, 必有主道焉, 父母之謂也;
故君正則百姓治, 父母正則子孫孝慈. 是以孔子家兒不知罵,
曾子家兒不知路; 所以然者, 生而善教也.

【曾子】曾參. 孔子의 제자.
【路】잘못된 글자로 보고 있다. 《說苑疏證》에 "路字當誤"라 하였다.

■ 참고 및 관련 자료

1. 역시 〈四庫本〉·〈四部本〉에는 모두 앞장(740), 다음 장(742)과 한 장으로 처리되어 있다.

742(17-54) 夫仁者好合人
어진 자의 화합

무릇 어진 자는 남과 화합하기를 좋아하고, 어질지 못한 자는 남과 분리되기를 좋아한다. 그래서 군자가 사람 사이에 거하면 다스려지고, 소인이 사람들 사이에 끼이면 혼란이 생긴다.

군자가 남과 화합하려는 것은 물·불이 비록 서로 같이 못하나, 그 사이에 솥을 걸어두면 물·불이 서로 혼란을 일으키기는커녕 백 가지 맛을 조화롭게 해 주는 것과 같다. 그 때문에 군자는 사람들 사이에 어떤 사람을 중간에 택하여 주느냐 하는 일에 조심하지 않으면 안된다.

夫仁者, 好合人, 不仁者, 好離人, 故君子居人間則治, 小人居人間則亂; 君子欲和人, 譬猶水火不相能然也, 而鼎在其間, 水火不亂, 乃和百味. 是以君子不可不愼擇人在其間.

> **참고 및 관련 자료**

1.《文子》上德篇
水火相憎, 鼎鬲在其間, 五味以和. 骨肉相愛也, 讒人間之, 父子相危也.

743(17-55) 齊景公問晏子
맨땅에 앉지 않는 이유

제齊 경공景公이 안자晏子에게 물었다.

"내가 맨땅에 앉으면 모두들 나를 따라서 맨땅에 앉습니다. 그런데 그대는 어찌 홀로 풀을 뜯어서 깔고 앉는 것이오?"

안자는 이렇게 대답하였다.

"제가 듣기로 오직 상喪 당한 자와 감옥에 갇힌 자만이 맨땅에 앉는다고 하였습니다. 지금 저는 감히 상사喪事나 옥사獄事같은 것으로 임금을 모실 수 없기 때문입니다."

齊景公問晏子曰:「寡人自坐地, 二三子皆坐地; 吾子獨搴草而坐之, 何也?」

晏子對曰:「嬰聞之: 唯喪與獄, 坐於地. 今不敢以喪獄之事, 侍於君矣.」

【齊景公】춘추시대 齊나라 임금.
【晏子】晏嬰. 平仲. 齊 景公의 재상.

1. 이 이야기는 앞뒤가 생략되었다. 《晏子春秋》에 그 상황이 구체적으로 설명되어 있다.

2. 《晏子春秋》 內篇 諫下

景公獵休, 坐地而食, 晏子後至, 左右滅葭而席. 公不說, 曰:「寡人不席而坐地, 二三子莫席, 而子獨搴草而坐之, 何也?」晏子對曰:「臣聞介冑坐陳不席, 獄訟不席, 尸坐堂上不席, 三者皆憂也. 故不敢以憂侍坐.」公曰:「諾.」令人下席曰:「大夫皆席, 寡人亦席矣.」

744(17-56) 齊高廷問於孔子

문을 맞대고 사는 이웃

제齊 **나라** 고정高廷이 공자孔子에게 물었다.

"저는 넓은 들도 가지고 있지 않고, 평탄한 들도 가지지 못한 하잘 것 없는 도롱이를 쓰고 사는 사람이지만, 맑은 정기精氣는 가지고 있습니다. 그래서 임금을 섬기는 도가 어떤 것이지 묻고 싶습니다."

공자가 이렇게 대답하였다.

"정절貞節로써 처리하고 공경으로써 보좌하며, 사람을 대접하되 게을리 하지 않으며, 군자를 보면 추천해 주고, 소인을 보면 물러나게 하면 되지요. 그리고 그대의 나쁜 마음을 제거하고 충성으로 함께 하며, 행동은 민첩히 하고 그 예를 잘 수양하게 되면, 비록 천 리 밖에 살고 있다고 해도 형제처럼 친하게 됩니다. 그러나 만약 행동에 민첩하지 못하고 예가 합당하지 못하면 서로 문을 맞대고 사는 이웃일지라도 통하지 못합니다."

齊高廷問於孔子曰:「廷不曠山, 不直地, 衣蓑, 提執精氣, 以問事君之道, 願夫子告之.」

孔子曰:「貞以幹之, 敬以輔之, 待人無倦, 見君子則擧之, 見小人則退之; 去爾惡心而忠與之, 敏其行, 修其禮, 千里之外親如兄弟; 若行不敏, 禮不合, 對門不通矣.」

【高廷】人名.《孔子家語》에는 '高庭'으로 되어 있다.

【事君之道】《說苑疏證》에서는 "事君子之道"의 잘못으로 보고 있다. 즉 "子字
原脱, 從拾補補"라 하였다.

참고 및 관련 자료

1.《孔子家語》六本篇

齊高庭問於孔子曰:「庭不曠山, 不直地, 衣穰而提贄積氣, 以問事君子之道, 願夫子
告之.」孔子曰:「貞以幹之, 敬以輔之, 施仁無倦. 見君子則擧之, 見小人則退之,
去汝惡心, 而忠與之. 效其行, 修其禮, 千里之外, 親如兄弟, 行不效, 禮不修, 則對門
不汝通矣.」

임동석(茁浦 林東錫)

慶北 榮州 上茁에서 출생. 忠北 丹陽 德尙골에서 성장. 丹陽初中 졸업. 京東高 서울
敎大 國際大 建國大 대학원 졸업. 雨田 辛鎬烈 선생에게 漢學 배움. 臺灣 國立臺灣師
範大學 國文硏究所(大學院) 博士班 졸업. 中華民國 國家文學博士(1983). 建國大學校
敎授. 文科大學長 역임. 成均館大 延世大 高麗大 外國語大 서울대 등 大學院 강의.
韓國中國言語學會 中國語文學硏究會 韓國中語中文學會 會長 역임. 저서에《朝鮮譯
學考》(中文)《中國學術槪論》《中韓對比語文論》. 편역서에《수레를 밀기 위해 내린
사람들》《栗谷先生詩文選》. 역서에《漢語音韻學講義》《廣開土王碑硏究》《東北民族
源流》《龍鳳文化源流》《論語心得》〈漢語雙聲疊韻硏究〉등 학술 논문 50여 편.

임동석중국사상100

설원說苑

劉向 撰 / 林東錫 譯註
1판 1쇄 발행/2009년 12월 12일
2쇄 발행/2013년 10월 1일
발행인 고정일
발행처 동서문화사
창업 1956. 12. 12. 등록 16-3799
서울강남구신사동563-10 ☎546-0331~6 (FAX)545-0331
www.dongsuhbook.com
잘못 만들어진 책은 바꾸어 드립니다.

＊

＊

사업자등록번호 211-87-75330
ISBN 978-89-497-0579-8 04080
ISBN 978-89-497-0542-2 (세트)